税理士から
顧問先へ伝えたい

税務自主監査の着眼点

税理士
野田扇三郎
山内　利文
安藤　孝夫　著

清文社

はしがき

このたび、株式会社清文社のご協力を得て表題の『税理士から顧問先へ伝えたい 税務自主監査の着眼点』を刊行することとしました。

令和の時代に入り、感覚的に日本においてもグローバル化の波・IOT化・デジタル課税の行方・消費税の増税を奇貨としたキャッシュレス化の推進等、慌ただしい雰囲気の中、税務においても今まさに劇的な変動期を迎えています。すなわち法人税・消費税の分野においては、令和2年(2020年)4月開始事業年度からは資本金1億円超の法人については電子申告の義務化がなされ、また、令和5年(2023年)10月からはいよいよ消費税についてはインボイス制度(適格請求書等保存制度)の導入が決定しています。

そのような状況の中、すでに国税庁においては、税務・決算処理について、法人の処理に誤りが生じやすいと認められる事項について「大規模法人における税務上の要注意項目確認表」や「同解説編」を公表しています。これらは各法人が誤りのない、適切な申告納税を行うための具体的な税務処理上の指針となっています。そこで、この内容をさらに掘り下げ、税理士はどのような視点で自主的な税務監査をすべきか! また税務調査においては、どのような処理について注目されているのか等についても折々に触れながら、大規模法人の税務担当者はもちろん、中小法人における担当者の方にも自発的に取り組める税務監査のマニュアルとしてご活用いただけるよう、解説を心がけたつもりです。

本書は法人税、消費税について、過去、国税調査官として税務調査に携わったわれわれの経験も踏まえて、申告書作成や勘定科目について、法人が自主的な税務監査に積極的に取り組み、さらに税理士が顧問先にむけて適切な助言・指導ができるように、と願う立場から、その留意点を示したものです。

*　　　　　　*

最後に、刊行にあたり、今回も多大なご助力をいただいた株式会社清文社の取締役・編集第三部長・東海林良氏に厚く御礼を申し上げます。

令和元年 12 月

執筆者を代表して

野田　扇三郎

税理士から顧問先へ伝えたい
税務自主監査の着眼点

目　次

CONTENTS

第３章　法人税別表に係る申告書確認上の留意点

第４章　参考資料

＊本書中、略記している法令等については、213、245 ページに掲載している国税庁の略記によっています。
＊本書の内容は、令和元年 12 月 1 日現在の法令等によっています。

第1章

税務自主監査のススメ

国税庁では「大規模法人における税務上の要注意項目確認表」や「同解説編」を公表し、また「申告書確認表」や「同留意事項」を発出するなど、自主的な税務監査を奨励している昨今です。これらの文書は大規模法人だけでなく中小法人でも活用できる面が多々あると考えます。

そこで、これらの記載内容について、顧問税理士の立場で税務自主監査を行う場合、どのような点に注意していくべきかを元国税調査官の経験を踏まえて、ケーススタデイで示すこととしました。

なお、紙幅の都合上、想定されるミスを網羅的に掲げることはせず、特に留意すべき点に絞って示すこととしました。

第1節　税務行政の現状（局調査・署調査体制の現状と動向）

平成30年12月に国税庁から公表された「平成29事務年度法人税等の調査事績」の概要によれば、98,000件調査し、73,000件（74.4%）に法人税の非違があったと報告されています。

また、「第143回国税庁統計年報（平成29年度版）」によれば、申告法人数は2,840,870社であり、実調率は3.4%と非常に低い値が算出されていますが、いったん調査を受ければ、調査1件当たりの申告漏れ所得金額は10,235千円、追徴税額は1,995千円と看過できない数字が公表されています。

同様に、調査課所管法人においても、調査1件当たりの申告漏れ所得金額は186,207千円、追徴税額は32,391千円と公表されています。

ご承知のように大規模法人については令和2年4月以降、電子申告が義務化されます。いずれ中小法人の電子申告義務化も俎上に上がってくると思われますが、これらは行政事務の効率化を図り限られた定員・人的資源を実地調査等に振り向ける布石とも考えられます。

さらに、会社事業概況書には、冒頭で触れた確認表の利用状況につき「活用の有無」欄が設けられたほか、足元の実地調査においては、利用状況について確認を兼ねて意見聴取が行われており、**国税当局がいかに自発的な適正申告への取組み奨励**に力を入れているか窺い知ることができます。

【法人税の実地調査の状況（平成29事務年度）**】**

項目 ＼ 事務年度等	28	29	前年対比
実地調査件数	千件 97	千件 98	% 100.8
非違があった件数	千件 72	千件 73	% 101.3
うち不正計算があった件数	千件 20	千件 21	% 104.0
申告漏れ所得金額	億円 8,267	億円 9,996	% 120.9
うち不正所得金額	億円 2,543	億円 2,891	% 113.7
調査による追徴税額	億円 1,732	億円 1,948	% 112.4
調査1件当たりの申告漏れ所得金額	千円 8,534	千円 10,235	% 119.9
不正1件当たりの不正所得金額	千円 12,864	千円 14,066	% 109.3
調査1件当たりの追徴税額	千円 1,788	千円 1,995	% 111.6

（注） 調査による追徴税額には加算税及び地方法人税が含まれています。
（出所：国税庁資料より作成）

いずれにしましても、以前にも増して税務のコンプライアンスが求められている中で、顧問税理士として適正な申告が行われるよう顧問先に対応したいものです。

第2節　求められる適正申告と税務自主監査

調査において、7割を超える法人で税務の非違が指摘されている状況から、税務自主監査が適正申告、税務におけるコンプライアンス維持向上の手段として今後ますます重要になってくると考えられます。こうした状況に少しでも役に立てればという思いで本書の筆を執りました。

顧問税理士としては、会社に耳障りなことは指摘しにくいところではありますが、意図的な税の逸脱はもちろんのこと、単純なミスであっても指摘して是正してもらうことは、長い目でみれば会社にとって有益であることは疑いなく、実地調査を受けてこのような取組みが目に止まれば、会社の税務コンプライアンスに対する国税当局の評価も向上することはいうまでもありません。

まずは日頃の会計処理の見直しと把握に努め、税務申告に当たり確認を要する事項のチェックと誤りやすい留意点について、しっかりとおさえておきましょう。

第2章

〈ケーススタディ〉
実践！　税務自主監査

それでは以下に掲げるケーススタディでは、国税庁資料の「確認内容」及び「解説」を掲げた後、それぞれについて具体的な税務における監査のポイントを示していくこととします。

まず、**Check** は「大規模法人における税務上の要注意項目確認表」（本体編）（平成31.2）及び（解説編）の「確認内容」欄から、**着眼点** に続いて囲みで示してある部分は同注意項目確認表（解説編）の「解説」欄から引用しています。

また、関係する法令通達は、（解説編）の「主な参考法令等」欄から引用しました。

ケーススタディ❶
収益

平成30年3月30日付で「収益認識に関する会計基準」（以下「収益認識会計基準」という）が公表され、平成30年4月1日以後開始する事業年度、平成30年12月31日以後終了する事業年度から適用可能（令和3年4月1日以後開始する事業年度から強制適用）とされています。

これに伴って平成30年度に法令、通達改正が行われましたが、「中小企業は、引き続き従前の企業会計原則等に則った会計処理も認められること」（国税庁平成30年5月「『収益認識に関する会計基準』への対応について」16ページ）から「中小企業の会計処理については、従来どおり企業会計原則等による会計処理が認められることとされていますので、今般の通達改正により従来の取扱いが変更されるものではありません」（国税庁HP）とされています。

本書において収益に係る部分については、従前の企業会計原則等に則った会計処理を行う中小企業の監査を念頭に述べることとします。

Check

収益認識基準（※）の適用対象となる資産の販売若しくは譲渡又は役務の提供（以下「資産の販売等」といいます。）に係る収益の額は、法基通２－１－１ただし書の場合を除き個々の契約ごとに計上していますか。

※企業会計基準第29号「収益認識に関する会計基準」

（注） 本取扱いは収益認識会計基準に拠らない場合は適用されませんが、参考までに国税庁資料のとおりに掲載しました。

着眼点

- 収益については、計上基準を確認すること
- 採用している計上基準の具体的な運用を確認すること
- 計上基準を変更した場合、合理的かつ適切な理由があること

収益認識基準の適用対象となる資産の販売等に係る収益の額は、原則として個々の契約ごとに計上する必要があります。ただし、同様の資産の販売等に係る契約について、同一の相手方等と同時期に締結した複数の契約を組み合わせて初めて単一の履行義務となる場合（例えばシステム開発を請け負った場合において、設計と開発テストとで別個の契約を結んでいるとき）や、一の契約の中に複数の履行義務が含まれている場合（例えば一の契約の中に商品販売とこれに係る保守サービスの提供が含まれている場合）は、継続適用を条件に、これらの履行義務を単位として収益の額を計上することができます。

(注)１　収益認識基準は、次の①から⑥を除き、顧客との契約から生じる収益に関する会計処理及び開示に適用します。（顧客との契約から生じるものではない取引（固定資産の売却等）には適用しません。）

① 企業会計基準第10号「金融商品に関する会計基準」の範囲に含まれる金融商品に係る取引

② 企業会計基準第13号「リース取引に関する会計基準」の範囲に含まれるリース取引

③ 保険法における定義を満たす保険契約

④　顧客等への販売を容易にするために行われる同業他社との商品又は製品の交換取引（例：石油会社の在庫交換）

⑤　金融商品の組成又は取得に際して受け取る手数料

⑥　日本公認会計士協会会計制度委員会報告第 15 号「特別目的会社を活用した不動産の流動化に係る譲渡人の会計処理に関する実務指針」の対象となる不動産の譲渡

2　履行義務とは、顧客との契約において、「別個の財又はサービス（あるいは別個の財又はサービスの束）」又は「一連の別個の財又はサービス（特性が実質的に同じであり、顧客への移転のパターンが同じである複数の財又はサービス）」のいずれかを顧客に移転する約束をいい、次のいずれも満たす場合には、別個のものとします。

①　当該財又はサービスから顧客が単独又は容易に利用できる他の資源を組み合わせて便益を享受できること

②　当該財又はサービスを顧客に移転する約束が、契約に含まれる他の約束と区分して識別できること

参考法令通達 **【法基通 2 − 1 − 1、連基通 2 − 1 − 1】**

Check

収益の計上基準に照らし、当事業年度に計上すべきであるにもかかわらず、翌事業年度に計上している収益の額はありませんか。

着眼点

- 引渡しの日については、根拠資料を確認すること
- 収益計上を行う日として合理的であること

棚卸資産の販売に係る収益の額は、その引渡しがあった日の属する事業年度の益金の額に計上します。この引渡しの日は、例えば出荷した日、船積みをした日、相手方に着荷した日、相手方が検収した日、相手方において使用収益ができることとなった日等当該棚卸資産の種類及び性質、販売に係る契約の内容等に応じ引渡しの日として合理的であると認められる日のうち貴法人が継続して収益計上を行うこととしている日をいいます。

また、請負に係る収益の額は、原則として、物の引渡しを要するものは目的物の全部を完成して相手方に引き渡した日、物の引渡しを要しないものは約した役

務の全部を完了した日の属する事業年度の益金の額に計上します。この引渡しの日は、建設、造船その他これらに類する工事を行うことを目的とするものであるときは、例えば作業を結了した日、相手方の受入場所へ搬入した日、相手方が検収を完了した日、相手方において使用収益ができることとなった日等当該建設工事等の種類及び性質、契約の内容等に応じ引渡しの日として合理的であると認められる日のうち貴法人が継続して収益計上を行うこととしている日となります。

参考法令通達 **【法法第22条の2、法法第81条の3、法基通2－1－2、法基通2－1－21の7、法基通2－1－21の8、連基通2－1－2、連基通2－1－21の7、連基通2－1－21の8】**

税務監査のポイント

➡ **税務監査においては、会社が採用した計上基準が適切に運用されているか確認することが肝要です。**

出荷基準

➡ 発送した時に売上げを計上していますか。
➡ 倉庫や委託加工先からの出荷も同じ基準で売上計上していますか。

出荷基準であれば出荷までの手続きを子細に確認し、出荷の事実を確認できる記録を見極め、それが適切に保存されその記録どおりに売上げが計上されているか確認することになります。保存があっても整理状況が悪い場合は、代替資料によって計上している可能性があり、計上の適切性が疑われます。

検収基準

➡ 売上先からの検収報告書などで計上していますか。
➡ 作業結了確認書などで計上していますか。

検収基準では取引相手方が検収した事実を確認することがポイントとなりますので、相手方が作成した、あるいは、相手方の認印サインのある検収書、検収報告書、作業結了確認書等が適切に保存されているか、その検収日により適切に計上されているか確認することになります。

完了基準 ➡ **請負工事などにおいて、作業を結了した日、相手方の受け入れ場所へ搬入した日、相手方が検収して完了した日、相手方において使用収益ができることとなった日等契約の内容等に応じて継続してその収益を計上していますか。**

完了基準では契約の内容によっていつ収益に計上するか選択の余地がありますが、いずれにしましても、計上時期が合理的であることと、適用の継続性が求められます。

また、建設工事の売上計上基準は引渡し基準（鍵の引渡し等）です（法基通2－1－21の8）。建設物の大部分が完成して鍵の引渡しが完了していれば、相手方において使用収益ができることから仮設物の撤去や付随的な仕上げ等の残工事がわずかの時期に処理することができるときは、引渡しの日の判定には関係ないと判断され、鍵の引渡し日が計上日となります。この点、実態により判断されますので、関係資料から事実関係を確認することがポイントとなります。

特に、鍵の引渡しが期中に完了しているにもかかわらず、当期の売上げに計上していない場合は、実態から妥当な処理か注意が必要です。

平成30年度通達改正の建設工事の収益計上時期に関する通達は、以下の部分です。

2－1－21の8（建設工事等の引渡しの日の判定）

2－1－21の7本文の場合において、請負契約の内容が建設工事等を行うことを目的とするものであるときは、その建設工事等の引渡しの日がいつであるかについては、例えば作業を結了した日、相手方の受入場所へ搬入した日、相手方が検収を完了した日、相手方において使用収益ができることとなった日等当該建設工事等の種類及び性質、契約の内容等に応じその引渡しの日として合理的であると認められる日のうち法人が継続してその収益計上を行うこととしている日によるものとする。（平30年課法2－8「二」により追加）

なお、新通達2－1－21の8は、旧通達では法基通2－1－6（建設工事等の引渡しの日の判定）ですが、新設ではないため通達改正趣旨説明が掲載されていません。通達の趣旨は新通達に引き継がれているものと思われます。

Check

収益の計上基準を変更した場合、その理由は合理的かつ適切ですか。

着眼点

- 収益計上基準変更には合理的かつ適切な理由のあること
- 計上基準の運用が適切になされていること

収益の計上基準は、棚卸資産又は役務提供の種類、性質、契約の内容等に応じて合理的な基準を選択し、継続適用する必要があります。

収益の計上基準を合理的かつ適切な理由もなく変更した場合には、変更後の計上基準は認められない場合があります。

参考法令通達【法法第22条の2、法基通2－1－2、法基通2－1－21の8、連基通2－1－2、連基通2－1－21の8】

税務監査のポイント

これらの基準は継続適用が原則ですので、税務調査ではこれらの基準が意図的に変更されたり、都合よく変更採用されたりすると否認の可能性があります。

税務監査に当たっては計上基準の不適切な運用がないか、月々の計上と期末の計上根拠とを対比するなど運用の実態を確認する必要があります。今期に計上基準が変更されている場合は、変更理由が妥当であるか検討する必要があります。

➡ 過年度計上基準と当期計上基準の確認比較
➡ 当期に変更された場合は変更理由の妥当性
➡ 期中月々の計上基準、期末計上基準との比較

Check

資産の販売等に係る収益の額について、当事業年度終了の日までに対価の額を合意していないときは、同日の現況により適正に見積もっていますか。

着眼点

●収益の額の見積りが適正であること

●見積りの根拠が明確であること

資産の販売等に係る目的物の引渡し又は役務の提供の日の属する事業年度終了の日までにその対価の額を合意していない場合は、同日の現況によりその販売若しくは譲渡をした資産の引渡しの時における価額又はその提供をした役務につき通常得べき対価の額に相当する金額を適正に見積もる必要があります。

なお、法令第18条の2第1項の規定の適用を受ける場合を除き、その後確定した対価の額が見積額と異なるときは、その差額に相当する金額について、確定した日の属する事業年度の収益の額を減額又は増額します。

参考法令通達 **【法法第22条の2、法令第18条の2、法基通2－1－1の10、連基通2－1－1の10】**

税務監査のポイント

➡ **取引金額が未確定でも、引渡し分について適正に見積もって売上計上していますか。**

事業年度終了の日までにその対価の額が合意されていない場合は、同日の現況により引渡し時の価額等を適正に見積もるものとされています（法基通２－１－１の10（資産の引渡しの時の価額等の通則））。

見積りといっても任意に（恣意的に）見積額を算定できるわけではありません。適正に見積もるものとされていますので、翌期以後の確定額を確認し、見積額が確定額と比較して低額である場合は恣意的な見積りを疑い、見積りの根拠を質すことも必要です。確定額と同額である必要はありませんが、期末の現況により適正に見積りされていたかどうかの見極めが必要なのです。

➡ 任意（恣意的）に見積額を算定できるわけではない
➡ 合理性、つまり、算定根拠の確認
➡ 確定額との差異の有無。大きな差異がある場合は合理性に疑義が生じ、税務調査で否認される可能性が高くなります。

Check

資産の販売等に係る収益の額について、資産の販売等の契約の対価が値引き、値増し、割戻し等により変動する可能性がある場合に、その変動する可能性がある部分の金額（以下「変動対価」といいます。）又はその算定基準を相手方に明示等していないにもかかわらず、変動対価を反映した会計上の収益の額のままにしていませんか。

着眼点

●変動する可能性のある収益の額を反映するための要件を満たしているこ

と

●変動対価の算定根拠となる書類等の保存があること

資産の販売等に係る契約の対価について、値引き、値増し、割戻しその他の事実により変動する可能性がある場合、その変動対価を資産の販売等をした事業年度の収益の額に反映するためには、次に掲げる全ての要件を満たす必要があります。

① 変動する可能性がある金額又はその算定基準（客観的なものに限ります。）を、相手方に明らかにしていること又は当該事業年度終了の日において内部的に決定していること。（旧法基通２－５－１（売上割戻しの計上時期）と同様の取扱いです。）

② 過去の実績を基礎とする等の合理的な方法のうち法人が継続して適用している方法により、変動する可能性又は算定基準の基礎数値を見積り、これに基づき変動額を算定していること。

③ ①を明らかにする書類及び②の算定根拠となる書類を保存していること。

なお、販売した棚卸資産に係る売上割戻しについては、上記の取扱いを適用しない場合には、割戻し額を通知又は支払をした日の属する事業年度の収益の額から減額します。

参考法令通達【法基通２－１－１の11、法基通２－１－１の12、連基通２－１－１の11、連基通２－１－１の12】

税務監査のポイント

値引き等の算定について、書面上の通知日は当期中であるものの、実際の発送日が翌期となっていることが後日判明した場合は、事実の仮装が疑われ重加算税の対象となる可能性も考えられます。

基準を相手方に明らかにしているかどうか、取引契約書等の記載内容、取引慣行の有無、公表の算定基準の内容を確認します。これらの算定基準どおりに算定されている必要があります。

法人税基本通達２－１－１－の12により、当期に通知したとして当期に計上している場合は、単に書面上の通知日だけでなく実際に発送された日を確認することが望まれます。普通郵便で発送された場合は、実務上、実際に発送された日を確認することは困難ですが、ワード等により通知書を作成している場合は、ワードファイルの更新日時が参考になります。更新日時が翌期である場合は、通知日の仮装が疑われます。

Check

資産の販売等に係る収益の額について、金銭債権の貸倒れや資産の買戻しの可能性を反映した会計上の収益の額のままにしていませんか。

着眼点

- 中小企業で収益認識基準によらない場合は、貸倒引当金計上の適否を検討すること

> 資産の販売等に係る収益の額には、貸倒れや返品の可能性がある場合においても、その影響を反映させることは出来ません。
>
> **参考法令通達**　**【法法第 22 条の 2】**

（注） 本取扱い（法法 22 の 2⑤）は、回収不能（貸倒れ）や返品の可能性を価格に反映させることは認めない趣旨で、収益認識会計基準を適用しない場合は関係してきません。貸倒引当金の計上は、資本金の額もしくは出資金の額が 1 億円以下である中小法人等については認められています（法法 52）。

税務監査のポイント

〈売上全般について〉

➡ 売上計上基準をまず確認します。

計上基準毎の税務監査のポイントは上記のとおりですが、税務調査は不正行為による税の脱漏や脱税を主眼に調査を展開します。上記の項目は適

正にされていて当然と考えていますので、そうでない場合は不正行為が行われているのではないかとの疑義により深く調査が行われることを念頭に置いて対処します。「より深く」とは証憑の確認、取引相手先への確認、金融機関への確認、場合によってはデジタルフォレンジックな手法で、メールやデータの抽出を行う、海外取引であれば、租税条約に基づく情報の交換や調査依頼など、その税務調査の手法は多岐にわたります。

➡ **翌期期首の売上げを抽出します。**

① 抽出した売上げの出荷日、検収日、完了日等を確認し、当期の売上漏れがないかどうか検討します。

売上げが翌期で正しい場合は、当期末の棚卸しに計上すべきかどうか、棚卸しとの整合性を検討します。その結果、棚卸計上漏れに繋がることがあります。

② 売上計上漏れ（除外）がないかどうか確認するため、領収書控えと帳簿を照合します。

③ 同時に、領収書の管理状況に注意します。領収書に連番が付番されているか、付されている場合で書き損じの本書が保存されていないときは売上げの計上漏れ（除外）が疑われます。付されていない場合はランダムに除外しやすくなりますので要注意です。交付した先が控えに明記されていない場合も、除外が想定されます。

④ 納品書控えや請求書控えについても同様です。

⑤ 監査の適宜の時期に現金監査を行い、現金の管理状況と出納帳との整合性を確認します。このとき、現金の保管場所と保管場所の金種毎の金額を記録することが重要です。過不足がある場合は原因を究明することになりますが、場所・金種毎の金額を記録しておくことにより、過不足の発生原因について会社の説明が合理的であるかどうかの判断に役立ちます。当然ですが、帳簿残高より現金残が多い場合は、

現金売上げの除外、あるいは現金払いの架空経費の計上が疑われます。

⑥ 現金・出納帳の管理状況を把握します。残高を複数の者がチェックし記録しているかを確認して、内部牽制状況を把握し帳簿の信ぴょう性を評価します。

銀行印や実印等の印鑑の保管や使用状況も確認します。管理が杜撰な場合は、一部の者による不正行為を誘発する余地が生まれます。

金庫があれば、金庫に保管してある書類や現金・小切手・手形の現物も確認し、諸帳簿類との整合性をチェックする必要があります。

⑦ 売上代金の振込口座について、通帳と銀行印の管理状況及び牽制状況を確認します。通帳と銀行印の管理が同一の者（社長やその親族の場合）により行われているときは、入念に入金・出金内容を調査します。月末あるいは期末の残高が一致している場合でも、帳簿の記録が適正であると判断するのは早計です。売上入金と同額の出金を記帳せず、売上除外を行った場合でも月末あるいは期末の預金通帳残高と銀行帳の残高とは一致しますので、期中の入出金、特に高額な入出金については、通帳と帳簿との照合を欠かすことはできません。

また、通帳と帳簿との入出金の日付が一致しない場合も、不正の端緒に繋がる可能性があります。

⑧ インターネットバンキング採用企業では、パスワード管理や登録者の入力までの手続き（入出金）を確認し、決済と証憑類を照合して不正行為がないかどうか監査します。

⑨ 翌期期首の売上計上内容を確認し、当期の売上漏れとなるものがないかどうか、また棚卸しとの整合性はあるかの検討を行います。

抽出した売上げの出荷日、検収日、完了日等を確認し、当期の売上漏れがないかどうか検討します。売上げが翌期で正しい場合は、当期末の棚卸しに計上すべきかどうか、棚卸しとの整合性を検討します。

〈売上繰延べ・除外の有無を見極める大数観察等〉

⑩ 比較的規模の大きい法人では、売上げに対する粗利を各セグメント別に把握します。

⑪ 売上げのデータをダウンロードして分析するなど、どの売上げを監査するか粗利を目安に的の絞り込みを行います。翌期首の粗利の大きいセグメントでは売上げの繰延べが想定されますので、採用している売上計上基準に照らして妥当な処理が行われているか原始証票に基づいて検討します。

⑫ 期中取引で粗利の低い、あるいは赤字の取引は売上げの一部除外が想定されます（一部原価の水増し架空計上も想定されます）。期末取引で粗利低調、赤字取引は売上金額が正しくても繰上計上が想定されますので、出荷日等の検討が必要となります。

抽出検討対象とした売上げについて、受注の経緯、納品書・請求書の控え、銀行の入金状況を確認します。

なお、建設業等で期末計上した赤字工事売上げについては、繰上計上を想定して監査を行います。原価台帳、工事日報等から完成・未成の見極めを行います。併行して架空の外注費がないか、工事日報等で作業内容と請求業者との関係を確認し、その工事作業が実施されているかどうか監査を行います。

⑬ 現金売上げがある場合は、現金管理と売上記録の妥当性を監査します。レジがあれば、レジペーパーの控えと売上計上の照合、レジ番号の一貫性の有無、前日との継続性の確認、レジの鍵の保管や種類を確認します。

オーナー社長や親族が保管者の場合は、意図的なレジの不使用、レジの打直しによる売上除外に繋がるケースも見受けられることから、細心の注意を要します。このような監査は顧問税理士の立場では難しいところがありますが、長い目で見れば納税者にとっても利益になることであり、日頃のコミュニケーションを通じて信頼関係を築き実践していくことになります。

納品書が多数で、逐一売上計上の適否を確認するのが難しい場合は、金額の大きい、あるいは遠隔地との取引に的を絞ることにより監査の効率化を図ります。

⑭ 海外との取引がある場合は、売上げの一部除外（架空値引きなど）を想定し、取引先との商談経過や代金の決済状況（第三国送金の有無）、船積や輸出関連書類、インボイス等を検討します。

⑮ 国内の関連会社間の取引については、寄附金（支援）を売上値引きや割戻しに仮装する事例が見受けられます。売上値引きや割戻しがある場合は、適切な取引か事実関係の確認が重要です。売上値引きは売上げとは別勘定で計上することが一般的ですが、売上勘定を直接減額している場合は決算書に明示されませんので、特に留意する必要があります。

⑯ 海外の子会社等との取引で、値引きや価格調整金等取引があるときは入念に監査します。値引きや価格調整に至る内部での決裁過程やその理由のわかる書類を監査します。当然、海外子会社とのメール等のやり取りも監査対象になります。

⑰ 手形や小切手等の取引については、手形帳や資金繰表から記帳が正確であるか売上除外がないか監査します。また、手形帳の残高を複数の者が確認しているかを把握して正確性を確認します。

ケーススタディ❷

売上原価

Check

　翌事業年度以降の売上げに対応する売上原価等を当事業年度に計上していませんか。

　当事業年度の損金となる売上原価、完成工事原価その他これらに準ずる原価は、当事業年度の売上げに対応するものであるため、翌事業年度以降の売上げに対応する売上原価等は当事業年度の損金とはなりません。

参考法令通達【法法第 22 条、法法第 81 条の 3】

Check

　売上原価等が当事業年度終了の日までに確定していないときは、適正に見積もった金額を計上していますか。

　また、単なる事後的費用を見積計上していませんか。

着眼点

- 未確定原価の見積計上の根拠を確認すること
- 原価と一般管理費との区分にも留意すること

　当事業年度に計上した売上げに対応する売上原価等の金額が当事業年度終了の日までに確定していない場合は、同日の現況により適正に見積もる必要があります。

　なお、当該売上げに関連して発生する費用であっても、単なる事後的費用の性格を有するもの（例えば、販売を完了した機械設備等に係る補修、点検、整備等に要する費用など）は、売上原価等となるべき費用ではないことから、見積計上することはできません。

参考法令通達 【法基通２－２－１、連基通２－２－１】

税務監査のポイント

➡ **原価について留意すべき点としては、収益に対応する原価として計上されていても、それが妥当かどうかです。**

例えば、事業年度の終了の日において売上原価が確定していない場合は見積計上することとされていますが（法基通２－２－１）、売上げの見積計上と同様適正に見積もることとされていますから、恣意的な計上が許容されているわけではありませんので、見積りの根拠を確認することになります。

また、架空原価計上の有無についてはより細心の注意が必要です。架空原価の計上は当然意図的に行われますから、請求書や領収書などは形式的に整っている前提で、筆跡や書式、不自然な数字になっていないかなどに注意しながら真実の取引かどうか見極めることになります。根拠となる証憑が見当たらない場合でも一概に架空とは断定できませんが、架空を疑って発注の経緯、支払手段などから真実の原価であるか事実関係を見定めていくことになります。

原価は収益との対応関係にあることが求められます。このような費用収益対応の原則によって律せられるのは原価であって、一般管理費は収益との対応関係ではなく期間損益として債務確定基準により計上することになりますから、原価と一般管理費との区分にも留意する必要があり、原価と紛らわしい、引渡し後に発生した修理費用などいわゆる事後的費用は原価とはなりませんので、この点にも注意が必要です。

税務監査のポイント

〈仕入全般について〉

① 仕入先（海外の取引先を含みます）の住所・連絡先・名称などの一覧表（データの場合有り）を求めます。これらの資料は日常の業務に必要なものですから、計上されている仕入れ（原価）の取引先が予め提出された一覧表にない場合は架空仕入れが疑われます。

② 仕入れ（売上原価）と売上げとの対比は、架空原価や不適切な原価計上の端緒を把握する手法として有効です。翌期首の売上げがいつ仕入れたものであるか、前期末には棚卸しで計上されているかどうかを検討します。

③ 期末直近に仕入れたものについて棚卸しに反映しているか、大数観察を行います。

④ 仕入れと棚卸しも密接に関係します。調査日現在の棚卸し、金額が張るもの、特定しやすいもの、数がカウントしやすいもの、などをターゲットに納品書等から数量把握をします。その数量と売上数量と棚卸数量の整合性をチェックします。

⑤ 仕入れに関した物流ルートを納品書や注文書をもとに、納品場所の確認を行います。通常の納品場所以外のところへの納品がないか、直接売上先への納品がないか、これらが売上げに適正に計上されているかどうか確認します。

⑥ 請求書・納品書や契約書等で、単価や仕入金額及び納品数量の確認を行い、売上げとの整合性を検討します。期末の単価マスターの変更がある場合は妥当な変更理由があるかを確認します。水増し計上把握の端緒となることがあります。

⑦ 製造部品や加工品の場合は製品の主要な部品などの高額なもの、製品の数量把握をしやすいものを選定し、売上げとの整合性を監査しま

す。

⑧ 仕入れたものを支給して加工依頼している場合は、その受払いについて確認します。

⑨ メーカーの場合は製品の仕様書等から構成部品を把握して、その主要な部品の仕入数量を把握し売上数量と比較検討します。

⑩ 海外から仕入れたものは仕入本体価額以外にどのような費用が掛かっているかを把握し、仕入価額への算入漏れがないか確認します。

仕入代金の支払方法、特に代金の支払いが単発の現金の場合は架空仕入れのケースが多くみられるので注意します。納品物の有無、手書きの納品書・領収書から架空の仕入れの有無について検討します。

⑪ 仕入れたものの棚卸しへの計上漏れがないかどうかも確認します。

⑫ 仕入割戻しについて、約定等がないかどうか確認します。特に飛び越しリベート等がないかどうか確認します。

⑬ 仕入先が海外にある場合や子会社の場合は、売上げと同じ作業をします。

⑭ 支払いに手形や小切手が採用されているときは、領収書と照合し、手書きの領収書等不審な取引は架空仕入れを想定し、請求書、納品書、往復文書など他の証憑と合わせて検討し、事実関係を確認します。

ケーススタディ▶ 売上割戻し

Check

棚卸資産を販売した際の売上割戻しについて、その算定基準が販売価額又は販売数量によっていない、または、算定基準を割戻しの相手方に明示していないにもかかわらず、棚卸資産を販売した事業年度の損金としていませんか。

着眼点

- 売上割戻しの算定基準が適正かつ明示されていること
- 割戻し先との関係に留意すること

棚卸資産を販売した際の売上割戻しは、その算定基準が販売価額又は販売数量によっており、かつ、その算定基準が契約その他の方法により相手方に明示されている場合には、原則として棚卸資産を販売した日の属する事業年度の損金となりますが、算定基準が販売価額又は販売数量によっていない、または、算定基準を割戻しの相手方に明示していない場合には、売上割戻しの金額の通知又は支払をした日の属する事業年度に損金とする必要があります。

なお、事業年度終了の日までに、売上割戻しを支払うべきこと及びその算定基準が内部的に決定されており、確定申告書の提出期限までに相手方に通知していれば、継続適用を条件として当事業年度で未払金計上して差し支えありません。

税務監査のポイント

➡ **売上割戻し先が子会社等の場合、子会社支援を目的とした取引を正規の取引に見せかけるために要件を作出することがあります。**

このような場合、上記の要件を備えていても、その目的が子会社支援と認定されると否認され寄附金、最悪な場合は重加算税の対象にされることがあります。したがって、単に要件を備えているかどうかだけではなく、算定基準の明示の時期や社内外の手続等を確認して不審な点がないかどうか見極めることが必要です。

➡ 売上割戻しの振込口座名義や銀行・支店名を確認し、子会社等の公表口座かどうか確認します。公表口座でない場合は、架空の売上割戻しあるいは子会社での収益計上漏れが疑われます。

➡ 未払いのときはその理由や事情を質すため根拠となった書類等を確認します。特に長期未払いの場合は架空の売上割戻しが疑われます。

➡ 売上割戻しの類似取引に売上げの値引きがあります。値引きは品質に問題がある場合等に実行されますが、子会社等に対する値引きは支援の目的で行われることがありますので、売上割戻しとともに要注意です。特に事後的に行われる場合は、値引きする特段の事情が具体的にあるのか稟議書などから事実関係を見極めることが重要です。

ケーススタディ▶ 仕入割戻し

Check

棚卸資産を購入した際の仕入割戻しについて、その算定基準が購入価額又は購入数量によっており、かつ、算定基準が明示されているにもかかわらず、仕入割戻しの金額の通知を受けた事業年度の益金としていませんか。

着眼点

- 仕入割戻しの入金がある場合は根拠となる契約書などの確認をすること
- 割戻しの算定基準等の内容と根拠を確認すること

棚卸資産を購入した際の仕入割戻しは、その算定基準が購入価額又は購入数量によっており、かつ、その算定基準が契約その他の方法により明示されている場合には、仕入割戻しの金額の通知を受けた日の属する事業年度ではなく、棚卸資産を購入した日の属する事業年度の益金とする必要があります。

なお、仕入割戻しの算定基準が購入価額又は購入数量によっていない、または、割戻しの算定基準が明示されていない場合には、その仕入割戻しの金額の通知を受けた日の属する事業年度の益金となります。

参考法令通達 【法基通２－５－１、連基通２－５－１】

税務監査のポイント

➡ **翌期期首に仕入割戻しの入金があるときは、当期に益金に計上すべきかどうか、根拠となる基本契約書などからその内容を確認します。予め算定根拠が契約等に明示されている場合は棚卸資産を購入した事業年度の収益に、明示されておらず当期中に通知を受けている場合は、当期の収益に計上する必要があります。**

ケーススタディ❸

給与及び賞与(役員給与を含む)

Check

役員給与は、定款の定めや株主総会等の決議に基づき、適正に計算され支給されていますか。

着眼点

- 株主総会等、役員給与支給決議の内容を確認すること
- 同族関係役員の場合、支出内容に公私混同がないこと
- 役員の勤務実態を確認すること
(特に高齢創業関係者への支給がある場合は出勤状況・介護施設への入所の有無)
- 定期同額給与以外の給与の支給、期中における支給額の変更がないかチェックすること

役員給与の額が定款の規定又は株主総会、社員総会等の決議により定められた役員に支給することのできる給与の限度額を超える場合には、その超える部分の金額は、損金とはなりません。

参考法令通達 【法法第34条、法令第70条】

Check

役員の個人的費用を負担するなど、役員に対して給与を支給したものと同様の経済的な利益の提供はありませんか。

役員への資産の贈与、役員に対する債権の放棄又は免除、役員への無利息貸付け、役員の個人的費用の負担など役員に対して給与を支給したものと同様の経済的効果をもたらすものは、役員給与に該当しますので、法法第 34 条に規定する定期同額給与、事前確定届出給与及び利益連動給与に該当しない場合には、損金とはなりません。

Check

損金経理したにもかかわらず事業年度末に未払となっている決算賞与等の臨時の賞与について、その支給額を同時期に支給する全ての使用人に対して個別に通知するとともに、事業年度終了の日の翌日から1 月以内に通知した全ての使用人に対して通知どおりの金額を支払っていますか。

決算賞与等の臨時の賞与については、その支給額を同時期に支給する全ての使用人に対して個別に通知するとともに、その通知をした日の属する事業年度終了の日の翌日から 1 月以内に通知した全ての使用人に対して通知どおりの金額を支払っており、かつ、その支給額につき通知をした日の属する事業年度において損金経理している場合に限り、未払であっても当事業年度の損金となります。

なお、支給日に在職している使用人にのみ賞与を支給することとして通知している場合には、未払賞与を計上した事業年度の損金とはなりません。

参考法令通達 **【法令第 72 条の 3、法基通 9 − 2 − 43、連基通 8 − 2 − 42】**

税務監査のポイント

➡ **中小企業の税務調査では役員給与（賞与）は調査におけるドル箱、つまり、必須の確認事項となります。**

① 中小企業の同族会社の同族関係役員、特に社長の中には、会社と個人との区別がないケースが見受けられます。チェック機能が働きにく

いことから、税務調査が唯一のチェック機関となっているのが現状であり、支出内容に公私混同があるとして指摘する支出が多々あります。中でも、社長及び同者の同族関係者への給与の支払いに関して不相当な額を支給したり、何も業務をしていない者への給与の支払いをしたりしていないかが検討対象となります。

税理士が行う税務監査において過大報酬との指摘をすることは難しいところですが、税務調査においては不相当な疑義があれば、近隣の同業種同規模法人の実態と比較され否認に至るケースがあります。税理士監査においては少なくとも勤務実態を確認し、問題があれば率直に指摘することが長い目で見て会社の利益となるでしょう。

② 常勤・非常勤を問わず役員として社長の母親や父親、あるいは学生である子息に不相当に高額な給与を支給したりしていないか、出勤状況、会議の議事録の確認、従業員へのヒアリング等を通して実態を把握します。

③ 交際費や福利厚生費・旅費は、個人的な費用が計上されやすい科目です。社長の個人的経費が付け込まれていないかを重点的に監査します。特に社長夫婦での海外旅行や国内旅行代金が会社の旅費から支出されている場合は、旅行会社の納品書や案内書、日程・行程表、請求書などで私的なものが混在していないか確認します。

④ 個人が支出すべき保険料や寄附金を会社に付け回ししているケースもあります。社員や他の役員との比較や保険内容の確認、保険証券等をチェックし、特に保険金受取人などの記載内容を確認します。寄附金の場合は寄附の理由に留意し、寄附金申込書等から役員の個人的な繋がりが寄附の理由である場合は、個人に負担を求めるべきか検討を要します。個人が負担すべき寄附金を会社が負担した場合は、その個人の給与となります（法基通９－４－２の２)。

⑤　地代家賃・賃借料として支出した億ションに、社長や家族が安い賃料で居住している場合は適正賃料との差額は現物給与となります。また、社用車を家族専用車として使い回ししているケースもあります。車種が会社業務に相応しいものであるかをその現物を確認したり使用・保管状況を確認し、専ら個人使用と認められる場合は個人負担を求める措置が必要です。

⑥　社長への貸付金利息を受け取っていない場合は、適正金利による未収利息の計上を要します。

⑦　社長との取引（不動産売買等）で時価取引していない場合は、低廉譲渡では未収入金を計上するか、給与（役員賞与）を計上して申告で加算調整する必要があります。低廉で譲り受けた場合は、時価で固定資産計上し、受贈益を計上することになります。

⑧　定期同額給与以外に給与等を支給したり、期中で支給額を変更していないか確認します。定期同額給与以外の臨時の役員給与は、事前確定給与、業績連動給与以外は損金不算入となります。また事前確定届出給与の場合は、届出どおりに支給していない場合は損金不算入となります。

⑨　使用人兼務役員がいる場合は、その賞与について職制上の地位、比準使用人支給額との比較、支給時期が従業員とずれていないかどうかが監査のポイントとなります。比準使用人支給額を超える場合は申告加算することになります。また、使用人兼務役員の使用人としての職務に対する賞与で、他の使用人に対する賞与の支給時期と異なる時期に支給したものの額は、不相当に高額な部分の金額として損金不算入となります（法法34②、法令70三）。

⑩　使用人兼務役員とされない役員の規定（法法34⑥、法令72）がありますので、その配偶者を含めて持株割合を確認します。当然ですが、

使用人兼務役員とされない役員の場合は使用人としての職務に対する給与は認められず、全額役員給与として法人税法第34条の規定により損金算入の可否を判断することになります。

⑪ 税務調査においては、近隣同規模同業他社のデータと比較して役員退職給与が不相当に高額であると、否認されることがあります。税理士監査においては同業他社のケースとの比較は難しいところがありますが、判例等で許容された基準や予め定められた役員退職給与規定による適正な支給であるかどうかは確認する必要があります。

ケーススタディ❹

減価償却（土地の取得を含む）

Check

稼働を休止している製造設備などの事業の用に供していない資産に係る減価償却費を損金の額に算入していませんか。（法基通７－１－３又は連基通６－１－３に規定する「稼働休止資産」の取扱いの適用を受ける場合を除きます。）

着眼点

- 稼働休止中の資産の現況を確認すること
- 資産の取得価額の内容をチェックすること
- 修繕費勘定は修繕か資本的支出か、新規資産の取得か、内容を確認すること
- 特別償却の場合、適用要件を満たしていること

事業の用に供していない資産は減価償却資産に該当せず、当該資産に係る減価償却費は損金とはなりません。

例えば、購入後未稼働の資産や生産調整等のため稼働を休止している資産（必要な維持補修が行われており、いつでも稼働し得る状態にあるものは除きます。）に係る減価償却費は、損金とはなりません。また、法令第133条に規定する少額の減価償却資産及び法令第133条の2に規定する一括償却資産についても、事業の用に供していなければ、損金とすることはできません。

参考法令通達【法法第2条、法令第13条、法令第133条、法令第133条の2、法基通7－1－3、連基通6－1－3】

Check

法令第133条の2に規定する一括償却資産の損金算入を適用している場合において、一括償却資産を除却した際に、未償却額の全額を損金としていませんか。

法令第133条の2に規定する一括償却資産につき同条の規定の適用を受けている場合には、その一括償却資産を事業の用に供した事業年度後の各事業年度において滅失、除却等の事実が生じたときであっても、当該各事業年度において損金とされる金額は、同条の規定に従い計算される損金算入限度額に達するまでの金額であるため、当該損金算入限度額を超えて、未償却となっている取得価額全額を損金とすることはできません。

参考法令通達 **【法令第133条の2、法基通7－1－13、連基通6－1－16】**

税務監査のポイント

① 減価償却資産の取得価額の算定において一番誤りが多い例は、取得価額に本体価格以外の事業の用に供するための費用が加算漏れになっていることです。

例えば、機械を購入して据え付けに要した工事代や、購入後、試運転や稼働を開始するために官庁の許可等を得る費用は取得価額を構成しますが、取得価額に算入していますか。

② 建物を取得し、入居者に立退料を支払って事業の用に供したときの立退料は建物の取得価額を構成します。

③ 生産ラインにある電子計算機は器具備品ではなく、耐用年数省令別表第二の「機械及び装置」の耐用年数に該当するので注意が必要です。

④ 平成19年4月1日以後取得した減価償却資産にした資本的支出は

旧定額法または旧定率法が適用できないので注意を要します。

⑤ 修繕費勘定は、修繕か資本的支出か、あるいは新規資産の取得か検討を要します。この場合、稟議書、図面、仕様書、納品書、工事写真、請求書等、現場・現物確認によりその実態を把握します。ただし、以下の形式基準に該当する場合は修繕費となります。

・支出した金額が20万円未満であるもの

・資本的支出か修繕費か明らかでないもので（明らかであるもの：法基通7－8－2、7－8－6、7－8－7、7－8－8、7－8－10）、その費用が60万円未満であるもの

・資本的支出か修繕費か明らかでないもので、その費用が前期末の取得価額のおおむね10％相当額以下のもの

・修理、修繕がおおむね3年以内の期間を周期として行われているもの

⑥ 特別償却については、以下の特別償却が認められる要件に該当するか確認が必要です。

・取得資産が新品であること

・事業の用に供されていること

・各租税特別措置法の規定に該当する資産であること

・二重の条項を適用して特別償却をしていないこと

・税額控除と特別償却を併用していないこと

・中小企業者の判定に誤りがないこと

・該当する業種の判定に誤りがないこと

・取得価額（下限に注意）が規定に当てはまるものであること

・貸付用のものでないこと

・中小企業に限定して認められる場合、中小企業者の適用除外事業者（所得金額が3年平均15億円超等）に該当しないこと

⑦ 適格合併等により引き継いだ固定資産の耐用年数は中古の耐用年数を採用していますか（法定耐用年数よりも損金が多く計上できます）。

ケーススタディ❺

交際費・寄附金・使途秘匿金

Check

福利厚生費等の中に、役員や従業員の接待等のための支出が含まれていませんか。

着眼点

- 交際費の支出の相手方、その関係を確認すること
- 福利厚生費、雑費計上など、その支出内容をチェックすること
- 5,000 円基準の判定は接待の相手方の確認など慎重に行うこと
- 資産の取得価額の内容を把握すること（交際費等の有無）

交際費等の支出の相手方には、直接貴法人の営む事業に取引関係のある者だけでなく間接に貴法人の利害に関係ある者及び貴法人の役員、従業員、株主等も含まれます。

参考法令通達 【措法第 61 条の 4、措法第 68 条の 66、措通 61 の 4⑴－22、措通 68 の 66⑴－25】

Check

売上割戻し等の中に、得意先に物品を交付するための費用や得意先を旅行等に招待するための費用が含まれていませんか。

法人がその得意先に物品を交付するための費用やその得意先を旅行、観劇等に招待する費用は、その物品の交付又は旅行、観劇等への招待が売上割戻しと同様の基準で行われるものであっても、交際費等に該当します。

ただし、交付する物品が得意先において棚卸資産として販売することや固定資産として使用することが明らかな場合又はその物品の購入単価がおおむね 3,000 円以下であり、かつ、その交付の基準が売上割戻し等の算定基準と同一であるときは、これらの物品を交付するための費用は、交際費等に該当しないものとすることができます。

参考法令通達 **【措法第 61 条の 4、措法第 68 条の 66、措通 61 の 4 (1) − 3、措通 61 の 4 (1) − 4、措通 68 の 66 (1) − 3、措通 68 の 66 (1) − 4】**

Check

雑費等の中に、新規店舗等の建設に当たり、周辺の住民の同意を得るための支出が含まれていませんか。

新規店舗等の建設に当たり、周辺の住民の同意を得るために、当該住民やその関係者を旅行等に招待したり、これらの者に酒食を提供した場合には、そのために要した費用は交際費等に該当します。

参考法令通達 **【措法第 61 条の 4、措法第 68 条の 66、措通 61 の 4 (1) − 15、措通 68 の 66 (1) − 18】**

Check

専ら役員や従業員の接待等のために支出した飲食費について、1 人当たり 5,000 円以下であるとして交際費等から除いていませんか。

接待等のために支出するものであっても、飲食その他これに類する行為のために要する費用であって、1 人当たり 5,000 円以下のものは交際費等から除かれます（財務省令で定める書類を保存している場合に限ります。）が、専ら貴法人の役員、従業員及びその家族に対する接待等のために支出するものは、1 人当たり 5,000 円以下であっても、交際費等に含める必要があります。

参考法令通達 【措法第61条の4、措法第68条の66、措令第37条の5、措令第39条の94、措則第21条の18の4、措則第22条の61の4】

Check

棚卸資産又は固定資産の取得価額に交際費等が含まれていませんか。

棚卸資産又は固定資産の取得価額に交際費等が含まれている場合には、支出の事実があった事業年度の交際費等に含める必要があります。

なお、当該交際費等の金額のうちに措法第61条の4第1項の規定により損金の額に算入されないこととなった金額があるときは、当事業年度終了の時における棚卸資産等の取得価額を減額することができます。

参考法令通達 【措法第61条の4、措法第68条の66、措通61の4⑴－24、措通61の4⑵－7、措通68の66⑴－27、措通68の66⑵－6】

Check

前事業年度以前に仮払金とした寄附金を当事業年度の損金としていませんか。また、事業年度末において未払となっている寄附金を当事業年度の損金としていませんか。

着眼点

- 仮払い・未払いの寄附金の処理に留意すること
- 個人が負担すべき寄附金の該当性を検討すること
- 子会社支援や無償・低利貸付け、債権放棄等の根拠の確認
- 相手方を明らかにできない支出の処理に留意すること

寄附金は、実際にその支払がされたときに支出したものとして取り扱うため、前事業年度以前に支払った際に仮払金等として資産計上した寄附金については、当事業年度に仮払金等を消却し費用として計上していても損金とすることは認められません（支払った事業年度の損金となります。）。

また、事業年度末時点において未払となっている寄附金については、実際にその支払がされるまでは損金とすることはできません。

参考法令通達 **【法法第37条、法法第81条の6、法令第78条、法令第155の15、法基通9－4－2の3、連基通8－4－4】**

Check

寄附金の中に役員等が個人として負担すべきものが含まれていませんか。

法人が損金として支出した寄附金であっても、その寄附金の支出の相手方、目的等からみてその法人の役員等が個人として負担すべきものと認められるものは、その役員等に対する給与として取り扱われます。

このため、例えば、当該寄附金が支出額の全額が損金として取り扱われる「国等に対する寄附金」であっても、法法第34条に規定する定期同額給与、事前確定届出給与及び利益連動給与に該当しない場合には、その全額が損金とはなりません。

参考法令通達 **【法法第34条、法法第37条、法法第81条の6、法基通9－4－2の2、連基通8－4－3】**

Check

子会社や取引先に対して合理的な理由がないにもかかわらず、無償もしくは通常より低い利率での金銭の貸付け又は債権放棄等を行っていませんか。

子会社や取引先に対して金銭の無償若しくは通常より低い利率での貸付け又は債権放棄等をした場合において、例えば、業績不振の子会社の倒産を防止するためにやむを得ず行われるもので合理的な再建計画に基づくものである等の経済的合理性を有しているものに該当しない場合には、寄附金として取り扱われます。

参考法令通達【法法第 37 条、法法第 81 条の 6、法基通 9 − 4 − 2、連基通 8 − 4 − 2】

Check

相手方を明らかにできない金銭の支出や金銭以外の資産の贈与はありませんか。

金銭の支出で、相当の理由がないにもかかわらず、その相手方の氏名又は名称及び住所又は所在地並びにその事由を帳簿書類に記載していない場合には、その支出は使途秘匿金に該当し、支出額の 40%相当額が通常の法人税額に加算されます。

なお、ここでいう金銭の支出には、贈与、供与その他これらに類する目的のためにする金銭以外の資産の引渡しも含まれます。

参考法令通達【措法第 62 条、措法第 68 条の 67】

税務監査のポイント

① いわゆる社内接待飲食費は、交際費課税の 5,000 円基準や接待飲食費の対象となりません。これを交際費等に含めないで交際費等の限度計算を行っていると限度超過額の計算を誤ることになります。

② 飲食費で 5,000 円基準の規定を悪用して、飲食費計上の際、人数を水増ししてあたかも 5,000 円以下であるように仮装する例が見受けられ、調査で指摘されると重加算税の対象になります。レシートには人数が印字されますが、通常領収書には人数は記されませんので、監査

で人数の水増しを指摘することは難しいと思われます。しかし、店舗の格などで常識的に5,000円以下で利用できる店舗か見当をつけることは可能です。人数水増しが疑われる場合、監査であっても厳しく追及することが引いては会社の利益になるでしょう。

③ ゴルフや観劇、あるいは旅行等の供応に際しての飲食等は、飲食費に該当しませんので全額交際費等となります。

④ 交際費等であっても飲食前後の送迎費は飲食費ではありませんので、接待飲食費の対象とはなりません。

⑤ 工事原価に算入された交際費も交際費課税の対象になりますので、注意が必要です。特に未成工事支出金や建設仮勘定に含まれている場合がありますので注意が必要です。

なお、工事関係では談合金（降り賃）は交際費等と扱われるので注意が必要です。実態のない工事費に仮装して支払われるケースが多く、調査で発覚すると重加算税の対象となります。これらは工事（安全）日誌や施工体系図、安全大会への出席状況記録などを照合して確認することになりますので、税理士監査において指摘するには難しいところがありますが、税務上の取扱いを説明のうえ、経理責任者等を通じて工事担当者から聞き出すことになります。裏JV工事では、施工責任者としての出向者給料の負担金について出向の実態がない場合は、同様に交際費等の扱いとなりますので、会社にこの点を説明し、実情を申告していただくことになります。調査で否認を受けると重加算税の対象となる可能性があります。

⑥ 仮払金・未成工事支出金として損金算入を繰り延べた交際費であっても、損金算入限度額の計算は支出の時をもって行いますので、支出時に交際費等損金算入限度計算に入れる必要があります（措通64(1)−24)。

⑦　受注謝礼金（情報提供料等）として金品を交付すると、相手が業としている場合や一定の要件に該当する場合を除いて交際費扱いとなる可能性があります（措通64の4(1)－8）。

⑧　JVで負担した交際費についても、交際費の限度計算に算入する必要があります。

⑨　得意先等の接待に要した費用であっても支出先を明らかにしないときは交際費ではなく、使途秘匿金扱いとなります。

⑩　寄附金を未払金で計上しても寄附金として損金にはならず（法令78、法基通9－4－2の4）、申告加算調整する必要があります。支出時に減算調整のうえ、限度計算の支出した金額に含めます。

⑪　国外関連者に対する寄附金は全額損金にはなりません。

⑫　完全支配関係法人に対する寄附金も全額損金にはなりません。

⑬　子会社等支援として相当の理由がない場合の割戻しや値引きなどは、寄附金として扱われます。支援を値引き等に仮装していると科目仮装として重加算税の対象にされる可能性が高くなります。これらは、子会社等の決算書類や稟議書などから合理的な支援理由があるかどうかを見極めることになります。

ケーススタディ⑥
費用関係

Check

事業年度末までに債務が確定していない費用（償却費は含みません。）を損金としていませんか。

着眼点

- 税務上の債務確定の判断は三要件を満たしていること
- 未払費用勘定の処理内容とその根拠を把握すること
- 短期前払費用・消耗品費の処理について恣意的なものがないか慎重に見極めること
- 期末の多額・多量購入などの適切性を確認すること

事業年度終了の日までに債務が確定していない償却費以外の販売費、一般管理費その他の費用については、当事業年度の損金の額に算入されません。

なお、この債務の確定とは、原則として次の要件の全てに該当する場合をいいます。

① 当事業年度終了の日までに当該費用に係る債務が成立していること。

② 当事業年度終了の日までに当該債務に基づいて具体的な給付をすべき原因となる事実が発生していること。

③ 当事業年度終了の日までにその金額を合理的に算定することができるものであること。

参考法令通達 **【法法第22条、法法第81条の3、法基通2－2－12、連基通2－2－12】**

税務監査のポイント

➡ **税務上、債務確定は上記法人税基本通達2－2－12の三条件を**

具備しているかどうかにより判断します。例外として短期前払費用（法基通２－２－14）や消耗品費（法基通２－２－15）の取扱いがあります。

➡ **費用関係全般の監査では、期末未払費用勘定の検討が効率的です。悉皆的に内容を監査できないときは、一定の金額基準等を設けて検討対象とする取引を抽出します。**
抽出した取引の監査のポイントを再掲します。

- **債務が確定しているか**
- **短期前払費用特例の適用誤りはないか**
- **消耗品費特例の適用誤りはないか**

① 期末計上の未払金や未払費用については、特に債務が確定しているかどうか納品書、納品事実、契約書、領収書等証憑類から確認します。債務確定の判断に当たって、物がある場合や成果物がある場合は、その引渡しの事実を確認することがポイントとなります。物の引渡しを要しない役務提供の場合は完了の確認がポイントです。未払費用勘定等から抽出した検討対象の取引について、担当者に引渡しや完了を確認できる資料・証憑を準備させることができれば効率的です。

② 例外として短期前払費用・消耗品費等の取扱いがありますが、債務確定の原則は上記三条件を満たすことが基本となることを前提に、期末の処理状況を監査します。先に述べたように未払費用勘定等の検討から入るのが近道です。

③ 短期前払費用（法基通２－２－14）特例の適用に関しては損金に計上したものの、期末にまだ支払っていないため損金算入が認められないというヒューマンエラーを指摘される例が多々あります。前払いであるにもかかわらず損金算入が認められる短期前払費用の扱いは、期末までに支払っていることが要件ですので、未払計上の場合は適用が

ありません。未払費用そのものの計上が認められませんので、修正経理が間に合わないときは申告加算調整することになります。

④ 意図的に短期前払費用特例を利用する例も見受けられます。その支払った日から1年以内に役務の提供を受けるものなど形式的な要件を備えている場合であっても、利益調整のために費用計上したと認定されると税務調査で否認されます。継続適用も要件ですから、費用計上するときの稟議者や決裁文書に費用計上する理由が「予算消化のため」などと継続性が疑われる記載があるときは、担当者に真意を確認するなど、慎重な判断を要します。

国税庁の質疑応答例では、「利益が出たから今期だけまとめて1年分支払うというような利益操作のための支出や収益との対応期間のズレを放置すると課税上の弊害が生ずると認められるものについては、これを排除していく必要があります」と説明されています。

判例では、公正妥当な会計処理を前提として、重要性の原則から判断して原価に占める割合が大きいことから本通達の適用を否定した例があります（平成13年10月24日　松江地裁判決　平10(行ウ)第5号）。

> 利益調整のためなど課税上弊害がある場合で短期前払費用特例が認められなかったケース。
>
> 上記は引落しによる月次払いリース料を、期日を1月ずつずらした手形を12枚同一日付で発行したケースで、短期前払通達の適用を否定された例です（平13.10.24 松江地裁（高裁は地裁支持・最高裁上告不受理・確定））。

⑤ 1年分の書籍代や新聞購読料を支払ったときに短期前払費用にしていませんか（短期前払費用は役務提供契約に該当するものが対象ですので、物の購入は対象となりません）。請求書などから取引内容を確認す

ることになります。

⑥　期末の未払賞与については、特に法人税法施行令第72条の3の損金算入要件を充足しているかどうか確認します。通知をしたものの、退職等を理由として一部の者に後日支給していない場合は、未払賞与全体が未確定と指摘を受ける可能性があります。

就業規則や賞与規定にどのような取扱いが定められているかに注意してください（賞与は支給日に在籍している者に支給する旨の規定の場合、通知をしても翌期の支給日に退職により在籍していない場合は支給されません等）。

⑦　期末の未払賞与が税務上の損金算入要件を満たしているとしても、未払賞与に係る社会保険料の支払債務は期末には確定していないとされていますので、注意を要します。

社会保険料は、健康保険法第156条第3項により「前月から引き続き被保険者である者がその資格を喪失した場合においては、その月分の保険料は、算定しない。」とされていること、賞与に係る社会保険料は標準賞与額に保険料率を乗じて計算されますが、標準賞与額は同法第45条により「被保険者が賞与を受けた月に」決定されることから、未払いである期末には賞与に係る社会保険料の支払債務は確定していないことになります。

賞与に対する社会保険料は、標準賞与額に対して計算されます。標準賞与額は賞与を支給した月に確定しますので、賞与に対する社会保険料の額が確定し納付義務が確定するのは賞与の支給日の属する月となります（納付は納付が確定した月の翌月）。したがって、未払賞与については、未払計上月には納付義務が確定していないことになります。

〈健康保険法〉

（標準賞与額の決定）

第45条 保険者等は、**被保険者が賞与を受けた月において**、その月に当該被保険者が受けた賞与額に基づき、これに千円未満の端数を生じたときは、これを切り捨てて、**その月における標準賞与額を決定する**。ただし、その月に当該被保険者が受けた賞与によりその年度（毎年4月1日から翌年3月31日までをいう。以下同じ。）における標準賞与額の累計額が573万円（第40条第2項の規定による標準報酬月額の等級区分の改定が行われたときは、政令で定める額。以下この項において同じ。）を超えることとなる場合には、当該累計額が573万円となるようその月の標準賞与額を決定し、その年度においてその月の翌月以降に受ける賞与の標準賞与額は零とする。

〈健康保険法〉

（被保険者の保険料額）

第156条 被保険者に関する保険料額は、各月につき、次の各号に掲げる被保険者の区分に応じ、当該各号に定める額とする。

一 介護保険法第9条第二号に規定する被保険者（以下「介護保険第二号被保険者」という。）である被保険者 一般保険料額（各被保険者の標準報酬月額及び標準賞与額にそれぞれ一般保険料率（基本保険料率と特定保険料率とを合算した率をいう。）を乗じて得た額をいう。以下同じ。）と介護保険料額（各被保険者の標準報酬月額及び標準賞与額にそれぞれ介護保険料率を乗じて得た額をいう。以下同じ。）との合算額

二 介護保険第二号被保険者である被保険者以外の被保険者 一般保険料額

2 前項第一号の規定にかかわらず、介護保険第二号被保険者である被保険者が介護保険第二号被保険者に該当しなくなった場合においては、その月分の保険料額は、一般保険料額とする。ただし、その月に再び介護保険第

二号被保険者となった場合その他政令で定める場合は、この限りでない。
3　前二項の規定にかかわらず、前月から引き続き被保険者である者がその資格を喪失した場合においては、その月分の保険料は、算定しない。
(保険料の納付)
第164条　被保険者に関する毎月の保険料は、翌月末日までに、納付しなければならない。ただし、任意継続被保険者に関する保険料については、その月の10日（初めて納付すべき保険料については、保険者が指定する日）までとする。

⑧　確定納付企業年金の掛金については、現実の金銭支出が損金の計上の要件とされているので（法基通9－3－1)、期末での未払いは損金算入できません。社会保険料勘定の期末計上取引の仕訳を確認します。

⑨　クレーム代や損害賠償金の債務計上については、法人税基本通達2－2－13により事業年度終了の日までに賠償すべき額が確定していないときであっても相手方に申し出た金額を未払金に計上したときは損金算入が認められることから、雑費、雑損、特別損失勘定に損害賠償金等の未払金計上があるときは申し出の事実を確認します。

⑧　消耗品等の期末未使用品は、棚卸計上するのが原則ですが、取得した日の属する事業年度の損金とすることができる例外取扱いがあります（法基通2－2－15)。各事業年度毎におおむね一定数量を取得し、かつ、経常的に消費するものに限られますから、期末での異常に多額・多量な購入事実がある場合は、その内容と購入に至る経緯・理由を確認する必要があります。利益調整が目的で一時に多額・多量の消耗品等を購入したのであれば、調査で否認されますので申告加算調整など適切な対応が必要です。多くの場合、内部牽制の必要上普段と異

なる多量の購入の場合、稟議書や決裁文書にその理由が明記されていますので、これらの書類を確認することが事実関係の確認に有効です。

⑨ パソコンや机やイスなどを消耗品として期末に大量に購入して費用計上している場合、これらは器具備品に該当することから少額減価償却資産に該当するとしても事業の用に供していなければ調査で損金算入を否認されますので、いつ関係部署に配備し事業の用に供したか、納品後の動向を確認する必要があります。包装も解かず倉庫や廊下に積んであるような場合は、事業の用に供したとはいえません。

⑩ オプション取得時に支払うオプション料を支払い時に損金にしていませんか（前渡金になります）。

⑪ 賃借料、リース料等の科目があるときは、契約関係を確認します。所有権移転外リース取引におけるリース資産のリース料で期末に支払ったものを短期前払費用にしていませんか（リース資産として減価償却することになります）。

⑫ まだ将来使用する可能性があることから倉庫に保管しているのに、除却損を計上していませんか。

ケーススタディ❼

移転価格

Check

国外関連者に対する役務提供の対価の額、又は国外関連者から受けた役務提供の対価の額は、独立企業間価格となっていますか。

着眼点

- 役務提供料算定に当たって適切な総原価の額をベースとすること
- 無償での役務提供には合理的な理由・事情等のあること

国外関連者に対して役務提供を行った場合、又は国外関連者から役務提供を受けた場合、その対価の額は独立企業間価格である必要があります。

独立企業間価格は、役務提供に要した総原価の額に通常の利潤の額を加算する等して算定しますが、役務提供が支援的な性質のものであるなど一定の要件を満たし、また、当該役務提供に要した総原価の額に、当該総原価の額に100分の5を乗じた額を加算した金額をもって対価の額としている場合、その対価の額は独立企業間価格として扱われます（移転価格事務運営要領3－10）。

参考法令通達　**【措法第66条の4、措法第68条の88、移転価格事務運営要領3－9、3－10、「別冊 移転価格税制の適用に当たっての参考事例集」（事例23）、連結法人に係る移転価格事務運営要領3－9、3－10、「別冊 連結法人に係る移転価格税制の適用に当たっての参考事例集」（事例23）】**

Check

国外関連者に対する貸付けの利息の額、又は国外関連者からの借入れの利息の額は、独立企業間価格となっていますか。

国外関連者に対して貸付けを行った場合、又は国外関連者からの借入れを行った場合、その利息の額は独立企業間価格である必要があります。

参考法令通達 **【措法第66条の4、措法第68条の88、移転価格事務運営要領3－6、3－7、「別冊 移転価格税制の適用に当たっての参考事例集」（事例4）、連結法人に係る移転価格事務運営要領3－6、3－7、「別冊 連結法人に係る移転価格税制の適用に当たっての参考事例集」（事例4）】**

Check

「独立企業間価格を算定するために必要と認められる書類（ローカルファイル）」を申告期限までに作成し、又は取得し、保存していますか。

一の国外関連者との取引について
① 国外関連取引(注1)の合計金額（前事業年度(注2)）が50億円以上
又は
② 無形資産取引(注3)の合計金額（前事業年度）が3億円以上
である法人は、当該国外関連取引に係る独立企業間価格を算定するために必要と認められる書類を確定申告書の提出期限までに作成又は取得し、保存することが必要です。

(注)1 「国外関連取引」とは、法人が国外関連者との間で行う資産の販売、資産の購入、役務提供その他の取引をいいます。
(注)2 前事業年度がない場合には当該事業年度となります。
(注)3 「無形資産取引」とは、特許権、実用新案権などの無形固定資産その他の無形資産の譲渡又は貸付け等をいいます。

参考法令通達 **【措法第66条の4、措法第68条の88、措則第22条の10、措則第22条の74、移転価格事務運営要領2－4、3－4、3－5、連結法人に係る移転価格事務運営要領2－4、3－4、3－5】**

税務監査のポイント

➡ **中小企業でも指摘されやすい項目として、以下の2点が挙げられます。**

（役務提供料）

① 役務提供料の算定に当たっては役務提供に要した「総原価の額」（当該役務提供に係る総原価の額（当該役務提供に関連する合理的に計算された直接費及び間接費の合計額））がベースになることに留意する必要があります。移転価格事務運営要領では「原則として、当該役務提供に関連する直接費の額のみならず、合理的な配賦基準によって計算された担当部門及び補助部門における一般管理費等の間接費の額も含まれることに留意する」と説明されています。

このことは、適正な原価計算に基づいて総原価の額を算定しなければならないことを意味し、役務提供に関わった人員の給与だけを算定の基礎としているような場合は誤りとなります。

国外関連者に無償で役務提供している場合は、当初から対価を収受する意図がないともいえますので、国外関連者に対する寄附金と認定される可能性があります。監査においては無償とした理由、事情等の事実確認がポイントとなります。無償とする意図がなく単なるミスで収受しておらず、収受する意図、合意がある場合は、適正な役務提供料を算定し収益に計上する必要があります。

そもそも役務提供料が収益に計上されていない場合は、税務監査において国外関連者に役務提供の事実があるかどうかを把握することは難しいかも知れませんが、組織図などから海外担当部署の人員を把握し、業務分担内容や海外出張等の報告書などから役務提供の事実を確認することになります。

（貸付金利）

② 国外関連者に対する貸付金利については、移転価格事務運営要領によると、次の金利が独立企業間価格として考慮されます。

(1) 国外関連取引の借手が、非関連者である銀行等から当該国外関連取引と通貨、貸借時期、貸借期間等が同様の状況の下で借り入れたとした場合に付されるであろう利率

(2) 国外関連取引の貸手が、非関連者である銀行等から当該国外関連取引と通貨、貸借時期、貸借期間等が同様の状況の下で借り入れたとした場合に付されるであろう利率

(3) 国外関連取引に係る資金を、当該国外関連取引と通貨、取引時期、期間等が同様の状況の下で国債等により運用するとした場合に得られるであろう利率

国外関連者を支援する目的で利息を収受していないときは、法人税基本通達９－４－２（子会社等を再建する場合の無利息貸付け等）の適用がある場合を除き、国外関連者に対する寄附金と認定される可能性があります。役務提供の場合と同様、無償とした理由、事情の確認がポイントとなります。国外関連者に貸付金があるかどうかは、会社の財務諸表・勘定内訳や保管している国外関連者の財務諸表により容易に把握することができます。この貸付金に対して利息収入が計上されているかどうかの確認が第一歩となります。

ケーススタディ❽

棚卸資産

Check

事業年度終了の時において、預け在庫、未着品を棚卸しの対象としていますか。

着眼点

- 預け在庫や未着品について数量等を確認すること
- 消耗品の使用状況について把握し、適切な処理をすること
- 棚卸資産の取得価額の内容を確認すること
- 棚卸数量の把握と現在在庫との整合性をチェックすること

事業年度終了の時において外注先や仕入先へ預けている商品等や購入した商品等のうち運送途中にある未着品についても、数量等を把握し、棚卸しの対象とする必要があります。

Check

未使用の消耗品の取得に要した費用を当事業年度の損金としていませんか。

消耗品で貯蔵中のものは棚卸資産に該当するため、その取得に要した費用は当該消耗品を消費した日の属する事業年度において損金とする必要があります。

ただし、事務用消耗品、作業用消耗品、包装材料、広告宣伝用印刷物、見本品その他これらに準ずる棚卸資産（毎事業年度におおむね一定数量を取得し、かつ経常的に消費するものに限ります。）の取得に要した費用を継続してその取得した日の属する事業年度の損金としている場合には、取得時の損金として差し支えあ

りません。

参考法令通達 【法法第2条、法令第10条、法基通2－2－15、連基通2－2－15】

Check

引取運賃、荷役費、運送保険料、購入手数料、関税など購入のために直接要した費用は棚卸資産の取得価額に含めていますか。

棚卸資産の購入に際して引取運賃、荷役費、運送保険料、購入手数料、関税その他当該資産の購入のために要した直接付随費用がある場合には、その費用を棚卸資産の取得価額に含める必要があります。

なお、買入事務、検収、整理、選別、手入れ等に要した費用や販売所から販売所への移管に要した費用などの棚卸資産の購入のために要した間接付随費用も棚卸資産の取得価額に含める必要があります（これらの間接付随費用の総額が棚卸資産の購入の対価のおおむね3%以内の金額であるときは、当該間接付随費用については、棚卸資産の取得価額に含めなくても差し支えありません。）。

参考法令通達 【法令第32条、法基通5－1－1、連基通5－1－1】

Check

流行遅れや機種がモデルチェンジしたことだけを理由に棚卸資産の評価損を計上していませんか。

棚卸資産が著しく陳腐化した場合には、評価損を計上することが認められますが、単に流行遅れや機種がモデルチェンジしたことだけでは、陳腐化には該当せず、例えば、いわゆる季節商品で売れ残ったものについて、今後通常の価額では販売することができないことが既往の実績その他の事情に照らして明らかである場合や当該商品と用途の面ではおおむね同様のものであるが、型式、性能、品質等が著しく異なる新製品が販売されたことにより、当該商品につき今後通常の方法により販売することができなくなった等の事実が生じた場合がこれに該当します。

参考法令通達【法法第33条、法令第68条、法基通9－1－4、連基通8－1－4】

税務監査のポイント

①　棚卸資産について

➡ 実地棚卸しをどのように行ったか、実施要領などにより棚卸しの手順を特に念入りに監査します。保存されている棚卸関係書類から実施要領に定められた手順、手続きによっていない事実が認められた場合は棚卸計上漏れに繋がる可能性があります。場合によっては、監査日現在の在庫を把握して、進行期の入出庫を加減することにより期末の棚卸数量を推計して現在在庫との整合性を確認することも棚卸計上漏れの有無を検証する有力な手段です。

➡ 期末に仕入れたものが棚卸しに反映されているか、仕入単価の高額なものや多額に購入したものを抽出して、サンプル的に売上げとの関連も念頭に監査を行います。

➡ 材料支給で加工依頼しているものについては、期末の処理がどのようにされているか、支給先からの報告書や期末の棚卸しの把握状況を確認します。

➡ 仕入先への預け在庫や外部倉庫等に保管している商品製品原材料等の在庫は、適正に棚卸資産として反映しているか確認します。

➡ 棚卸資産の評価が選定し届け出た方法、または法定評価方法により適正に行われているか確認します。

➡ 期末の単価マスター等の確認を行い、修正や変更がないか確認します。修正や変更が行われている場合は、その理由及び根拠を確認し適切な理由のない修正変更が行われていないか見極めます。理由が曖昧な場合は、棚卸金額の圧縮を目的とした故意の変更が疑われます。

➡ 棚卸原票の集計値とB/S上の棚卸計上額に開差がないか確認します。

② 未成工事支出金について

➡ 建設業においては、未完成工事の原価を「未成工事支出金」勘定へ計上します。一種の棚卸資産です。一般的には完成工事の原価台帳と未完成工事の原価台帳は区分して整理されていると思いますが、いずれにしても原価台帳の記載内容・金額から検討取引を抽出するのが効率的です。期末に計上した原価の見積額が適正であるか検討します。

➡ 未成工事支出金の中に交際費となる支出が無いかどうか確認します。これは交際費の問題ですが、交際費等損金不算入額の計算においては支出した交際費等の金額が対象となりますので、原価に算入されていない未成工事支出金であっても交際費等の金額は支出した日の属する事業年度の交際費等損金不算入額の計算に含めることになります。

➡ 本来、未成工事支出金に計上すべき支出が当期の他の工事の完成工事原価として処理されたり、あるいは故意に完成工事原価に付替え処理されている例が見受けられます。工事台帳上の工事番号、工事名と外注先の請求書や工事日報、施工体系図等を照合し、完成工事原価への付替えや未成工事支出金への計上漏れを確認します。

➡ 未成工事とされていても、完成工事として当期の売上げに計上すべき場合があります。翌期の原価計上額が少ない場合は完成工事売上げの繰延べが疑われます。原価台帳から翌期の計上状況、工事内容を確認するのが効率的です。

ケーススタディ⑨

繰延資産

Check

資産を賃借する際の権利金のように、支出の効果が１年以上に及ぶ費用について、その全額を一時の損金としていませんか。

着眼点

●繰延資産となる支出について、原価・経費を一定の抽出基準により抽出して効率的に内容をチェックすること

以下の①〜⑤の費用で支出の効果がその支出の日以後１年以上に及ぶものは、繰延資産に該当し、当該費用は、支出の効果の及ぶ期間を基礎として償却する必要があります。

① 自己が便益を受ける公共的施設又は共同的施設の設置又は改良のために要する費用
② 資産を賃借し又は使用するために支出する権利金、立退料その他の費用
③ 役務の提供を受けるために支出する権利金その他の費用
④ 製品等の広告宣伝の用に供する資産を贈与したことにより生ずる費用
⑤ ①〜④に掲げる費用のほか、自己が便益を受けるために支出する費用

参考法令通達 **【法法第２条、法法第32条、法令第14条、法基通８−１−３、法基通８−１−４、法基通８−１−５、法基通８−１−６、法基通８−１−８、連基通７−１−３、連基通７−１−４、連基通７−１−５、連基通７−１−６、連基通７−１−７】**

税務監査のポイント

➡ **繰延資産となる支出には、上記要注意事項に挙げられた繰延資産の例以外のものもあります。誤って原価、費用に計上しているケース**

を想定すると、処理している勘定科目は多岐にわたりますので、会社の規模により一定金額以上の原価、経費を抽出して支出内容を確認することになります。

① ノウハウの開示に伴う一時金や下水道工事の工事負担金（20万円以上）を繰延資産として計上していますか。

② 出版権の設定の対価を支出したときに繰延資産としていますか。

③ 職業運動選手やタレントとの専属契約を締結したときに支払う一時金を繰延資産としていますか。

④ フランチャイズ加盟に際して支出する一時金を繰延資産に計上していますか。

ケーススタディ⑩

固定資産

Check

固定資産を事業の用に供するために要した費用を一時の損金としていませんか。

着眼点

- 固定資産の取得価額の内容を確認し、その処理に誤りがないかチェックすること
- 減価償却資産取得後の付随費用の処理を確認すること
- 修繕費、資本的支出の処理の妥当性をチェックすること

固定資産の取得価額には、購入したもの、自己が建設等をしたものを問わず、事業の用に供するために直接要した費用（例えば、工業用機械の据付費、調整試運転費など）が含まれますので、そのような費用は一時の損金とはなりません。

参考法令通達 **【法令第 54 条、法基通 7 − 3 − 16 の 2、連基通 6 − 3 − 25】**

Check

建物付土地の取得後おおむね 1 年以内にその建物の取壊しに着手しているにもかかわらず、取壊時の建物の帳簿価額及び取壊費用を一時の損金としていませんか。

建物付土地を取得後、おおむね 1 年以内にその建物の取壊しに着手するなど、当初からその建物を取り壊して土地を利用する目的であると明らかに認められる

ときは、当該建物等の取壊しの時における帳簿価額及び取壊費用の合計額は、当該土地の取得価額に含める必要があります。

参考法令通達 **【法基通7－3－6、連基通6－3－8】**

Check

建物の建設に伴って支出が予定されている住民対策費、公害補償費等の費用の額をその建物の取得価額に含めていますか。（毎年支出することになる補償金は除きます。）

新工場の落成、操業開始等に伴って支出する記念費用等のように減価償却資産の取得後に生ずる付随費用の額は、当該減価償却資産の取得価額に算入しなくても差し支えありませんが、工場、ビル、マンション等の建設に伴って支出する住民対策費、公害補償費等の費用（法基通7－3－11の2⑵及び⑶又は連基通6－3－14⑵及び⑶に該当するものを除きます。）の額で当初からその支出が予定されているもの（毎年支出することとなる補償金を除きます。）は、たとえその支出が建設後に行われるものであっても、当該減価償却資産の取得価額に含める必要があります。

参考法令通達 **【法令第54条、法基通7－3－7、法基通7－3－11の2、連基通6－3－9、連基通6－3－14】**

Check

資本的支出を一時の損金としていませんか。

固定資産の修理、改良等のために支出した金額のうち、当該固定資産の通常の維持管理のため、又はき損した固定資産につきその原状を回復するために要したと認められる部分は修繕費に該当し一時の損金となります。

他方、固定資産の修理、改良等のために支出した金額のうち当該固定資産の価値を高め、又はその耐久性を増すこととなると認められる部分に対応する金額は資本的支出に該当し、その固定資産と種類及び耐用年数を同じくする固定資産を新たに取得したものとなります。ただし、一の計画に基づき同一の固定資産について行う修理、改良等のために要した各事業年度ごとの費用の額が 20 万円に満たない場合又は修理、改良等がおおむね 3 年以内の期間を周期として行われることが既往の実績その他の事情からみて明らかである場合には、修繕費として損金経理することができます。

参考法令通達 **【法令第 55 条、法令第 132 条、法基通 7 − 3 − 16 の 2、法基通 7 − 8 − 1、法基通 7 − 8 − 2、法基通 7 − 8 − 3、連基通 6 − 3 − 25、連基通 6 − 8 − 1、連基通 6 − 8 − 2、連基通 6 − 8 − 3】**

Check

自社開発のソフトウエアを製作するために要した費用を一時の損金としていませんか。

自社開発のソフトウエアを製作するために要した原材料費、労務費及び経費並びに事業の用に供するために直接要した費用は、そのソフトウエアの取得価額に算入することとなるため、一時の損金とはなりません。

この場合、その取得価額は適正な原価計算に基づき算定することになりますが、原価の集計、配賦等につき合理的であると認められる方法により継続して計算している場合には、これが認められます。

参考法令通達 **【法令第 54 条、法基通 7 − 3 − 15 の 2、連基通 6 − 3 − 22】**

Check

ソフトウエアのバージョンアップのために要した費用を一時の損金としていませんか。

ソフトウエアのプログラムの修正等を行った場合に、その修正等がプログラムの機能上の障害の除去、現状の効用の維持等に該当するときはその修正等に要した費用は修繕費として一時の損金となりますが、新たな機能の追加、機能の向上等のバージョンアップを行っている場合には、その修正等に要した費用は資本的支出に該当し、ソフトウエアの取得価額に算入する必要があります。

参考法令通達 【法令第55条、法令第132条、法基通7－8－6の2、連基通6－8－7】

税務監査のポイント

➡ **上記要注意事項に挙げられた例の他にも、下記のような固定資産の取得費となる支出があります。ケーススタディ❾「繰延資産」の項と同様の監査手法となりますが、誤って一時の費用処理とした場合の勘定科目は多岐にわたりますので、この中から誤り処理を把握するには原価、経費につき横断的に一定額以上の原価、経費を抽出して請求書等証憑から内容を確認していくことになります。**

① 土地を取得した際支出した立退料や移転料を取得価額に算入していますか。

また取得の際、農地転用費用等を取得価額に算入していますか。

② 建物の取得の際上棟式の費用を取得価額に算入していますか。

③ 土地建物の取得の際買主負担とされている固定資産税相当額として支払う金額を取得価額に算入していますか。

④ 借地権の更新料を支払ったときに取得価額に加算し、従前の権利金等のうち減少した部分を損金に算入していますか。

⑤ 他人の建物に行った造作に要した金額を固定資産に計上していますか。

⑥ 建物に新たに取り付けたシャッターを建物附属設備にしていませんか。

⑦ 建物に新たに行った床のコンクリート打ち工事を構築物にしていませんか。

⑧ 土地付きマンションを取得して購入価格をそのまま建物の取得価額

にしていませんか（土地と建物に区分が必要）。

⑨　昨今、従業員によるパソコン等備品の転売による横領行為が報道されています。少額減価償却資産として固定資産に計上されないパソコンなどは備品管理について確認し、少なくとも直近１年間に購入されたパソコン等については、現物の所在を確認します。固定資産に計上されない備品であっても会社資産ですから、管理番号を付して管理されているのが一般的です。

ケーススタディ⑪
前払費用

Check

前払費用に該当する支出を損金としていませんか（法基通２－２－14又は連基通２－２－14に規定する「短期の前払費用」の取扱いの適用を受ける場合を除きます。）。

着眼点

- 役務の提供を受けた事業年度の損金が原則
- 短期前払費用特例の適用について、その妥当性には特に留意すること

前払費用（一定の契約に基づき継続的に役務の提供を受けるために支出した費用のうち当事業年度終了の時においてまだ提供を受けていない役務に対応するものをいいます。）は、支払った日の属する事業年度の損金とは認められず、役務の提供を受けた事業年度の損金となります。

ただし、「短期の前払費用」（支払った日から１年以内に提供を受ける役務に係る前払費用で、継続して支払った日の属する事業年度の損金としているもの）については、支払った日の属する事業年度の損金として差し支えありません。

参考法令通達【法法第22条、法令第14条、法基通２－２－14、連基通２－２－14】

税務監査のポイント

➡ **以下、前払費用とすべき、短期前払費用特例が認められない例を挙げました。これらの例も原価、費用を横断的・悉皆的に検討することは現実的ではないので、一定金額以上のもの、特に短期前払費用特例を適用して費用計上するケースは期末の計上が多いことから、**

短期前払費用特例の適用誤りを把握する目的では期末計上の原価、費用に的を絞るのも一つの割り切りです。

① 掛け捨て損害保険料2年分を支出したときに一時の損金としていませんか。短期前払費用特例は、1年以内に提供を受ける役務に係るものを支払った場合の取扱いですから、2年分を支払った場合は支払った2年分全額が前払費用となり、当期の費用として損金算入できる金額は当期末までの経過期間に対応する金額となります。

② 毎月定期購読紙誌代を期末に翌期6か月分を支払ったときに短期前払費用として支払時に損金にしていませんか（短期前払費用特例は役務提供契約が対象です。物の購入である新聞雑誌等の定期購読料は対象になりません）。

③ 顧問税理士報酬を6か月分期末に支払ったときに短期前払費用にしていませんか（短期前払費用は、その役務内容中身が等量等質で変動がないものとされています。税理士の顧問契約では、その時々の状況に応じてサービスの提供を受けることが前提となっているのが一般的で、その役務は等量等質ではないと考えられています。短期前払費用特例の適用条件に関して東京地裁平成19年6月29日判決「期間損益の処理を特例的に是認する取扱いであると解されるところ、その役務が等量等質のものではない場合には、時の経過に応じて収益と対応させる必要があることから、本件通達による特例的取扱いは認められないものと解すべきである。」）。顧問税理士は、当然前払いで支払いを受けていることは承知していますので、会社の処理に誤りがないか特に注意が必要でしょう。調査でこの問題を指摘されては、税理士として面目がありません。

ケーススタディ⑫
貸付金

Check

役員、従業員や関連会社に対して金銭を無償又は通常より低い利率で貸し付けていませんか。

着眼点

- 無償または低利貸付けについては、その内容・根拠を明確にすること
- 貸付先を明確にし、利率決定の根拠資料を揃えておくこと
- 貸倒引当金の計上について、その要件を満たしていること

経済的合理性がないにもかかわらず、役員、従業員や関連会社に対して無償又は調達金利や他者への貸付条件等と比較して低利による貸付けを行っている場合、通常適用すべき利率により計算した利息の額と実際徴収した利息の額との差額は、給与又は寄附金に該当する場合があります。

参考法令通達　**【法法第 34 条、法法第 36 条、法法第 37 条、法基通 9 − 2 − 9、法基通 9 − 4 − 2、連基通 8 − 2 − 8、連基通 8 − 4 − 2】**

税務監査のポイント

➡ **貸付金そのものの有無は決算書、試算表から一目瞭然で、その内訳は勘定明細等から把握できます。次いで、会社が作成している受取利息の計算資料から貸付先毎に利息の有無、利率を把握し、計上がない場合は、その妥当性、利率ついては稟議書等から決定の根拠を確認します。**

① 一般的に貸付金については契約書が作成されます。貸付金について契約書等の文書がない場合は、資金が貸付先に確実に移転しているかどうかを確認します。貸付先に移転していない場合は、別に実質的な貸付先が存在し、表面上の貸付先に利益供与していることも想定されます。もっとも契約書があっても、同様のケースは考えられますので、貸付実行時の実際の資金の流れを確認することは重要です。

② 社長など同族関係者との取引については、利息を含めて税務調査において特に留意されます。特に貸付金については安易に利率を低くしたり無しとしたりできますので、利率が妥当かどうかを確実に監査します。

③ 特定外国子会社に対する貸付金はありませんか。あれば、適正な利息を収受していますか（**ケーススタディ❼**「移転価格」の項参照）。

④ 個別評価債権につき貸倒引当金を計上した場合、法人税法第 52 条第 1 項、同施行令第 96 条第 1 項の引当て及び限度計算の要件を備えているか確認が必要です。特に、更生計画認可等の決定、申立ての事実を確認できる書類が重要です。

⑤ 一括評価金銭債権に係る貸倒引当金の計上に当たって仕入割戻しの未収金、預け金、前渡金、未収労働保険料等を売掛債権に含めていませんか（法基通 11 − 2 − 18）。一般的には別表十一（一の二）を作成する基礎資料として貸倒引当金の計算明細が作成されますので、この原始資料により引当金計算の対象とならない債権が含まれていないか確認します。

なお、工事進行基準を採用している場合の、その収益に対応する工事未収入金は平成 20 年 3 月 31 日までに開始する事業年度は工事の目的物の引き渡しがあるまでは一括評価債権に該当しないとされていましたが、平成 20 年 4 月 1 日以後開始する事業年度からは一括評価債権に当たるとされています（タックスアンサーNo.5500）。

⑥ 貸倒実績率の算定において、適格合併を行っていた場合、被合併法人の実績を加味していますか（法令96⑧）。被合併法人の別表十一（一の二）を参照します。

⑦ 貸倒れの取扱いについては法人税法に直接的な規定はありませんが、通達にその取扱いにつき定めがあります。貸付金の貸倒れを計上する根拠と時期は法人税基本通達9－6－1～9－6－2の規定を充足していますか。

特に、貸倒れを計上する時期については「その事実が発生した日の属する事業年度」「（その全額が回収できないことが）明らかになった事業年度」とされていて、任意の時期に損金とすることは許容されませんので、注意が必要です。事実が発生した日あるいは明らかになった事業年度が過年度であるにもかかわらず、当事業年度の損金となっている場合は、当事業年度の修正申告書を提出する一方、該当する過年度の更正請求により対応することになるでしょう。

⑧ 法人税基本通達9－6－2（回収不能の金銭債権の貸倒れ）により貸付金を貸倒損失とした場合、担保物を処分した後でなければ貸倒れとして損金経理することはできませんが、処分は完了していますか。担保物の有無は契約書ほか関係書類から確認します。

ケーススタディ⑬

有価証券

Check

有価証券を取得するために要した費用を一時の損金としていませんか。

着眼点

- 取得価額を構成する付随費用について処理が適切であること
- 評価損計上の根拠に合理的な理由のあること
- 売買時の価額は適正な時価であること。また価額算定資料が合理的であること

有価証券の取得価額には、当該有価証券の購入の代価等に加えて、購入のために要した費用が含まれます。
このため、購入手数料その他有価証券の購入のために要した費用は、有価証券の取得価額に算入され、一時の損金にはなりません。
なお、有価証券を取得するために要した通信費、名義書換料は有価証券の取得価額に算入せず、一時の損金として差し支えありません。また、外国有価証券の取得に際して徴収される有価証券取得税その他これに類する税についても同様に一時の損金として差し支えありません。

参考法令通達 【法令第 119 条、法基通 2 － 3 － 5、連基通 2 － 3 － 5】

税務監査のポイント

➡ **有価証券に関わる注意事項としては、上記取得価額の問題以外に評価損益、取引価格の問題もあり、以下にいくつか留意事項を挙げま**

す。

① 売買目的外有価証券の評価損の計上がある場合、法人税法施行令第68条第1項第二号ロの要件を備えているかどうか検討します。要件として、評価損の計上ができる事実として資産状態が著しく悪化したため、その価額が著しく低下したことと規定されていますので、単にその価格が著しく低下しただけでは要件を満たさず、価格の著しい低下の要因として、資産状態が著しく悪化した事実がなければ評価損の計上は認められませんので注意を要します。上場有価証券であれば比較的容易に著しい価格の低下は確認できますが、相場表から価格の変動を追うだけではなく、価格低下の要因となる資産状態の著しい悪化を別途公開されている財務諸表から確認する必要があります。

② 有価証券が企業支配株式等に該当する場合は、支配に係る対価を考慮して評価損を計上していますか（法基通9－1－15)。評価損を計上した株式が外形的に20％以上保有する株式である場合は（法令119の2②二)、まず稟議書等により、取得の経緯を確認し企業支配株式等に該当するかどうか判断する必要があります。該当する場合は支配に係る対価の額は（通常の取得価額を超える金額）評価損を計上することができませんので、簿価（取得時の価額）の算定資料も確認します。

③ 関係会社間での有価証券の売買は適正な時価で行われていますか。税務調査においては、関係会社間取引は恣意的に行われやすいことから、有価証券売買に限らず要調査項目となります。上場有価証券の時価は容易に根拠を確認できますが、非上場有価証券の場合は、会社の売買価額算定資料等により時価により行われているか見極めます。

④ 外貨建有価証券の取得価額は取引日の電信為替相場の仲値によっていますか（法基通13の2－1－2）（TTBを採用しているときは継続して採用していますか)。外貨建資産の円換算は仲値によることが原則で

すが、継続適用を条件としてTTB（対顧客直物電信買相場）によることができます。したがって、TTBにより換算している場合は、前期以前の円換算方法を確認し継続適用の条件を満たしているか見極めることになります。当期に変更している場合は、原則である仲値との換算差額につき申告調整の手当てが必要でしょう。

⑤　為替相場がおおむね15％以上変動していないのに、外貨建有価証券（売買目的外）を期末に換算していませんか（法基通13の2－2－10）。法人税法施行令第122条の3第1項により、外貨建資産等に係る外国為替の売買相場が著しく変動した場合には、その外貨建資産等と通貨の種類を同じくする外貨建資産等のうち、外国為替の売買相場が著しく変動したもののすべてにつき、これらの取得または発生の基因となった外貨建取引を当該事業年度終了の時において行ったものとみなして、法人税法第61条の8第1項（外貨建取引の換算）及び第61条の9第1項（外貨建資産等の期末換算）の規定を適用することができるとされており、法人税基本通達13の2－2－10においてその著しい変動につき15％以上と目安が示されています。

変動割合の計算式は本通達に示されていますので、期末に換算替えをしている場合は会社が計算に用いた為替相場の根拠資料を確認するとともに、計算誤りがないか見極める必要があります。為替相場が15％以上下落した場合は、法人税法第61条の9第2項、法人税法施行令第122条の3第1項及び法人税基本通達により為替換算差額を損金の額に算入することができます。

ケーススタディ⓮

前受金・仮受金・預り金・保証金

Check

売上げ、雑収入等に計上すべきものはありませんか。

着眼点

- 長期にわたる前受金、仮受金、預り金等の把握と発生原因を確認すること。
- 預り保証金について、返還条件などを把握し、収益計上の是非を確認すること

前受金、仮受金及び預り金が棚卸資産の販売、請負、固定資産の譲渡等の対価として収受したものである場合、その棚卸資産の販売等に係る収益計上基準に照らし、当事業年度の売上げ、雑収入等に計上すべきものが含まれているときは、当事業年度の益金とする必要があります。

また、当事業年度において資産の賃貸借契約等に基づき預った保証金等の一部又は全部について返還を要しないことが確定した場合、その返還しないことが確定した金額は、当事業年度の益金とする必要があります。

参考法令通達【法法第22条、法基通２－１－41、連基通２－１－44】

税務監査のポイント

① 預り保証金がある場合は、契約書に返還不要条項がないか確認しましたか。あるときはどのような場合に返還不要とされているか確認し、条件を満たしていれば収益に計上する必要があります。

② 預り金名目で外注費等から天引きしたものの払出しについて、内容

を確認しましたか（外注費の水増し分を預り金としていることを想定して確認します）。

③　長期にわたる前受金、仮受金及び預り金はその発生原因を確認しましたか。特に、前受金、仮受金は通常一時的なものですから、長期にわたって前受け、仮受けとなっているものはすでに収益計上の条件を満たしている可能性があります。取引基本契約等により取引条件を確認するとともに、発生原因を把握して清算の要否を検討します。

ケーススタディ⑮
消費税

ケーススタディ▶ 売上げ

Check

課税期間末までに資産の譲渡等の対価の額が確定していない場合に、その対価の額を適正に見積もり、課税標準に含めていますか。

着眼点

- 課税期間の末日までに対価の額が未確定の場合、適正な見積もりがあること
- 外注先に対する有償支給の原材料の対価の処理について確認すること
- 値引きや非課税譲渡取引など、課税売上割合の計算に影響を与えるものについて把握し、適切な処理であるかチェックすること

資産の譲渡等を行った場合において、その資産の譲渡等をした日の属する課税期間の末日までにその対価の額が確定していないときは、同日の現況によりその金額を適正に見積もり、その金額を資産の譲渡等の対価の額として、その課税期間の課税標準額を計算する必要があります。

なお、見積額と最終的に確定した額との間に差額が生じた場合には、その差額を最終的に対価の額が確定した日の属する課税期間の資産の譲渡等の対価の額に加算又は減算することになります。

参考法令通達 【消法第28条、消基通10－1－20】

Check

外注先に対して有償支給した原材料等の対価を課税対象外としてい

ませんか。(支給する材料等を自己の資産として管理している場合を除きます。)。

外注先等に対して外注加工に係る原材料等を支給する場合において、その支給に係る対価を収受することとしている(いわゆる有償支給)ときは、その原材料等の支給は、対価を得て行う資産の譲渡に該当します。

ただし、有償支給の場合であっても、貴法人が支給した原材料等を自己の資産として管理しているときは、その原材料等の支給は、資産の譲渡に該当しません。

参考法令通達 **【消基通5－2－16】**

税務監査のポイント

① 法人税申告書において、申告加算・減算した収益・費用について消費税の計算をするに際して加算・減算等調整がされているかどうか検討しましたか。

法人税申告書において申告調整した事項の中で、消費税の課税取引に該当するものは、消費税の計算においても法人税における申告調整に相当する調整計算を行う必要があります。税抜経理の場合、通常、法人税申告書で加算・減算した消費税の課税取引については、別表五(一)にその取引に係る仮受・仮払消費税等として表示され未納、あるいは未収消費税に集約されますので、消費税申告書の未納、あるいは未収消費税等の金額との整合性を確認します。法人税申告の期限延長承認を受けている場合に、消費税申告書提出後に加算・減算した消費税課税取引については、消費税の修正申告あるいは更正請求の要否の検討も必要です。

② 建物解体工事等において発生する有価物を、工事費の値引き等で処理していませんか(有価物の譲渡は消費税法上課税売上げとなりますの

で（消法2八、消法4)、課税売上割合も変動します)。

法人税の計算では、工事費の値引き処理等原価の控除項目と扱っても課税所得に影響はありませんが、消費税の計算においては原価の控除項目として扱うと課税売上割合計算に影響し、引いては消費税等の額に影響します。帳簿は有価物の値引き等処理後の金額で記帳されることが多く、帳簿のチェックでは処理を確認することが難しいことから、工事業者の請求書により有価物処理の有無を確認することになります。

③ 期中に有価証券の譲渡がある場合、譲渡代金の5%を資産の譲渡対価として扱っていますか。

有価証券の譲渡は消費税法第6条、別表第一により非課税とされていますが、消費税法施行令第48条第5項によりその譲渡対価の5%は資産の譲渡等の対価とされますので、課税売上割合の計算上その5%を分母に含める必要があります。含めていない場合、当然課税売上割合に影響があります。

④ 土地の譲渡がある場合、土地の譲渡は非課税売上げに当該しますが、資産の譲渡等に当たりますので課税売上割合の計算上、その譲渡代金を分母に含める必要があります。この点も決算書に固定資産譲渡損益が計上されている場合は要注意です。

⑤ 対価補償金等を課税売上げとしていませんか。

対価補償金、収益補償金、経費補償金、移転補償金等の対価補償金等のうち、譲渡があったものとみなされる収用の目的となった所有権その他の権利の対価たる補償金以外は、消費税法施行令第2条第2項の「補償金」（対価を得て行われる資産の譲渡等）には該当しない、つまり、対価性がないとされています（消令2②、消基通5－2－10)。会社保存の消費税計算資料により、課税売上げの明細をチェックすることになります。

⑥　親会社が子会社に対して電気・水道代等を実費で提供した場合も、課税取引に含めて計上していますか（消基通10－1－14）。

親会社が子会社に対してビル、事務室等の一部を使用させ電気・水道代等の実費（相当額）を収受している場合、親会社において雑収入等収益勘定に計上している場合は、消費税課税売上げとして扱われ問題ないと思われますが、水道光熱費勘定の戻入れとして処理するケースが多く見受けられ、この場合は、消費税課税売上げと扱われていない可能性が高くなりますので注意を要します。

⑦　会社が事務所等建物の賃貸をしている場合において、賃借人が退去するときに会社が原状回復工事を行った費用を保証金から差し引くときは、工事代金を課税売上げに計上していますか（国税庁質疑応答事例「建物賃貸借に係る保証金から差し引く原状回復工事費用」）。

会社が建物を賃貸しているときは、テナントの入退去状況を把握し退去関係資料から保証金の精算状況を確認します。

⑧　現物出資による新会社への資産の譲渡または引継ぎを課税対象にしていますか。

現物出資は消費税法施行令第2条第1項第二号の金銭以外の出資に該当することから、資産の譲渡等に当たり、消費税法施行令第45条第2項第三号により出資により取得する株式の時価に相当する金額が課税資産の譲渡等の対価の額となります（国税庁質疑応答事例「現物出資の場合の課税標準」）。組織再編成の状況を聞き取り、あるいは会社保存資料により把握し、現物出資がある場合は要注意です。

⑨　会社合併については被合併法人の資産負債を資産の譲渡等にしていませんか。

包括承継することから、資産の譲渡にはなりません（消令2①四）。

会社保存の消費税計算資料から、課税売上げの明細をチェックすることになります。

⑩ 印紙の実費での融通を非課税売上げにしていませんか（不課税取引です）。

印紙は印紙税納付方法の一つで、それによって税金の納付をするものですから印紙の購入や譲渡は消費税の課税取引ではありません。非課税売上げ（資産の譲渡等）として課税売上割合の計算上分母に含めると、課税売上割合が変わってきます。会社保存の消費税計算資料から課税売上割合計算上の分母の内訳をチェックします。

⑪ 不動産売買取引における公租公課の分担金（未経過固定資産税等）で買主から受領する金額のうち、建物に係る分を課税売上げとしていますか。

不動産売買の際に買主が固定資産税等の未経過分を分担する慣行がありますが、この分担金は不動産譲渡対価の一部を構成するものとされます（消基通10－1－6）。

したがって、土地建物を同時に譲渡した場合は、合理的に区分し建物に係る部分は課税売上げ（税込）とする必要があります。そして、課税売上割合の計算においては、建物に係る部分は分子分母に、土地に係る部分は分母に含めることになります。この分担金は通常売買契約書には記されず、別途作成される精算書等で確認することになります。

なお、車両の買換えで下取りに出したときも、自動車税について同様に未経過分の精算が行われることがありますので、注文書等の「下取車自動車税未経過相当額」等の区分に金額が記されていないか確認します。

⑫ 輸出貨物に係る船荷証券の譲渡に当たって荷揚地が外国である場

合、資産の譲渡が国外取引として処理されていますか（輸出免税には該当しません。消基通５－７－11後段）。

船荷証券を譲渡した場合、一般的にはその写しが保存されていますので、これにより荷揚地を確認のうえ、それが国外であれば国外取引となります。もっとも、本通達前段のとおり、原則として当該船荷証券の譲渡が行われる時において、当該貨物が現実に所在している場所により国内取引に該当するかどうかを判定することになりますので、他の証憑により譲渡の時に現実に所在した場所が確認できれば、その所在場所により内外判定を行います。

⑬　単に人材を派遣して対価を受けている場合、当該対価を課税売上げに計上していますか（消基通５－５－10、５－５－11）。

派遣先との契約書等により実態を確認します。派遣された人材と派遣先との間に雇用関係がなければ派遣と扱われます。派遣契約の場合、派遣料は資産の譲渡等の対価に当たり、対価を得て行う役務の提供となることから消費税の課税対象となります。

⑭　ビル一棟を賃貸したときに、底地である土地の賃料と建物の賃料を区分して土地の賃料を非課税売上げとしていませんか（消基通６－１－５）。土地の貸付けは非課税ですが、消費税法施行令第８条により施設の利用に伴って土地が使用される場合は土地の貸付けから除外されますので、賃貸建物の底地部分の賃料を区分計算しても非課税とはなりません。建物の貸付対価とされ、消費税の課税対象となります。課税売上割合計算資料から分母となる非課税取引の内訳を確認し、地代がある場合はその賃貸契約書と照合し、建物の賃貸に伴うものかどうか判断します。

⑮　役員に対して仕入価格より安い価額で資産を譲渡していませんか。

消費税の課税標準は通常、時価ではなく、当事者間で授受することとした対価の額とされますが、消費税法第28条第1項ただし書により、役員に資産を低廉譲渡した場合はその資産の時価が対価の額とみなされます。会社が役員に対して仕入価格より安い価格で資産を譲渡した場合には低廉譲渡が疑われますので、注意を要します。取締役会議事録等で役員との取引があるかどうか確認します。

⑯ 建物と建物を交換したときに受け入れた交換差金のみを課税対象としていませんか（消基通5－2－1、10－1－8）。

資産の交換の場合の課税標準は、交換により取得する資産の取得の時における価額（当該交換により譲渡する資産の価額と当該交換により取得する資産の価額との差額を補うための金銭を取得する場合は当該取得する金銭の額を加算した金額とし、当該差額を補うための金銭を支払う場合は当該支払う金銭の額を控除した金額とする）に相当する金額とされています（消令45②四）。

つまり、授受した金銭（交換差金の金額）だけが課税標準となるのではなく、交換により取得する資産の時価も課税標準に含める必要があります。ただし、資産の交換の場合、資産の価格は当事者間で合意されたところによるとされていますので（消基通10－1－8）、正常な取引条件である限り改めて時価評価をする必要はありません。合意された金額は交換契約書により確認することになりますが、交換差金を授受する場合はその算出根拠として相互の資産の価格を算定していると思われますので、これらの資料から資産の価格を確認します。

⑰ 課税資産の譲渡に関連して受け取る金銭のうち、当該事業者が国または地方公共団体に対して納付すべき印紙税、手数料、登録免許税等に相当する金額が含まれている場合であっても、原則として課税資産の譲渡の金額に含めていますか（消基通10－1－4）。

売買契約書等により譲渡金額を確認し、消費税計算資料の課税売上内訳と照合します。契約書の譲渡金額と同額であれば問題ありませんが、異なる場合はその差異の内容を確認します。なお、本来譲受者が負担すべき登録免許税等を明示して受領している場合は、課税売上げに含める必要はありません。これらも売買契約書や精算書等から確認します。

ケーススタディ▶ 売上原価

Check

課税仕入れとした外注費等の中に給与に該当するものは含まれていませんか。

着眼点

- 課税仕入れとした外注費や労務費等の内容が適切であること
- 控除対象外消費税とされたものの内容と処理についてチェックすること
- 帳簿及び請求書等の保存状況を確認しておくこと

個人に対して支出する労務提供の対価は、請負契約に基づくものであれば資産の譲渡等の対価に該当しますが、雇用契約又はこれに準ずる契約に基づく給与であれば資産の譲渡等の対価に該当しないため課税仕入れとはなりません。

なお、その区分が明らかでない場合には、例えば、以下の①～④等の事項を総合勘案して判断することになります。

① その契約に係る役務の提供の内容が他人の代替を許容するか。
(許容する：請負、許容しない：雇用)

② 役務の提供に当たり貴法人が指揮監督をしているか。
(指揮監督していない：請負、指揮監督している：雇用)

③ まだ引渡しを受けていない完成品が不可抗力のため滅失した場合等においても、既に提供した役務に係る報酬の請求を貴法人が受けるか。
(受けない：請負、受ける：雇用)

④ 役務の提供に係る材料又は用具等を貴法人が供与しているか。

（供与していない：請負、供与している：雇用）

参考法令通達 【消法第2条、消基通1－1－1】

税務監査のポイント

① 課税売上げが5億円を超える課税事業者、または課税売上割合95％未満の課税事業者は個別対応方式または一括比例配分方式により控除税額を計算することとなり、課税仕入れに係る消費税額等の全額を控除することができませんので、控除対象外消費税額等が生じます。この場合、土地取得のための仲介手数料等に係る消費税等の全部または一部が控除対象外消費税等となりますが、課税売上割合が80％未満であるとき、この仲介手数料に係る20万円以上の控除対象外消費税等の金額は繰延消費税額等として処理されていますか。

一般的に、税抜経理では控除対象外消費税は損金の額に算入されますが、繰延消費税額等は5年以上の期間で損金経理により損金の額に算入されます（法令139の4）。例えば、個別対応方式の場合、20万円以上の控除対象外消費税等が生じるのは土地売買の仲介手数料の本体価格が200万円以上のときですから、土地売買があるときはこの金額を目安として繰延消費税額等の処理が必要か判断します。

② 帳簿及び請求書等の保存がない場合、原則として課税仕入れに係る消費税等は税額控除が認められないので、保存状況を確認しましたか（消法30⑦）。

帳簿はともかく、ややもすると請求書等は紛失していることがありますので、保存状況の確認は重要です。請求書等保存要件の例外として、請求書等の税込金額が3万円未満である場合（消令49①一）、3万円以上であっても請求書等の交付を受けなかったことにつきやむを得ない理由があるときは（消令49①二）、請求書等の保存は免除されます。

③　セール・アンド・リースバック取引（法法64の2②）で支払うリース料を課税取引とし、仕入税額控除の対象にしていませんか。

セール・アンド・リースバック取引が行われた場合、対象資産の種類、売買及び賃貸に至るまでの事情その他の状況に照らし、これら一連の取引が実質的に金銭の貸借であると認められるときは、当該資産の売買はなかったものとし、かつ、当該譲受人から当該譲渡人に対する金銭の貸付けがあったものとされます（法法64の2②）。したがって、セール・アンド・リースバック取引に係るリース料を課税仕入れとしている場合は、本取引に係る稟議書等関係資料から金融取引に該当しないことの確認が必要です。

金融取引に該当しない例示として、法人税基本通達12の5－2－1があります。金融取引に該当しない場合であっても、リース資産の引渡しを受けた日に資産の譲受けがあったものとして仕入税額控除の計算を行うのが原則ですが、賃借人が賃貸借処理をしているときは、経理実務の簡便性の観点からそのリース料について支払うべき日の属する課税期間における課税仕入れ等として容認されます（国税庁質疑応答事例・消費税・所有権移転外ファイナンス・リース取引について賃借人が賃貸借処理した場合の取扱い）。

Check

三国間貿易（国外で購入した資産を国内に搬入することなく他へ譲渡する取引）に係る仕入れを課税仕入れとしていませんか。

着眼点

- 内外区分の判定が適切に行われているかチェックすること
- 取引時における資産の所在の場所のチェック、資料等の確認をすること

> 資産の譲渡等が国内で行われたか否かの判定については、資産の譲渡又は貸付けの場合は、原則として、譲渡又は貸付けの時における資産の所在場所で判定します。
>
> したがって、国外で購入した資産を国内に搬入することなく他の事業者等に譲渡した場合における仕入れについては、その経理処理のいかんを問わず、その譲渡は国外取引に該当するため、課税仕入れとすることはできません。
>
> **参考法令通達**【消法第4条、消基通5－7－1】

税務監査のポイント

➡ 国外にある貨物等の船荷証券を国内で購入して仕入税額控除をしていませんか。

上記及び**ケーススタディ▶**「売上げ」：税務監査のポイント⑫のとおり、船荷証券の譲渡による内外区分判定は、原則として船荷証券に表彰されている貨物が現実に所在している場所により判定することになりますが、「荷揚地」(PORT OF DISCHARGE) が国内である場合（つまり輸入）の当該船荷証券の譲渡については、譲渡者がその写しを保存していることを要件として国内取引に該当するものとして取り扱って差し支えないとされています（消基通5－7－11)。

譲渡者側で国内取引と取り扱われるのであれば、譲受者側でも国内取引と受け止めたいところですが、この取扱いはあくまで譲渡者側の取扱いを示したものです。実務上、譲受者側では譲渡者側がどのように扱っているか必ずしも容易に確認できません。

そこで、譲受者側では、原則に立ち返って船荷証券の売買の時の貨物の

所在により内外区分判定をすることになるでしょう。所在確認は船荷証券を発行した海上運送業者に問い合わせることになりますが、実務上、その確認は困難と思われますので一つの割り切りとして国外にあると推測し、船荷証券の売買の時点では課税仕入控除の対象とせず、保税地域から貨物を引き取る時に納付する輸入消費税等について、「輸入貨物に係る消費税額」の計算を行うことが現実的な対応と考えます。当然ですが、船荷証券の売買の時点で通関済みであれば、国内取引として仕入控除の対象として問題ありません。

なお、荷揚地が国外である場合は輸出であり、輸出貨物に係る船荷証券の譲渡は国外取引とされていますから（消基通5－7－11後段）、消費税は不課税であり、当然仕入税額控除の対象とすることはできません。

いずれにしても船荷証券の売買の場合は、まず、証券に記載されている荷揚地、あるいは売買時点の貨物の所在地を確認することが肝要です。

Check

出向社員等の給与負担金を課税仕入れとしていませんか。（経営指導料等の名義で支出している場合も含みます。）

着眼点

●出向社員等に係る給与負担金や経営指導料等の処理についてチェックすること

貴法人への出向社員に対する給与を出向元事業者が支給しているため、貴法人が負担すべき金額を出向元事業者に支出したときは、その給与負担金は、その出向社員に対する給与に該当するため、課税仕入れとすることはできません。
この取扱いは、実質的に給与負担金の性質を有する金額を経営指導料等の名義で支出する場合も同様です。

参考法令通達 【消基通5－5－10】

税務監査のポイント

➡ 単に人材を派遣してもらって対価を支払っているものは仕入控除の対象にしていますか（課税対象です）。ケーススタディ▶「売上げ」：税務監査のポイント⑬の取扱いが参考となります。

Check

贈答した商品券、ギフト券、旅行券等を課税仕入れとしていませんか。

着眼点

●物品切手等に該当する商品券等の把握と処理について確認すること

商品券、ギフト券、旅行券等は物品切手等に該当するため、購入時には課税仕入れとすることは認められず、後日、その商品券等を使って商品の購入をしたり、サービスの提供を受けた際に課税仕入れとすることができます。

このため、商品券などを贈答した場合には、その商品券等を使って商品の購入等をしていませんので、課税仕入れとすることはできません。

参考法令通達 【消法第6条、消法別表第一、消基通6－4－3、消基通6－4－4、消基通9－1－22、消基通11－3－7】

税務監査のポイント

➡ 商品券を仕入代金に充てた場合は仕入控除できます（消基通11－4－3）。

➡ 通常、商品券やギフト券は贈答に使用されますので、交際費勘定の該当取引の消費税区分により判定誤りは容易に把握できます。

Check

クレジット手数料を課税仕入れとしていませんか。

信販会社へ支払うクレジット手数料は、包括信用購入あっせん又は個別信用購入あっせんに係る手数料又は賦払金のうち利子に相当する額であり、非課税となりますので、課税仕入れとすることはできません。

参考法令通達 **【消法第6条、消法別表第一、消令第10条、消基通6－3－1】**

Check

同業者団体等の通常会費や一般会費を課税仕入れとしていませんか。

同業者団体、組合等に対して支払った会費又は組合費等について、当該同業者団体、組合等において、通常の業務運営のために経常的に要する費用をその構成員に分担させ、団体の存立を図るためのいわゆる通常会費や一般会費に該当するとして資産の譲渡等の対価に該当しないとしているときは、当該会費又は組合費等は課税仕入れとすることはできません。

参考法令通達 **【消基通5－5－3、消基通11－2－6】**

Check

予約の取消し、契約変更等に伴って支払ったキャンセル料や解約損害金を課税仕入れとしていませんか。

着眼点

- 逸失利益等に対する損害賠償金として処理されるものについての確認とその処理に留意すること

予約の取消し、変更等に伴って支払うキャンセル料や解約損害金等は、逸失利益等に対する損害賠償金であり、役務の提供の対価には該当しないことから、資産の譲渡等の対価には該当せず課税仕入れとすることはできません。
なお、解約手数料、取消手数料などは資産の譲渡等に係る契約等の解約等の請求に応じ、対価を得て行われる役務の提供の対価であることから、課税仕入れとすることができますが、損害賠償金としての性格を有する部分と手数料的性格を有する部分とを一括して支払っており、それぞれについて判然と区分できない場合については、全体として資産の譲渡等に該当しないものとして取り扱うことから課税仕入れとすることはできません。

参考法令通達 【消基通5－2－5、消基通5－5－2】

Check

単身赴任者が帰省するための旅費など給与と認められる旅費を課税仕入れとしていませんか。

着眼点

- 旅費、宿泊費、日当等と業務上の必要性について確認すること
- 上記において、海外出張に係るものについては、免税・不課税取引の該当性について考慮すること

従業員の出張等に伴い支出する出張旅費、宿泊費、日当は、貴法人が事業遂行のために必要な費用を、旅行をした者を通じて支出しているものですので、その旅行に通常必要であると認められる部分の金額は、課税仕入れに係る支払対価となります。
しかし、通常必要と認められる金額を超える部分や単身赴任者が帰省するために支給する旅費等の職務の遂行に必要な旅行の費用とは認められない旅費は、給与に該当する支出であることから課税仕入れとすることはできません。

参考法令通達 【消基通11－2－1】

Check

海外出張に係る旅費、宿泊費、日当等を課税仕入れとしていませんか。

海外出張に係る旅費、宿泊費及び日当等のうち輸出免税等に該当する取引、あるいは不課税取引に該当するものは、課税仕入れとすることはできません。

ただし、海外出張旅費等として一括支給する場合であっても、海外出張の際の国内鉄道運賃や国内での宿泊費、支度金について、実費分として他の海外出張旅費と区分しているときは、その実費部分については、国内出張旅費等と同様に課税仕入れとして差し支えありません。

税務監査のポイント

➡ **旅費勘定については、国内旅行か海外旅行か根拠証憑により内容を確認することが重要になります（消基通 11 － 2 － 1）。**

Check

前払費用を支払時の課税仕入れとしていませんか（法基通 2 － 2 － 14 又は連基通 2 － 2 － 14 に規定する「短期の前払費用」の取扱いの適用を受けている場合を除きます。）。

着眼点

- 課税期間の末日において未提供の役務に対応するものの処理について確認すること
- 課税・非課税資産の譲渡の該当性についてチェックすること

役務の提供に係る課税仕入れは、役務の提供が完了した日を含む課税期間に行われたこととなるため、前払費用（一定の契約に基づき継続的に役務の提供を受けるために支出した課税仕入れに係る支払対価のうちその課税期間の末日においてまだ提供を受けていない役務に対応するものをいいます。）については、支払時の課税仕入れとすることはできません。

ただし、法基通2－2－14又は連基通2－2－14に規定する「短期の前払費用」の取扱いの適用を受けている場合には、その支払時点で課税仕入れとすることができます。

参考法令通達 **【消基通11－3－8、法基通2－2－14、連基通2－2－14】**

税務監査のポイント

➡ **個別対応方式を選択した場合、前払費用について翌期に経過分を処理するときは、契約書、請求書等により役務内容が課税資産の譲渡に対応するものか、非課税資産の譲渡に対応するものか確認が必要になります。**

Check

クレジットカードで決済した経費等について、クレジットカード会社からの請求明細書のみを保存していませんか。

着眼点

● 仕入税額控除に当たり必要な書類等の保存状態を確認すること

クレジットカードで決済した経費等について、クレジットカード会社が交付する請求明細書は、課税資産の譲渡等を行った事業者が貴法人に対して交付した書類ではないことから、消法第30条第7項及び第9項に規定する請求書等には該当しませんので、当該請求明細書のみの保存をもって、クレジットカードで決済した経費等を課税仕入れとすることはできません。

参考法令通達 **【消法第30条】**

税務監査のポイント

➡ 仕入税額控除するために保存が必要とされている請求書等とは、次の事項を記載した請求書等です（消法 30 ⑨）。

イ．書類の作成者の氏名または名称

ロ．課税の譲渡を行った年月日

ハ．課税資産の譲渡に係る資産または役務の内容

ニ．課税資産の譲渡等の対価

ホ．書類の交付を受ける当該事業者の氏名または名称

ケーススタディ▶ 営業外収益

Check

ゴルフ会員権を譲渡した場合に、その対価を非課税売上げとしていませんか。

株式、出資若しくは預託の形態によるゴルフ会員権は、その譲渡が非課税とされる有価証券に類するものには該当しないことから、その譲渡は非課税とはなりません。

参考法令通達 **【消法第 6 条、消法別表第 1、消令第 9 条、消基通 6 − 2 − 2】**

Check

車両等の買換えを行った場合に、販売額から下取額を控除した金額を課税仕入れ（又は課税売上げ）としていませんか。

車両等の買換えにおいては、課税資産の譲渡等と課税仕入れの二つの取引が同時に行われていますので、それぞれ別個の取引として取り扱う必要があります。

参考法令通達 【消法第2条、消基通10－1－17】

税務監査のポイント

➡ **通常固定資産を売却すると売却損益が損益計算書に表示されますので、消費税の計算では注意が必要です。売却損の場合も注意が必要です。**

建物等の固定資産を譲渡した場合、課税売上高を売却損益で計算していませんか（譲渡損益の金額ではなく譲渡代金が課税売上高となります）。

決算書には、特別損益項目に固定資産譲渡損益として表示されることが多く、固定資産譲渡損益が計上されている場合は、消費税の計算において譲渡金額が課税売上高として計算されているか確認を要します。特に、譲渡損の場合は、固定資産譲渡に係る譲渡金額を課税売上高に含めることを失念しやすい傾向にありますので留意ください。

第3章

法人税別表に係る
申告書確認上の留意点

第1節 申告書確認表と同留意事項について

税務監査は、最終目標が適正な申告を行うことにあります。

税理士のための税務自主監査のポイントとして記載した第2章の項目は、申告書作成前の事前準備的な作業上の留意事項です。

申告書作成に当たっては税務ソフトで作成するにしても、入力ミスや入力漏れ、別表の作成漏れなど、注意することは当然ですが、申告書作成の注意点について国税庁で公表している「申告書確認表」及び「同留意事項」をより活用しやすくなるため、本章においては、各別表との関連付けを行いました。

本書執筆時点では、申告書確認表は平成30年4月1日以後開始事業年度分となっていますが、別表は平成31年度4月1日以後終了事業年度分が公表されていますので、この別表に対応させて作成しています。

申告書確認表とその留意事項では、まず共通事項を最初に掲げていますので、次ページにその項目を示してから、別表と同確認表及び留意事項を対応させていくこととします。

◆申告書確認表（留意事項）（平成 30 年 4 月 1 日以後開始事業年度等分）

項　目	No.	確認内容	留意事項
共通事項	1	当事業年度に適用される別表を使用していますか。	当事業年度に対応した別表を使用していない場合には、税制改正に伴う改正事項が反映されないなど、所得金額や税額の計算に誤りが生じることがあります。
	2	各別表に記載している前事業年度からの繰越額（期首現在利益積立金額、期首現在資本金等の額を含みます。）は、前事業年度の申告書の金額と一致していますか。	前事業年度からの繰越額が前事業年度の申告書の金額と一致していない場合には、その繰越額に基づいて算出した所得金額や税額の計算に誤りが生じることがあります。 なお、別表五(一)の期首現在利益積立金額や期首現在資本金等の額が前事業年度の申告書の金額と一致していない場合には、前事業年度に税務上加算した項目の減算漏れ、特定同族会社の課税留保金額、寄附金の損金不算入額等の計算に誤りが生じることがあります。
	3	法人税関係特別措置の適用を受ける場合、適用額明細書を添付していますか(租特透明化法第 3 条参照)。	法人税関係特別措置のうち税額又は所得の金額を減少させるもの等の適用を受けるためには、適用額明細書の添付又は提出が必要となります。
	4	組織再編成がある場合、組織再編成に係る契約書等の写し及び主要な事項に関する明細書を添付し、適格判定を行っていますか。	適格判定に誤りがあった場合には、移転資産等に係る多額の譲渡損益等の申告調整が必要となることがあります。

（出所：国税庁資料より作成）

【別表一】

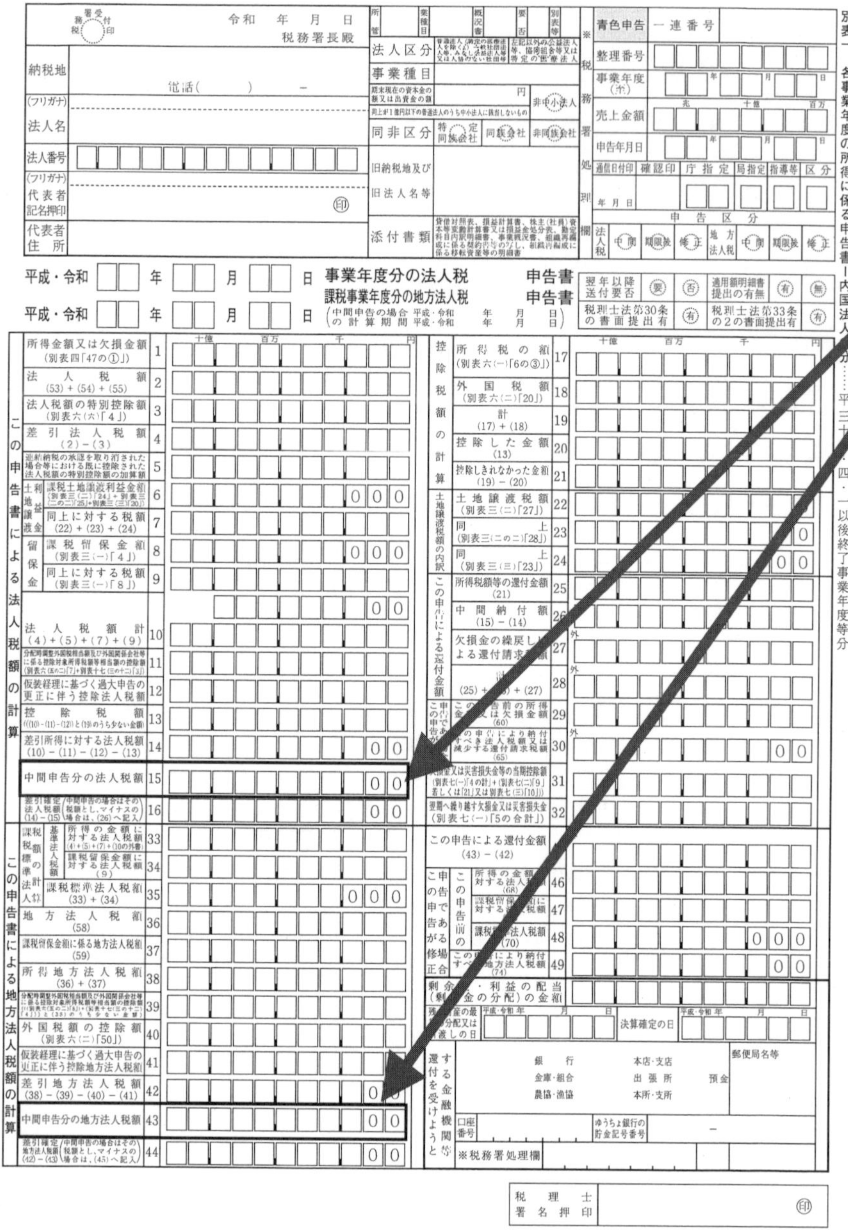

税務署長殿　令和　年　月　日

納税地　電話（　）　－

法人名

法人番号

代表者記名押印

代表者住所

法人区分　事業種目　期末現在の資本金の額又は出資金の額　同非区分　旧納税地及び旧法人名等　添付書類

青色申告　一連番号　整理番号　事業年度（至）　売上金額　申告年月日

平成・令和　年　月　日　事業年度分の法人税　申告書

平成・令和　年　月　日　課税事業年度分の地方法人税　申告書

（中間申告の場合の計算期間　平成・令和　年　月　日）

翌年以降送付要否　適用額明細書提出の有無　税理士法第30条の書面提出有　税理士法第33条の２の書面提出有

この申告書による法人税額の計算			
所得金額又は欠損金額（別表四「47の①」）	1	控除所得税の額（別表六（一）「6の③」）	17
法人税額 (53)＋(54)＋(55)	2	外国税額（別表六（二）「20」）	18
法人税額の特別控除額（別表六（六）「4」）	3	計 (17)＋(18)	19
差引法人税額 (2)－(3)	4	控除した金額 (13)	20
連結納税の承認を取り消された場合等における既に控除された法人税額の特別控除額の加算額	5	控除しきれなかった金額 (19)－(20)	21
土地譲渡利益金額 課税土地譲渡利益金額	6	土地譲渡税額（別表三（二）「27」）	22
同上に対する税額 (22)＋(23)＋(24)	7	同上（別表三（二の二）「28」）	23
留保金 課税留保金額（別表三（一）「4」）	8	同上（別表三（三）「23」）	24
同上に対する税額（別表三（一）「8」）	9	所得税額等の還付金額 (21)	25
法人税額計 (4)＋(5)＋(7)＋(9)	10	中間納付額 (15)－(14)	26
分配時調整外国税相当額及び外国関係会社等に係る控除対象所得税額等相当額の控除額	11	欠損金の繰戻しによる還付請求税額	27
仮装経理に基づく過大申告の更正に伴う控除法人税額	12	計 (25)＋(26)＋(27)	28
控除税額	13	この申告前の所得金額又は欠損金額 (60)	29
差引所得に対する法人税額 (10)－(11)－(12)－(13)	14	この申告により納付すべき法人税額又は減少する還付請求税額 (65)	30
中間申告分の法人税額	**15**	欠損金又は災害損失金等の当期控除額	31
差引確定法人税額 (14)－(15)	16	翌期へ繰り越す欠損金又は災害損失金（別表七（一）「5の合計」）	32

この申告書による地方法人税額の計算			
所得の金額に対する法人税額 (4)＋(5)＋(7)＋(10の外書)	33	この申告による還付金額 (43)－(42)	45
課税留保金額に対する法人税額 (9)	34	所得の金額に対する法人税額 (68)	46
課税標準法人税額 (33)＋(34)	35	課税留保金額に対する法人税額	47
地方法人税額 (58)	36	課税標準法人税額 (70)	48
課税留保金額に係る地方法人税額 (59)	37	この申告により納付すべき地方法人税額 (74)	49
所得地方法人税額 (36)＋(37)	38	剰余金・利益の配当（剰余金の分配）の金額	
分配時調整外国税相当額及び外国関係会社等に係る控除対象所得税額等相当額の控除額	39	残余財産の最後の分配又は引渡しの日	
外国税額の控除額（別表六（二）「50」）	40	決算確定の日	
仮装経理に基づく過大申告の更正に伴う控除地方法人税額	41	還付を受けようとする金融機関等	
差引地方法人税額 (38)－(39)－(40)－(41)	42	銀行・金庫・組合・農協・漁協　本店・支店・出張所・本所・支所　預金　郵便局名等	
中間申告分の地方法人税額	**43**	口座番号　ゆうちょ銀行の貯金記号番号	
差引確定地方法人税額 (42)－(43)	44	※税務署処理欄	

税理士署名押印

別表一　各事業年度の所得に係る申告書－内国法人の分

Check

別表一(一)の15欄及び43欄に、中間申告分の税額を正しく記載していますか。

Advice

左記の金額を正しく記載していない場合には、税額の計算に誤りが生じることがあります。

Check

地方法人税額の計算につき、別表一(一)次葉の58欄～61欄により計算していますか。

また、別表一(一)の40欄の金額は、別表八(二)の50欄の金額と一致していますか。

Advice

左記の金額が一致していない場合には、地方法人税額の計算に誤りが生じることがあります。

Check

当事業年度終了の時における資本金の額もしくは出資金の額が1億円超の法人またはーもしくは完全支配関係のある複数の大法人（資本金の額または出資金の額が5億円以上の法人等）に発行済株式等の全部を保有されている法人であるにもかかわらず、軽減税率を適用していませんか。

Advice

左記の法人であるにもかかわらず、軽減税率を適用している場合には、税額が過少となります。

【別表一 次葉】

事業年度等	・　・ ・　・	法人名	

別表一次葉　平三十一・四・一以後終了事業年度等分

法人税額の計算

(1)のうち中小法人等の年800万円相当額以下の金額 ((1)と800万円×$\frac{\quad}{12}$のうち少ない金額)	50	000	(50)の15％又は19％相当額	53	
(1)のうち特例税率の適用がある協同組合等の年10億円相当額を超える金額 (1)－10億円×$\frac{\quad}{12}$	51	000	(51)の22％相当額	54	
その他の所得金額 (1)－(50)－(51)	52	000	(52)の19％又は23.2％相当額	55	

地方法人税額の計算

所得の金額に対する法人税額 (33)	56	000	(56)の4.4％又は10.3％相当額	58	
課税留保金額に対する法人税額 (34)	57	000	(57)の4.4％又は10.3％相当額	59	

この申告が修正申告である場合の計算

法人税額の計算	この申告前の	所得金額又は欠損金額	60			
		課税土地譲渡利益金額	61			
		課税留保金額	62			
		法人税額	63			
		還付金額	64	外		
	この申告により納付すべき法人税額又は減少する還付請求税額 ((16)－(63))若しくは((16)＋(64))又は((64)－(28))		65	外 00		
	この申告前の	欠損金又は災害損失金等の当期控除額	66			
		翌期へ繰り越す欠損金又は災害損失金	67			

地方法人税額の計算	この申告前の	所得の金額に対する法人税額	68	
		課税留保金額に対する法人税額	69	
		課税標準法人税額 (68)＋(69)	70	000
		確定地方法人税額	71	
		中間還付額	72	
		欠損金の繰戻しによる還付金額	73	
	この申告により納付すべき地方法人税額 ((44)－(71))若しくは((44)＋(72)＋(73))又は(((72)－(45))＋((73)－(45の外書)))		74	00

Check

地方法人税額の計算につき、別表一(一)次葉の58欄〜61欄の金額は別表一(一)の所定の欄に転記されていますか。

Advice

左記の金額が一致していない場合には、地方法人税額の計算に誤りが生じることがあります。

当事業年度終了の時における資本金の額もしくは出資金の額が1億円超の法人またはーもしくは完全支配関係のある複数の大法人(資本金の額または出資金の額が5億円以上の法人等)に発行済株式等の全部を保有されている法人であるにもかかわらず、軽減税率を適用していませんか。

左記の法人であるにもかかわらず、軽減税率を適用している場合には、税額が過少となります。

【別表二】

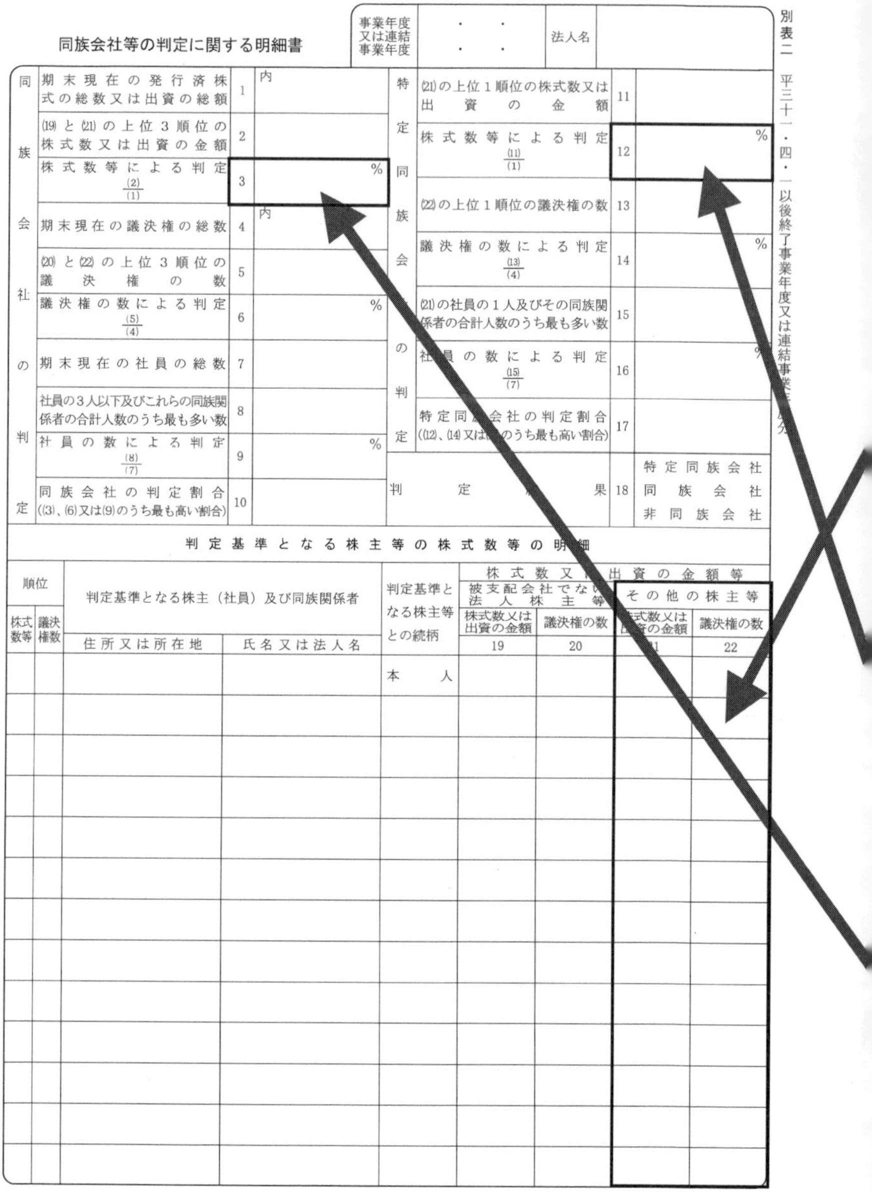

同族会社等の判定に関する明細書

事業年度又は連結事業年度	・　・ ・　・	法人名	

別表二　平三十一・四・一以後終了事業年度又は連結事業年度分

同族会社の判定	期末現在の発行済株式の総数又は出資の総額	1	内	特定同族会社の判定	(21)の上位１順位の株式数又は出資の金額	11	
	(19)と(21)の上位３順位の株式数又は出資の金額	2			株式数等による判定 (11)/(1)	12	%
	株式数等による判定 (2)/(1)	3	%		(22)の上位１順位の議決権の数	13	
	期末現在の議決権の総数	4	内		議決権の数による判定 (13)/(4)	14	%
	(20)と(22)の上位３順位の議決権の数	5			(21)の社員の１人及びその同族関係者の合計人数のうち最も多い数	15	
	議決権の数による判定 (5)/(4)	6	%		社員の数による判定 (15)/(7)	16	%
	期末現在の社員の総数	7			特定同族会社の判定割合 ((12)、(14)又は(16)のうち最も高い割合)	17	
	社員の３人以下及びこれらの同族関係者の合計人数のうち最も多い数	8		判定結果		18	特定同族会社 同族会社 非同族会社
	社員の数による判定 (8)/(7)	9	%				
	同族会社の判定割合 ((3)、(6)又は(9)のうち最も高い割合)	10					

判定基準となる株主等の株式数等の明細

順位 株式数等	順位 議決権数	判定基準となる株主（社員）及び同族関係者 住所又は所在地	判定基準となる株主（社員）及び同族関係者 氏名又は法人名	判定基準となる株主等との続柄	株式数又は出資の金額等 被支配会社でない法人株主等 株式数又は出資の金額 19	株式数又は出資の金額等 被支配会社でない法人株主等 議決権の数 20	株式数又は出資の金額等 その他の株主等 株式数又は出資の金額 21	株式数又は出資の金額等 その他の株主等 議決権の数 22
				本　人				

Check

21 欄または 22 欄に記載すべきものを 19 欄または 20 欄に記載していませんか。
また、同一の株主グループに含めて判定すべき法人株主を別の株主グループとしていませんか。

Advice

記載誤りの結果、同族会社等の判定に誤りがあった場合には、特定同族会社の課税留保金額が生じることがあります。

17 欄が 50％超で、当事業年度終了の時における資本金の額もしくは出資金の額が 1 億円超の場合または一もしくは完全支配関係のある複数の大法人（資本金の額または出資金の額が 5 億円以上の法人等）に発行済株式等の全部を保有されている場合、別表三(一)を作成していますか。

別表三(一)を作成していない場合には、特定同族会社の課税留保金額の計算に誤りが生じることがあります。

貸借対照表に自己株式を計上している場合、その自己株式数を 1 欄の内書に記載し、その記載した数を 3 欄及び 12 欄において分母から除いて割合を算出していますか。

自己株式数を分母から除いて割合を算出していない結果、同族会社等の判定に誤りがあった場合には、特定同族会社の課税留保金額が生じることがあります。

【別表四】

所得の金額の計算に関する明細書

事業年度	・・ ・・	法人名	

別表四　平三十一・四・一以後終了事業年度分

区分			総額 ①	処分 留保 ②	処分 社外流出 ③	
当期利益又は当期欠損の額		1	円	円	配当	円
					その他	
加算	損金経理をした法人税及び地方法人税（附帯税を除く。）	2				
	損金経理をした道府県民税及び市町村民税	3				
	損金経理をした納税充当金	4				
	損金経理をした附帯税（利子税を除く。）、加算金、延滞金（延納分を除く。）及び過怠税	5			その他	
	減価償却の償却超過額	6				
	役員給与の損金不算入額	7			その他	
	交際費等の損金不算入額	8			その他	
		9				
		10				
	小計	11				
減算	減価償却超過額の当期認容額	12				
	納税充当金から支出した事業税等の金額	13				
	受取配当等の益金不算入額（別表八(一)「13」又は「26」）	14			※	
	外国子会社から受ける剰余金の配当等の益金不算入額（別表八(二)「26」）	15			※	
	受贈益の益金不算入額	16			※	
	適格現物分配に係る益金不算入額	17			※	
	法人税等の中間納付額及び過誤納に係る還付金額	18				
	所得税額等及び欠損金の繰戻しによる還付金額等	19			※	
		20				
	小計	21			外※	
仮計 (1)＋(11)－(21)		22			外※	
関連者等に係る支払利子等の損金不算入額（別表十七(二の二)「24」又は「29」）		23			その他	
超過利子額の損金算入額（別表十七(二の三)「10」）		24	△		※	△
仮計 ((22)から(24)までの計)		25			外※	
被合併法人等の最終の事業年度の欠損金の損金算入額		26	△		※	△
寄附金の損金不算入額（別表十四(二)「24」又は「40」）		27			その他	
沖縄の認定法人又は国家戦略特別区域における指定法人の所得の特別控除額（別表十(一)「9」若しくは「13」又は別表十(二)「8」）		28	△		※	△
法人税額から控除される所得税額（別表六(一)「6の③」）		29			その他	
税額控除の対象となる外国法人税の額（別表六(二の二)「7」）		30			その他	
分配時調整外国税相当額及び外国関係会社等に係る控除対象所得税額等相当額（別表六(五の二)「5の②」＋別表十七(三の十二)「1」）		31			その他	
組合等損失額の損金不算入額又は組合等損失超過合計額の損金算入額（別表九(二)「10」）		32				
対外船舶運航事業者の日本船舶による収入金額に係る所得の金額の損金算入額又は益金算入額（別表十(四)「20」、「21」又は「23」）		33			※	
合計 (25)＋(26)＋(27)＋(28)＋(29)＋(30)＋(31)＋(32)±(33)		34			外※	
契約者配当の益金算入額（別表九(一)「13」）		35				
特定目的会社等の支払配当又は特定目的信託に係る受託法人の利益の分配等の損金算入額（別表十(七)「13」、別表十(八)「11」又は別表十(九)「16」若しくは「33」）		36	△	△		
中間申告における繰戻しによる還付に係る災害損失欠損金額の益金算入額		37			※	
非適格合併又は残余財産の全部分配等による移転資産等の譲渡利益額又は譲渡損失額		38			※	
差引計 ((34)から(38)までの計)		39			外※	
欠損金又は災害損失金等の当期控除額（別表七(一)「4の計」＋(別表七(二)「9」若しくは「21」又は別表七(三)「10」)）		40	△		※	△
総計 (39)＋(40)		41			外※	
新鉱床探鉱費又は海外新鉱床探鉱費の特別控除額（別表十(三)「43」）		42	△		※	△
農業経営基盤強化準備金積立額の損金算入額（別表十二(十三)「10」）		43	△	△		
農用地等を取得した場合の圧縮額の損金算入額（別表十二(十三)「43の計」）		44	△	△		
関西国際空港用地整備準備金積立額、中部国際空港整備準備金積立額又は再投資等準備金積立額の損金算入額（別表十二(十)「15」、別表十二(十一)「10」又は別表十二(十四)「12」）		45	△	△		
残余財産の確定の日の属する事業年度に係る事業税の損金算入額		46	△	△		
所得金額又は欠損金額		47			外※	

御注意

「47」の「①」欄の金額は、「②」欄の金額に「③」欄の本書の金額を加算し、これから「※」の金額を加減算した額と符合することになりますから留意してください。

Check

別表四の１③欄の配当の額は、株主資本等変動計算書記載の剰余金の配当の額と一致していますか。

Advice

左記の金額が一致していない場合には、特定同族会社の課税留保金額の計算に誤りが生じることがあります。

別表四と別表五(一)の検算額は、別表五(一)の31④欄の金額と一致していますか。

【検算式】

別表四の47②欄 ＋ 別表５(一)の31①欄 － 別表５(一)の28～30の③欄の合計額 ＝ 別表５(一)の31④欄

中間納付額の還付金がある場合、適格合併等により移転を受けた資産等がある場合、完全支配関係（連結完全支配関係を除きます）がある法人の株式または出資について寄附修正を行った場合等には、一致しないことがあります。

前事業年度以前に所得金額に加算した有価証券もしくはゴルフ会員権等の評価損または減損損失の額について、当事業年度に売却等の減算事由が生じたものを減算していますか。

左記の項目以外に、前事業年度以前に申告調整を行っている項目についても、その受入処理が正しく行われているか併せて確認する必要があります。

貸借対照表の任意引当金、繰延税金資産（負債）等の金額は、別表五(一)の④欄の金額と一致していますか。

左記の金額が一致していない場合には、申告調整が正しく行われていない可能性があり、その結果、所得金額の計算に誤りが生じることがあります。

組織再編成がある場合、利益積立金額及び資本金等の額の調整を行っていますか。

利益積立金額及び資本金等の額の調整を行っていない場合には、特定同族会社の課税留保金額、寄附金の損金不算入額等の計算に誤りが生じることがあります。

【別表五(一)】

別表五(一)　平三十一・四・一以後終了事業年度分

利益積立金額及び資本金等の額の計算に関する明細書

事業年度	・　・ ・　・	法人名	

I　利益積立金額の計算に関する明細書

区分		期首現在利益積立金額	当期の増減 減	当期の増減 増	差引翌期首現在利益積立金額 ①−②+③
		①	②	③	④
利益準備金	1	円	円	円	円
積立金	2				
	3				
	4				
	5				
	6				
	7				
	8				
	9				
	10				
	11				
	12				
	13				
	14				
	15				
	16				
	17				
	18				
	19				
	20				
	21				
	22				
	23				
	24				
	25				
繰越損益金（損は赤）	26				
納税充当金	27				
未納法人税等（退職年金等積立金に対するものを除く。） 未納法人税及び未納地方法人税（附帯税を除く。）	28	△	△	中間 △ 確定 △	△
未納道府県民税（均等割額を含む。）	29	△	△	中間 △ 確定 △	△
未納市町村民税（均等割額を含む。）	30	△	△	中間 △ 確定 △	△
差引合計額	31				

II　資本金等の額の計算に関する明細書

区分		期首現在資本金等の額	当期の増減 減	当期の増減 増	差引翌期首現在資本金等の額 ①−②+③
		①	②	③	④
資本金又は出資金	32	円	円	円	円
資本準備金	33				
	34				
	35				
差引合計額	36				

御注意

1　この表は、通常の場合には次の算式により検算ができます。
期首現在利益積立金額合計「31」① ＋ 別表四留保所得金額又は欠損金額「47」 − 中間分、確定分法人税県市民税の合計額
＝ 差引翌期首現在利益積立金額合計「31」④

2　発行済株式又は出資のうちに二以上の種類の株式がある場合には、法人税法施行規則別表五(一)付表（別表五(一)付表）の記載が必要となりますので御注意ください。

Check

別表四と別表五(一)の検算額は、別表五(一)の31④欄の金額と一致していますか。
【検算式】
別表四の47②欄 + 別表五(一)の31①欄 − 別表五(一)の28～30の③欄の合計額 = 別表5(一)の31④欄

Advice

中間納付額の還付金がある場合、適格合併等により移転を受けた資産等がある場合、完全支配関係(連結完全支配関係を除きます)がある法人の株式または出資について寄附修正を行った場合等には、一致しないことがあります。

貸借対照表の任意引当金、繰延税金資産(負債)等の金額は、別表五(一)の④欄の金額と一致していますか。

左記の金額が一致していない場合には、申告調整が正しく行われていない可能性があり、その結果、所得金額の計算に誤りが生じることがあります。

組織再編成がある場合、利益積立金額及び資本金等の額の調整を行っていますか。

利益積立金額及び資本金等の額の調整を行っていない場合には、特定同族会社の課税留保金額、寄附金の損金不算入額等の計算に誤りが生じることがあります。

【別表五(二)】

租税公課の納付状況等に関する明細書

事業年度	・ ・ ・ ・	法人名	

税目及び事業年度				期首現在未納税額	当期発生税額	当期中の納付税額 充当金取崩しによる納付	当期中の納付税額 仮払経理による納付	当期中の納付税額 損金経理による納付	期末現在未納税額 ①+②−③−④−⑤
				①	②	③	④	⑤	⑥
法人税及び地方法人税	・ ・		1	円		円	円	円	円
	・ ・		2						
	当期分	中間	3		円				
	当期分	確定	4						
	計		5						
道府県民税	・ ・		6						
	・ ・		7						
	当期分	中間	8						
	当期分	確定	9						
	計		10						
市町村民税	・ ・		11						
	・ ・		12						
	当期分	中間	13						
	当期分	確定	14						
	計		15						
事業税	・ ・		16						
	・ ・		17						
	当期中間分		18						
	計		19						
その他	損金算入のもの	利子税	20						
		延滞金（延納に係るもの）	21						
			22						
			23						
	損金不算入のもの	加算税及び加算金	24						
		延滞税	25						
		延滞金（延納分を除く。）	26						
		過怠税	27						
			28						
			29						

納税充当金の計算

期首納税充当金		30	円	取崩額	その他　損金算入のもの	36	円
繰入額	損金経理をした納税充当金	31			その他　損金不算入のもの	37	
		32			その他	38	
	計 (31) + (32)	33			その他　仮払税金消却	39	
取崩額	法人税額等 （5の③）+（10の③）+（15の③）	34			計 (34)+(35)+(36)+(37)+(38)+(39)	40	
	事業税 （19の③）	35		期末納税充当金 (30) + (33) − (40)		41	

別表五(二)　平二十一・四・一以後終了事業年度分

Check

5、10、15 及び 24〜29 の⑤欄でプラス表示している金額を別表四の 2 欄、3 欄及び 5 欄で加算していますか。

5 欄、10 欄及び 15 欄でマイナス表示している還付法人税等または還付所得税等（いずれも還付加算金を除きます）の額で、雑収入等に計上しているものを別表四の 18 欄または 19 欄で減算していますか。

19 の③欄及び④欄でプラス表示している事業税の額を別表四の 13 欄等で減算していますか。

また、19 の③欄及び④欄でマイナス表示している還付事業税の額を別表四で加算していますか。

「その他」の③欄に表示している充当金の取崩しまたは④欄に表示している仮払経理により納付した源泉所得税または外国法人税等の額を別表四で減算していますか。

仮払経理により納付した税額の合計額及び 41 欄の金額は、それぞれ貸借対照表または勘定科目内訳明細書の記載額と一致していますか。

Advice

左記によっていない場合には、租税公課に係る申告調整が正しく行われていない可能性があり、その結果、所得金額の計算に誤りが生じることがあります。

【別表六(一)】

③　所得税額の控除に関する明細書

事業年度	・　・ ・　・	法人名	

別表六(一)　平三十一・四・一以後終了事業年度分

御注意

「1」から「5」までの「②」及び「③」の各欄並びに「8」、「14」及び「21」の各欄は、法人の各事業年度において、東日本大震災からの復興のための施策を実施するために必要な財源の確保に関する特別措置法第33条第2項の規定の適用がある場合には、同項の規定により所得税額とみなされる復興特別所得税の額を含めて記載します。

区分		収入金額 ①	①について課される所得税額 ②	②のうち控除を受ける所得税額 ③
公社債及び預貯金の利子、合同運用信託、公社債投資信託及び公社債等運用投資信託（特定公社債等運用投資信託を除く。）の収益の分配並びに特定目的信託の社債的受益権の金銭の分配	1	円	円	円
剰余金の配当、利益の配当、剰余金の分配及び金銭の分配（みなし配当等を除く。）	2			
集団投資信託（合同運用信託、公社債投資信託及び公社債等運用投資信託（特定公社債等運用投資信託を除く。）を除く。）の収益の分配	3			
割引債の償還差益	4			
その他	5			
計	6			

剰余金の配当、利益の配当、剰余金の分配及び金銭の分配（みなし配当等を除く。）、集団投資信託（合同運用信託、公社債投資信託及び公社債等運用投資信託（特定公社債等運用投資信託を除く。）を除く。）の収益の分配又は割引債の償還差益に係る控除を受ける所得税額の計算

個別法による場合	銘柄	収入金額 7	所得税額 8	配当等の計算期間 9	(9)のうち元本所有期間 10	所有期間割合 (10)/(9)（小数点以下3位未満切上げ） 11	控除を受ける所得税額 (8)×(11) 12
		円	円	月	月		円

銘柄別簡便法による場合	銘柄	収入金額 13	所得税額 14	配当等の計算期末の所有元本数等 15	配当等の計算期首の所有元本数等 16	(15)－(16) / 2又は12（マイナスの場合は0） 17	所有元本割合 (16)＋(17) / (15)（小数点以下3位未満切上げ）（1を超える場合は1） 18	控除を受ける所得税額 (14)×(18) 19
		円	円					円

その他に係る控除を受ける所得税額の明細

支払者の氏名又は法人名	支払者の住所又は所在地	支払を受けた年月日	収入金額 20	控除を受ける所得税額 21	参考
		・　・	円	円	
		・　・			
		・　・			
		・　・			
		・　・			
計					

Check

復興特別所得税額について所得税額控除制度の適用を受ける場合、所得税額とみなされる復興特別所得税額を所得税額に含めて記載していますか。

Advice

復興特別所得税額を所得税額に含めて記載していない場合には、所得税の控除税額が過少となることがあります。

12 欄及び 19 欄で所有期間によるあん分計算を要しないものについて、あん分計算を行っていませんか。

(例) 公社債の利子、特定目的信託の社債的受益権の収益の分配、公社債投資信託の収益の分配、公社債等運用投資信託の収益の分配、資本剰余金の減少に伴う剰余金の配当、分割型分割による剰余金の配当、株式分配

あん分計算を要しないものについて、あん分計算を行った場合には、所得税の控除税額が過少となることがあります。

【別表六(二)】

内国法人の外国税額の控除に関する明細書

事業年度等	・・ ・・	法人名	

別表六(二)　平三十一・四・一以後終了事業年度等分

Ⅰ　法人税に係る外国税額の控除に関する明細書

		区分		円
当期の控除対象外国法人税額 (別表六（二の二）「21」)			1	円
当期の法人税の控除限度額の計算		当期の法人税額 （別表一「4」－別表六（五の二）「5の③」－別表十七（三の十二）「1」） （マイナスの場合は０）	2	
	当期の所得金額	所得金額又は欠損金額 (別表四「47の①」)	3	
		繰越欠損金又は災害損失金の当期控除額 (別表七(一)「4の計」)	4	
		被合併法人等の最終の事業年度の欠損金の損金算入額 （別表四「26の①」）	5	
		組合等損失額の損金不算入額 (別表九(二)「6」)	6	
		組合等損失超過合計額の損金算入額 (別表九(二)「9」)	7	
		計 (3)＋(4)＋(5)－(6)＋(7) (マイナスの場合は０)	8	
	当期の調整国外所得金額	国外事業所等帰属所得に係る所得の金額 (別表六(二)付表一「25」)	9	
		その他の国外源泉所得に係る所得の金額 (43の①)	10	
		(9)＋(10) (マイナスの場合は０)	11	
		非課税国外所得の金額 ((43の②)＋別表六(二)付表一「26」) (マイナスの場合は０)	12	
		(11)－(12) (マイナスの場合は０)	13	
		(8)　×　90%	14	
		調整国外所得金額 ((13)と(14)のうち少ない金額)	15	
	法人税の控除限度額 $(2) \times \frac{(15)}{(8)}$		16	
当期に控除できる金額の計算	法第69条第1項により控除できる金額 ((1)と(16)のうち少ない金額)		17	
	法第69条第2項により控除できる金額 (別表六(三)「30の②」)		18	
	法第69条第3項により控除できる金額 (別表六(三)「34の②」)		19	
	当期に控除できる金額 (17)＋(18)＋(19)		20	

		区分		国外所得対応分 ①	①のうち非課税所得分 ②
当期のその他の国外源泉所得に係る所得の金額の計算	その他の国外源泉所得に係る当期利益又は当期欠損の額		21	円	円
	加算	納付した控除対象外国法人税額	22		
		交際費等の損金不算入額	23		
		貸倒引当金の戻入額	24		
			25		
			26		
			27		
			28		
			29		
			30		
			31		
		小計	32		
	減算	貸倒引当金の繰入額	33		
			34		
			35		
			36		
			37		
			38		
			39		
			40		
			41		
		小計	42		
	計 (21)＋(32)－(42)		43		

Ⅱ　地方法人税に係る外国税額の控除に関する明細書

区分		円
当期の控除対象外国法人税額 (1)	44	円
法人税の控除限度額 (16)	45	
差引控除対象外国法人税額 (44)－(45)	46	

	区分		円
地方法人税額の計算	課税標準法人税額 (別表一「4」)	47	円 000
	地方法人税額 (47)×(4.4%又は10.3%)－(((別表六(五の二)「5の③」)＋(別表十七(二の十二)「1」)－(47))と０のうち多い金額) (マイナスの場合は０)	48	
地方法人税控除限度額 $(48) \times \frac{(15)}{(8)}$		49	
外国税額の控除額 ((46)と(49)のうち少ない金額)		50	

Check

国外事業所等を通じて事業を行っている場合、国外所得金額の計算において、国外事業所等帰属所得とその他の国外源泉所得とに区分して計算していますか。

また、国外事業所等帰属所得の計算に当たっては、別表六(二)付表1等を作成していますか。

Advice

平成26年度税制改正により、帰属主義が導入されたことに伴い、国外所得金額の計算は、国外事業所等帰属所得とその他の国外源泉所得とに区分して計算することとされています。

Check

別表六(二)の21欄及び別表六(二)付表1の5欄の金額は、税引後の金額としていますか。

また、これらの金額に係る計算の明細を記載した書類を添付していますか。

Advice

税引後の金額としていない場合には、国外所得金額が過大となる可能性があり、その結果、外国税額の控除額が過大となることがあります。

Check

別表六(二)の12欄の金額は、国外事業所等帰属所得及びその他の国外源泉所得ごとに計算した非課税所得分の合計額（マイナスの場合は0）を記載していますか。

Advice

平成26年度税制改正により、帰属主義が導入されたことに伴い、国外所得金額の計算は、国外事業所等帰属所得とその他の国外源泉所得とに区分して計算することとされています。

Check

国外事業所等帰属所得及びその他の国外源泉所得ごとに、共通費用及び共通利子の配賦計算をしていますか。

【別表六(三)】

外国税額の繰越控除余裕額又は繰越控除限度超過額等の計算に関する明細書

事業年度又は連結事業年度	・・ ・・	法人名	(　　　)

別表六(三)　令元・十・一以後終了事業年度又は連結事業年度分

当期の控除余裕額、個別控除余裕額、控除限度超過額又は個別控除限度超過額の計算

控除限度額等	法人税 (別表六(二)「16」、別表六の二(二)付表「13」又は別表六の三「11」)	1	円	控除余裕額又は個別控除余裕額	国税 (1) − (6)	7	円
	地方法人税 (別表六(二)「49」、別表六の二(二)付表「48」又は別表六の三「46」)	2			道府県民税 (((1)＋(2)＋(3)−(6))と(3)のうち少ない金額)	8	
	道府県民税 (((1)×(3.2%又は1%))又は別表六(三)付表一「28の④」)	3			市町村民税 (((5)−(6))と(4)のうち少ない金額)	9	
	市町村民税 (((1)×(9.7%又は6%))又は別表六(三)付表一「28の⑤」)	4			計 (7)＋(8)＋(9)	10	
	計 (1)＋(2)＋(3)＋(4)	5					
控除対象外国法人税額又は個別控除対象外国法人税額 (別表六(二の二)「21」)		6		控除限度超過額又は個別控除限度超過額 (6) − (5)		11	

前３年以内の控除余裕額、個別控除余裕額、控除限度超過額又は個別控除限度超過額に関する明細

事業年度又は連結事業年度	区分		控除余裕額又は個別控除余裕額			控除限度超過額又は個別控除限度超過額		
			前期繰越額又は当期発生額 ①	当期使用額 ②	翌期繰越額 ①−② ③	前期繰越額又は当期発生額 ④	当期使用額 ⑤	翌期繰越額 ④−⑤ ⑥
・・ ・・	国税	12	円	円		円	外　円	
	道府県民税	13						
	市町村民税	14						
・・ ・・	国税	15			円		外	円
	道府県民税	16						
	市町村民税	17						
・・ ・・	国税	18					外	
	道府県民税	19						
	市町村民税	20						
・・ ・・	国税	21					外	
	道府県民税	22						
	市町村民税	23						
・・ ・・	国税	24					外	
	道府県民税	25						
	市町村民税	26						
・・ ・・	国税	27					外	
	道府県民税	28						
	市町村民税	29						
合計	国税	30					外	
	道府県民税	31						
	市町村民税	32						
	計 (30)＋(31)＋(32)	33						
当期分	国税	34	(7)			(11)	外(別表六(二の二)「20」−(33の外))	
	道府県民税	35	(8)					
	市町村民税	36	(9)				(33の②)	
	計 (34)＋(35)＋(36)	37	(10)	(33の⑤)				

Check

12～29 の②欄及び⑤欄の金額は、最も古い事業年度のものから順に充当していますか。

また、同一事業年度のものについては、国税、道府県民税、市町村民税の順に充当していますか。

Advice

充当の順序に誤りがあった場合には、外国税額の控除額の計算に誤りが生じることがあります。

【別表六(四)】(その1)

控除対象外国法人税額又は個別控除対象外国法人税額に関する明細書

事業年度又は連結事業年度	・・ ・・	法人名	(　　)

別表六(四)　平三十一・四・一以後終了事業年度又は連結事業年度分

国名		1					
所得の種類		2					
税種目		3					
納付確定日（納付すべき日）又は納付日		4	・・	・・	・・	・・	・・
源泉・申告・賦課の区分		5	源・申・賦	源・申・賦	源・申・賦	源・申・賦	源・申・賦
事業年度又は計算期間		6	・・ ・・	・・ ・・	・・ ・・	・・ ・・	・・ ・・
納付外国法人税額	課税標準	7					
	税率（%）	8					
	税額 (7)×(8)	9					
	税額控除額	10					
	納付すべき税額 (9)－(10)	11					
みなし納付外国法人税額	みなし納付の基礎となる条約及び相手国の法令の根拠規定	12					
	(12)としての規定の適用がないとした場合の外国法人税の額　課税標準	13					
	税率（%）	14					
	税額 (13)×(14)	15					
	税額控除額	16					
	納付すべき税額 (15)－(16)	17					
	納付したとみなされる外国法人税額 (17)－(11)	18					
控除対象外国法人税額又は個別控除対象外国法人税額	外国法人税額の合計 (11)＋(18)	19					
	控除対象外国法人税額又は個別控除対象外国法人税額 (((7)又は(13))×35%と(19)のうち少ない金額)	20					
	納付分　(11)と(20)のうち少ない金額	21	(　円)	(　円)	(　円)	(　円)	(　円)
	みなし納付分　(20)－(21)	22	(　円)	(　円)	(　円)	(　円)	(　円)
外国法人税額が異動した場合	納付分　増額又は減額前の事業年度又は連結事業年度の(21)の金額	23					
	(21)≧(23)の場合 (21)－(23)	24	(　円)	(　円)	(　円)	(　円)	(　円)
	(21)＜(23)の場合 (23)－(21)	25	(　円)	(　円)	(　円)	(　円)	(　円)
	みなし納付分　増額又は減額前の事業年度又は連結事業年度の(22)の金額	26					
	(22)≧(26)の場合 (22)－(26)	27	(　円)	(　円)	(　円)	(　円)	(　円)
	(22)＜(26)の場合 (26)－(22)	28	(　円)	(　円)	(　円)	(　円)	(　円)

納付した控除対象外国法人税額又は個別控除対象外国法人税額 ((21)欄又は(24)欄の合計)	29	円	減額された納付控除対象外国法人税額又は個別納付控除対象外国法人税額 ((25)欄の合計)	31	円
納付したとみなされる控除対象外国法人税額又は個別控除対象外国法人税額 ((22)欄又は(27)欄の合計)	30	円	減額されたみなし納付控除対象外国法人税額又はみなし納付個別控除対象外国法人税額 ((28)欄の合計)	32	円

Check

外国法人税に該当しない税(中国の増値税等)を記載していませんか。

Advice

法人の所得を課税標準として課される税ではない中国の増値税等は外国法人税に該当せず、外国税額控除の対象となりません。

また、法人の所得を課税標準として課される税であっても、税を納付する者がその納付後、任意にその金額の全部または一部の還付を請求することができる税等、法令第141条第3項各号に掲げる税についても外国法人税に該当せず、外国税額控除の対象となりません。

益金不算入の対象となる外国子会社から受ける剰余金の配当等の額に係る外国源泉税等を、別表六(四)に記載していませんか。

また、法法第23条の2第2項第一号の規定の適用を受ける剰余金の配当等の額(同条第3項の規定の適用を受けるものを含みます)に係る外国源泉税等について、別表六(四の二)を作成していますか。

外国子会社から受ける剰余金の配当等の額に係る外国源泉税等は、当該配当等の額のうち法法第23条の2第2項の規定の適用を受ける部分の金額に係るものを除き、外国税額控除の対象となりません。

【別表六(四)】（その２）

控除対象外国法人税額又は個別控除対象外国法人税額に関する明細書

事業年度又は連結事業年度	・　・ ・　・	法人名	（　　　）

国名		1					
所得の種類		2					
税種目		3					
納付確定日（納付すべき日）又は納付日		4	・　・	・　・	・　・	・　・	・　・
源泉・申告・賦課の区分		5	源・申・賦	源・申・賦	源・申・賦	源・申・賦	源・申・賦
事業年度又は計算期間		6	・　・ ・　・	・　・ ・　・	・　・ ・　・	・　・ ・　・	・　・ ・　・
納付外国法人税額	課税標準	7					
	税率（%）	8					
	税額 (7)×(8)	9					
	税額控除額	10					
	納付すべき税額 (9)−(10)	11					
みなし納付外国法人税額	みなし納付の基礎となる条約及び相手国の法令の根拠規定	12					
	(12)の規定の適用がないものとした場合の外国法人税額　課税標準	13					
	税率（%）	14					
	税額 (13)×(14)	15					
	税額控除額	16					
	納付すべき税額 (15)−(16)	17					
	納付したとみなされる外国法人税額 (17)−(11)	18					
控除対象外国法人税額又は個別控除対象外国法人税額	外国法人税額の合計 (11)＋(18)	19					
	控除対象外国法人税額又は個別控除対象外国法人税額（((7)又は(13))×35%と(19)のうち少ない金額）	20					
	納付分　(11)と(20)のうち少ない金額	21	（　円）	（　円）	（　円）	（　円）	（　円）
	みなし納付分　(20)−(21)	22	（　円）	（　円）	（　円）	（　円）	（　円）
外国法人税額が異動した場合	納付分　増額又は減額前の事業年度又は連結事業年度の(21)の金額	23					
	納付分　(21)≧(23)の場合 (21)−(23)	24	（　円）	（　円）	（　円）	（　円）	（　円）
	納付分　(21)＜(23)の場合 (23)−(21)	25	（　円）	（　円）	（　円）	（　円）	（　円）
	みなし納付分　増額又は減額前の事業年度又は連結事業年度の(22)の金額	26					
	みなし納付分　(22)≧(26)の場合 (22)−(26)	27	（　円）	（　円）	（　円）	（　円）	（　円）
	みなし納付分　(22)＜(26)の場合 (26)−(22)	28	（　円）	（　円）	（　円）	（　円）	（　円）

納付した控除対象外国法人税額又は個別控除対象外国法人税額（(21)欄又は(24)欄の合計）	29	円	減額された納付控除対象外国法人税額又は個別納付控除対象外国法人税額（(25)欄の合計）	31	円
納付したとみなされる控除対象外国法人税額又は個別控除対象外国法人税額（(22)欄又は(27)欄の合計）	30	円	減額されたみなし納付控除対象外国法人税額又はみなし納付個別控除対象外国法人税額（(28)欄の合計）	32	円

別表六(四)　平三十一・四・一以後終了事業年度又は連結事業年度分

Check

別表六(四)の４欄、別表六(四の二)の５欄及び別表六(五)の３欄は、当事業年度中の日付となっていますか。

Advice

外国税額控除の適用時期については、原則として、外国法人税を納付することとなる日の属する事業年度において適用することとなりますが、継続適用を条件に、その納付することが確定した外国法人税額を費用として計上した日の属する事業年度において外国税額控除を適用することもできます。

なお、これは、適用年度を任意に選択できるというものではなく、その費用計上時期が税務上も認められる合理的な基準による必要があります。

別表六(四)の８欄、別表六(四の二)の７欄及び別表六(五)の５欄は、租税条約(日台民間租税取決めを含む)の限度税率を超えていませんか。

租税条約(日台民間租税取決めを含む)の限度税率を超えている部分については、外国税額控除の対象にならず、損金の額に算入されることとなります。

別表六(四)の12欄、別表六(四の二)の９欄及び別表六(五)の７欄に、租税条約及び相手国法令の根拠規定を記載していますか。

みなし外国税額控除は、租税条約において、外国法人税を納付したとみなされる旨を取り決めた国及び税目に限って適用されることから、当事業年度における適用関係を租税条約により確認する必要があります。

【別表六(四の二)】

外国子会社配当益金不算入の対象とならない損金算入配当等に対応する控除対象外国法人税額又は個別控除対象外国法人税額に関する明細書		事業年度又は連結事業年度 ・・		法人名 ( )			
外国子会社の名称等	名称	1					
	本店又は主たる事務所の所在地　国名又は地域名	2					
	本店又は主たる事務所の所在地　所在地	3					
剰余金の配当等に係る外国法人税額	税種目	4					
	納付確定日又は納付日	5	・・	・・	・・	・・	・・
	課税標準	6					
	税率（%）	7					
	税額 (6) × (7)	8					
納付したものとみなされる外国法人税額	みなし納付の基礎となる条約及び相手国の法令の根拠規定	9					
	(9)の規定の適用がないものとした場合の外国法人税額 (6) × 税率	10	(%)	(%)	(%)	(%)	(%)
	みなし納付外国法人税額 (10) − (8)	11					
控除対象外国法人税額又は個別控除対象外国法人税額	外国法人税額の合計 (8) + (11)	12					
	(12)のうち外国子会社配当益金不算入の対象とならない損金算入配当等に対応する金額	13					
	控除対象外国法人税額又は個別控除対象外国法人税額 ((6)×35%と(13)のうち少ない金額)	14					
	納付分　(14) × (8)/(12)	15	(円)	(円)	(円)	(円)	(円)
	みなし納付分　(14) − (15)	16	(円)	(円)	(円)	(円)	(円)
	納付した控除対象外国法人税額又は個別控除対象外国法人税額 ((15)欄の合計)	17					円
	納付したとみなされる控除対象外国法人税額又は個別控除対象外国法人税額 ((16)欄の合計)	18					

別表六(四の二)　平三十一・四・一以後終了事業年度又は連結事業年度分

Check

別表六(四)の4欄、別表六(四の二)の5欄及び別表六(五)の3欄は、当事業年度中の日付となっていますか。

Advice

外国税額控除の適用時期については、原則として、外国法人税を納付することとなる日の属する事業年度において適用することとなりますが、継続適用を条件に、その納付することが確定した外国法人税額を費用として計上した日の属する事業年度において外国税額控除を適用することもできます。

なお、これは、適用年度を任意に選択できるというものではなく、その費用計上時期が税務上も認められる合理的な基準による必要があります。

別表六(四)の8欄、別表六(四の二)の7欄及び別表六(五)の5欄は、租税条約(日台民間租税取決めを含む)の限度税率を超えていませんか。

租税条約(日台民間租税取決めを含む)の限度税率を超えている部分については、外国税額控除の対象にならず、損金の額に算入されることとなります。

別表六(四)の12欄、別表六(四の二)の9欄及び別表六(五)の7欄に、租税条約及び相手国法令の根拠規定を記載していますか。

みなし外国税額控除は、租税条約において、外国法人税を納付したとみなされる旨を取り決めた国及び税目に限って適用されることから、当事業年度における適用関係を租税条約により確認する必要があります。

【別表六(五)】

利子等に係る控除対象外国法人税額又は個別控除対象外国法人税額等に関する明細書

事業年度又は連結事業年度	・・ ・・	法人名	（　　）

別表六(五)　平三十一・四・一以後終了事業年度又は連結事業年度分

利子等に係る控除対象外国法人税額又は個別控除対象外国法人税額に関する明細

国名		1					
税種目		2					
納付確定日又は納付日		3	・・	・・	・・	・・	・・
納付法人税外国額	課税標準（収入金額）	4					
	税率（%）	5					
	税額 (4) × (5)	6					
納付したとみなされる外国法人税額	みなし納付の基礎となる条約及び相手国の法令の根拠規定	7					
	上記(7)の規定の適用がないものとした場合の外国法人税額 (4) × 税率	8	（　　%）	（　　%）	（　　%）	（　　%）	（　　%）
	みなし納付外国法人税額 (8) － (6)	9					
控除対象外国法人税額又は個別控除対象外国法人税額	外国法人税額の合計 (6) ＋ (9)	10					
	控除対象外国法人税額又は個別控除対象外国法人税額 ((4) × (10%又は15%) と (10) のうち少ない金額)	11					
	(6) と (11) のうち少ない金額	12	（　　円）	（　　円）	（　　円）	（　　円）	（　　円）
	(11) － (12)	13	（　　円）	（　　円）	（　　円）	（　　円）	（　　円）
	納付した控除対象外国法人税額又は個別控除対象外国法人税額 ((12) の合計)	14					円
	納付したとみなされる控除対象外国法人税額又は個別控除対象外国法人税額 ((13) の合計)	15					

所得率の計算

事業年度又は連結事業年度	所得金額仮計又は個別所得金額仮計 (別表四「25の①」又は別表四の二付表「33の①」)	受取配当等の益金不算入額又は受取配当等の益金不算入額の個別帰属額 (別表八(一)「13」若しくは「26」又は別表八の二付表「1」)	外国子会社等から受ける剰余金の配当等の益金不算入額 (別表八(二)「26」＋別表十七(三の四)「27の計」)	外国子会社から受ける剰余金の配当等の額に係る外国源泉税等の損金不算入額	控除所得税額又は控除所得税額の個別帰属額 (別表六(一)「6の③」又は別表六の二(一)「22」)	損金算入外国法人税額又は損金算入外国法人税額の個別帰属額	調整所得金額又は調整個別所得金額 (16) ＋ (17) ＋ (18) － (19) ＋ (20) ＋ (21) (マイナスの場合は0)	総収入金額等
	16	17	18	19	20	21	22	23
・・ ・・	円	円	円	円	円	円	円	円
・・ ・・								
・・ ・・								
・・ ・・								
・・ ・・								
当期分								
計								
所得率 (22の計)/(23の計)	24							%

Check

別表六(四)の4欄、別表六(四の二)の5欄及び別表六(五)の3欄は、当事業年度中の日付となっていますか。

Advice

外国税額控除の適用時期については、原則として、外国法人税を納付することとなる日の属する事業年度において適用することとなりますが、継続適用を条件に、その納付することが確定した外国法人税額を費用として計上した日の属する事業年度において外国税額控除を適用することもできます。

なお、これは、適用年度を任意に選択できるというものではなく、その費用計上時期が税務上も認められる合理的な基準による必要があります。

別表六(四)の8欄、別表六(四の二)の7欄及び別表六(五)の5欄は、租税条約(日台民間租税取決めを含む)の限度税率を超えていませんか。

租税条約(日台民間租税取決めを含む)の限度税率を超えている部分については、外国税額控除の対象にならず、損金の額に算入されることとなります。

別表六(四)の12欄、別表六(四の二)の9欄及び別表六(五)の7欄に、租税条約及び相手国法令の根拠規定を記載していますか。

みなし外国税額控除は、租税条約において、外国法人税を納付したとみなされる旨を取り決めた国及び税目に限って適用されることから、当事業年度における適用関係を租税条約により確認する必要があります。

【別表六(六)】

法人税の額から控除される特別控除額に関する明細書

事業年度	・　・ ・　・	法人名	

別表六(六)　平三十一・四・一以後終了事業年度分

法人税額の特別控除額及び調整前法人税額超過額の計算

当期税額控除可能額 (6の合計)	1	円	法人税額の特別控除額 ((1)と(3)のうち少ない金額)	4	円
調整前法人税額 (別表一「2」又は別表一の三「2」若しくは「14」)	2				
当期税額基準額 $(2) \times \frac{90}{100}$	3		調整前法人税額超過額 (1) － (4)	5	

当期税額控除可能額及び調整前法人税額超過構成額の明細

適用を受ける各特別控除制度			当期税額控除可能額 6	調整前法人税額超過構成額 7
試験研究費の総額に係る法人税額の特別控除	当期分	①	別表六(八)「22」　円	円
中小企業者等の試験研究費に係る法人税額の特別控除	当期分	②	別表六(九)「18」	
特別試験研究費に係る法人税額の特別控除	当期分	③	別表六(十)「9」	
平均売上金額の100分の10に相当する金額を超える試験研究費の額に係る法人税額の特別控除	当期分	④	別表六(十一)「10」	
エネルギー環境負荷低減推進設備等を取得した場合の法人税額の特別控除	前期繰越分計	⑤	別表六(六)付表「1の③」	別表六(六)付表「2の③」
	当期分	⑥	別表六(十三)「15」	
高度省エネルギー増進設備等を取得した場合の法人税額の特別控除	当期分	⑦	別表六(十四)「15」	
中小企業者等が機械等を取得した場合の法人税額の特別控除	前期繰越分計	⑧	別表六(六)付表「1の⑥」	別表六(六)付表「2の⑥」
	当期分	⑨	別表六(十五)「14」	
沖縄の特定地域において工業用機械等を取得した場合の法人税額の特別控除	前期繰越分計	⑩	別表六(六)付表「1の⑪」	別表六(六)付表「2の⑪」
	当期分	⑪	別表六(十六)「16」	
国家戦略特別区域において機械等を取得した場合の法人税額の特別控除	当期分	⑫	別表六(十七)「23」	
国際戦略総合特別区域において機械等を取得した場合の法人税額の特別控除	当期分	⑬	別表六(十八)「23」	
地域経済牽引事業の促進区域内において特定事業用機械等を取得した場合の法人税額の特別控除	当期分	⑭	別表六(十九)「17」	
地方活力向上地域等において特定建物等を取得した場合の法人税額の特別控除	当期分	⑮	別表六(二十)「16」	
地方活力向上地域等において雇用者の数が増加した場合の法人税額の特別控除	当期分	⑯	別表六(二十一)「18」	
		⑰	別表六(二十一)「28」	
認定地方公共団体の寄附活用事業に関連する寄附をした場合の法人税額の特別控除	当期分	⑱	別表六(二十二)「8」	
特定中小企業者等が経営改善設備を取得した場合の法人税額の特別控除	前期繰越分計	⑲	別表六(六)付表「1の⑭」	別表六(六)付表「2の⑭」
	当期分	⑳	別表六(二十三)「14」	
中小企業者等が特定経営力向上設備等を取得した場合の法人税額の特別控除	前期繰越分計	㉑	別表六(六)付表「1の⑰」	別表六(六)付表「2の⑰」
	当期分	㉒	別表六(二十四)「15」	
給与等の引上げ及び設備投資を行った場合の法人税額の特別控除	当期分	㉓	別表六(二十五)「22」	
中小企業者等が給与等の引上げを行った場合の法人税額の特別控除	当期分	㉔	別表六(二十六)「19」	
革新的情報産業活用設備を取得した場合の法人税額の特別控除	当期分	㉕	別表六(二十七)「20」	
復興産業集積区域等において機械等を取得した場合等の法人税額の特別控除	前期繰越分計	㉖	別表六(六)付表「1の㉒」	別表六(六)付表「2の㉒」
	当期分	㉗	別表六(二十八)「20」	
復興産業集積区域等において被災雇用者等を雇用した場合の法人税額の特別控除	当期分	㉘	別表六(二十九)「11」	
合計				(5)

※別表番号が平成 31 年 4 月以後終了事業年度から別表六(二十八)が別表六(六)に変更になっています。

Check

複数の法人税額の特別控除制度の適用を受ける場合、適用を受ける制度に係る別表に記載した当期税額控除可能額を転記していますか。

Advice

適用を受ける制度の税額控除可能額の合計額が、調整前法人税額の 90%相当額を超える場合には、その超える部分の金額は、調整前法人税額から控除せずに、各制度の繰越税額控除限度超過額として翌事業年度以後に繰越控除することとなります。

【別表六(七)】

特定税額控除規定の適用可否の判定に関する明細書

事業年度	・　・ ・　・	法人名	

別表六(七)　平三十一・四・一以後終了事業年度分

継続雇用者に係る給与等支給額要件	継続雇用者給与等支給額 (15の①)	1	円	所得金額に係る要件	特定対象年度の基準所得等金額	8	円
	継続雇用者比較給与等支給額 (15の②)又は(15の③)	2					
	((1)＞(2))又は((1)＝(2)＝0)	3	該当 ・ 非該当		前事業年度等の基準所得等金額の合計額	9	
国内設備投資額に係る要件	国内設備投資額	4	円				
	当期償却費総額 (18)	5			(8)≦(9)	10	該当 ・ 非該当
	当期償却費総額の10％相当額 (5)× 10/100	6					
	(4)＞(6)	7	該当 ・ 非該当				

継続雇用者給与等支給額及び継続雇用者比較給与等支給額の計算

		継続雇用者給与等支給額の計算	継続雇用者比較給与等支給額の計算	
		当期	前事業年度等	前一年事業年度等特定期間
		①	②	③
事業年度等又は連結事業年度等	11		・　・ ・　・	・　・ ・　・
雇用者給与等支給額	12	円	円	円
同上のうち継続雇用者に係る金額	13			
当期の月数 / (11の③)の月数	14			――――
継続雇用者給与等支給額及び継続雇用者比較給与等支給額 (13)又は((13)×(14))	15	円	円	円

当期償却費総額の計算

損益計算書に計上された減価償却費の額	16	円	当期償却費総額 (16)＋(17)	18	円
剰余金の処分の方法により特別償却準備金として積み立てた金額その他上記以外の金額	17				

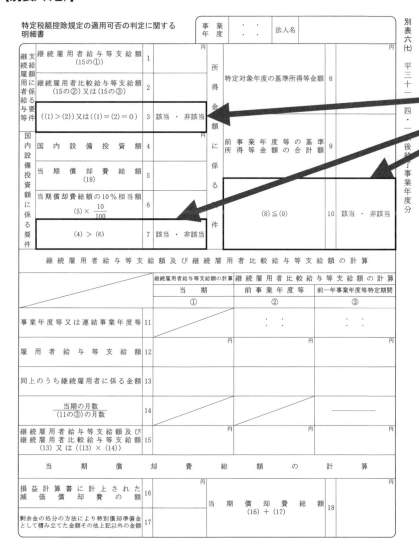

※別表番号が平成 31 年 4 月以後終了事業年度から別表六（二十九）が別表六（七）に変更になっています。

Check

中小企業者等以外の法人が、次に掲げる法人税額の特別控除制度の適用を受ける場合、3 欄、7 欄または 10 欄のいずれかが「該当」となっていますか。

① 試験研究を行った場合の法人税額の特別控除制度

② 地域経済牽引事業の促進区域内において特定事業用機械等を取得した場合の法人税額の特別控除制度

③ 革新的情報産業活用設備を取得した場合の法人税額の特別控除制度（平成 30 年 6 月 6 日以後に取得等をした場合に限ります）

Advice

平成 30 年度税制改正により、次の要件のいずれにも該当しない場合には、左記の①から③までの制度の適用を受けることができないこととされています。

イ 継続雇用者給与等支給額が継続雇用者比較給与等支給額を超えること（またはこれらの支給額が 0 であること）。

ロ 国内設備投資額が当期償却費総額の 10％相当額を超えること。

ハ 特定対象年度の基準所得等金額がその前事業年度等の基準所得等金額の合計額以下であること。

【別表六(八)】

試験研究費の総額に係る法人税額の特別控除に関する明細書

事業年度	・・ ・・	法人名	

別表六(八)　平三十・四・一以後終了事業年度分

特定税額控除規定の適用可否（別表六(七)「3」、「7」若しくは「10」の要件のいずれかに該当する場合又は中小企業者若しくは農業協同組合等である場合）			可
	試験研究費の額	1	円
控除対象試験研究費の額の計算	同上のうち特別試験研究費以外の額	2	
	(1)のうち試験研究費の総額に係る税額控除の対象とする特別試験研究費の額	3	
	控除対象試験研究費の額 (2)＋(3)	4	
増減試験研究費割合の計算	比較試験研究費の額 (別表六(十二)「5」)	5	
	増減試験研究費の額 (1)－(5)	6	
	増減試験研究費割合 $\frac{(6)}{(5)}$	7	
試験研究費割合の計算	平均売上金額 (別表六(十二)「10」)	8	円
	試験研究費割合 $\frac{(1)}{(8)}$	9	
税額控除割合の計算　平成31年4月1日前に開始した事業年度の場合	(7)＞5％の場合 $\frac{9}{100}+((7)-\frac{5}{100})\times 0.3$ (小数点以下３位未満切捨て) (0.14を超える場合は0.14)	10	
	(7)≦5％の場合 $\frac{9}{100}-(\frac{5}{100}-(7))\times 0.1$ (小数点以下３位未満切捨て) (0.06未満の場合は0.06)	11	
	税額控除割合 (10)又は(11) ((5)＝０の場合は0.085)	12	

税額控除割合の計算　平成31年4月1日以後に開始する事業年度の場合	(7)＞8％の場合 [illegible]/100＋((7)－[illegible]/100)[illegible]	13	
	(7)≦8％の場合 $\frac{9.9}{100}-(\frac{8}{100}-(7))\times 0.175$ (0.06未満の場合は0.06)	14	
	(5)＝０の場合又は設立事業年度の場合	15	0.085
	(9)＞10％の場合の控除割増率 $((9)-\frac{10}{100})\times 0.5$ (0.1を超える場合は0.1)	16	
	税額控除割合 ((13)、(14)又は(15))＋(((13)、(14)又は(15))×(16)) (小数点以下３位未満切捨て) (0.1又は0.14を超える場合は0.1又は0.14)	17	
	税額控除限度額 (4)×((12)又は(17))	18	円
	調整前法人税額 (別表一「2」又は別表一の三「2」若しくは「14」)	19	
当期税額基準額の計算	(9)＞10％の場合の特例加算割合 $((9)-\frac{10}{100})\times 2$ (小数点以下３位未満切捨て) (0.1を超える場合は0.1)	20	
	当期税額基準額 (19)×((0.25又は0.4)＋(20))	21	円
	当期税額控除可能額 ((18)と(21)のうち少ない金額)	22	
	調整前法人税額超過構成額 (別表六(六)「7の①」)	23	
	法人税額の特別控除額 (22)－(23)	24	

※別表番号が平成 31 年 4 月以後終了事業年度から別表六(六)が別表六(八)に変更になっています。

Check

別表六(八)(中小企業者等の場合、別表六(九))の 1 欄及び別表六(十)の 1 欄の金額は、申告調整額を加減算した税務上の金額となっていますか。

また、試験研究費に充当する目的で他の者から支払いを受けた金額がある場合、その金額を試験研究費の額から控除していますか。

Advice

試験研究費に充当する目的で他の者から支払いを受けた金額がある場合において、その支払いを受けた金額がその試験研究費の額を上回っていたときは、その上回った金額は、他の試験研究費の額から控除することとなります。

次に掲げる場合、別表六(十一)を作成していませんか。

別表六(八)の当期税額基準額の計算において 20 欄の特例加算割合を適用している場合

特例加算割合等の適用を受ける場合には、平均売上金額の 100 分の 10 に相当する金額を超える試験研究費の額に係る法人税額の特別控除制度の適用を受けることはできません。

【別表六(九)】

中小企業者等の試験研究費に係る法人税額の特別控除に関する明細書

事業年度	・・ ・・	法人名	

	試験研究費の額	1	円
控除対象試験研究費の額の計算	同上のうち特別試験研究費以外の額	2	
	(1)のうち中小企業者等の試験研究費に係る税額控除の対象とする特別試験研究費の額	3	
	控除対象試験研究費の額 (2)＋(3)	4	
増減試験研究費割合の計算	比較試験研究費の額 (別表六(十二)「5」)	5	
	増減試験研究費の額 (1)－(5)	6	
	増減試験研究費割合 $\frac{(6)}{(5)}$	7	
試験研究費割合の計算	平均売上金額 (別表六(十二)「10」)	8	円
	試験研究費割合 $\frac{(1)}{(8)}$	9	
税額控除割合の計算	割増前税額控除割合 $\frac{12}{100}+((7)-\frac{5又は8}{100})\times 0.3$ (0.12未満の場合、(5)＝0の場合又は設立事業年度の場合は0.12)	10	
	(9)＞10％の場合の控除割増率 $((9)-\frac{10}{100})\times 0.5$ (0.1を超える場合は0.1)	11	
	税額控除割合 (10)＋((10)×(11)) (小数点以下3位未満切捨て) (0.17を超える場合は0.17)	12	

	中小企業者等税額控除限度額 (4)×([illegible])	13	円
	調整前法人税額 (別表一「2」又は別表一の三「2」若しくは「14」)	14	
当期税額基準額の計算	(7)＞5％又は(7)＞8％の場合	15	0.35
	(9)＞10％の場合の特例加算割合 $((9)-\frac{10}{100})\times 2$ (小数点以下3位未満切捨て) (0.1を超える場合は0.1)	16	
	当期税額基準額 (14)×((15)、(0.25＋(16))又は0.25)	17	円
	当期税額控除可能額 ((13)と(17)のうち少ない金額)	18	
	調整前法人税額超過構成額 (別表六(六)「7の②」)	19	
	法人税額の特別控除額 (18)－(19)	20	

別表六(九)　平三十[illegible]・四・一以後終了事業年度分

※別表番号が平成31年4月以後終了事業年度から別表六(七)が別表六(九)に変更になっています。

Check

別表六(八)(中小企業者等の場合、別表六(九))の1欄及び別表六(十)の1欄の金額は、申告調整額を加減算した税務上の金額となっていますか。

また、試験研究費に充当する目的で他の者から支払いを受けた金額がある場合、その金額を試験研究費の額から控除していますか。

Advice

試験研究費に充当する目的で他の者から支払いを受けた金額がある場合において、その支払いを受けた金額がその試験研究費の額を上回っていたときは、その上回った金額は、他の試験研究費の額から控除することとなります。

次に掲げる場合、別表六(十一)を作成していませんか。

別表六(九)の当期税額基準額の計算において15欄または16欄により計算された金額を適用している場合

特例加算割合等の適用を受ける場合には、平均売上金額の100分の10に相当する金額を超える試験研究費の額に係る法人税額の特別控除制度の適用を受けることはできません。

【別表六(十)】

特別試験研究費に係る法人税額の特別控除に関する明細書

事業年度	・　・ ・　・	法人名	

別表六(十)　平三十一・四・一以後終了事業年度分

特定税額控除規定の適用可否 (別表六(七)「3」、「7」若しくは「10」の要件のいずれかに該当する場合又は中小企業者若しくは農業協同組合等である場合)					可
特別試験研究費の額 (14の計)又は(17の計)	1	円	調整前法人税額 (別表一「2」又は別表一の三「2」若しくは「14」)	7	円
控除対象済特別試験研究費の額 (別表六(八)「3」)又は(別表六(九)「3」)	2		当期税額基準額 $(7) \times \frac{5又は10}{100}$	8	
差引対象特別試験研究費の額 (1)－(2)	3				
同上のうち税額控除割合が30%である試験研究に係る特別試験研究費の額 ((3)と(18)のうち少ない金額)	4		当期税額控除可能額 ((6)と(8)のうち少ない金額)	9	
(3)のうち税額控除割合が25%である試験研究に係る特別試験研究費の額 (((3)－(4))と(19)のうち少ない金額)	5		調整前法人税額超過構成額 (別表六(六)「7の③」)	10	
特別研究税額控除限度額 $(4) \times \frac{30}{100} + (5) \times \frac{25}{100} + ((3)-(4)-(5)) \times \frac{20}{100}$	6		法人税額の特別控除額 (9)－(10)	11	

特別試験研究費の額の明細

	旧措法第42条の4第6項各号の該当号	特別試験研究の内容	特別試験研究費の額
平成31年4月1日前に開始した事業年度の場合	12	13	14
	第1号・第2号		円
	第1号・第2号		
	第1号・第2号		
	第1号・第2号		
	第1号・第2号		
	計		

	措法第42条の4第7項各号の該当号	特別試験研究の内容	特別試験研究費の額
平成31年4月1日以後に開始する事業年度の場合	15	16	17
	第1号・第2号・第3号		円
	第1号・第2号・第3号		
	第1号・第2号・第3号		
	第1号・第2号・第3号		
	第1号・第2号・第3号		
	計		

(14の計)又は(17の計)のうち(12)又は(15)が第1号である試験研究に係る特別試験研究費の額	18	
(17の計)のうち(15)が第2号である試験研究に係る特別試験研究費の額	19	

※別表番号が平成 31 年 4 月以後終了事業年度から別表六(八)が別表六(十)に変更になっています。

Check

別表六(八)(中小企業者等の場合、別表六(九))の 1 欄及び別表六(十)の 1 欄の金額は、申告調整額を加減算した税務上の金額となっていますか。

また、試験研究費に充当する目的で他の者から支払いを受けた金額がある場合、その金額を試験研究費の額から控除していますか。

Advice

試験研究費に充当する目的で他の者から支払いを受けた金額がある場合において、その支払いを受けた金額がその試験研究費の額を上回っていたときは、その上回った金額は、他の試験研究費の額から控除することとなります。

【別表六(十一)】

平均売上金額の100分の10に相当する金額を超える試験研究費の額に係る法人税額の特別控除に関する明細書	事業年度	・・ ・・	法人名	

特定税額控除規定の適用可否	
(別表六(七)「3」、「7」若しくは「10」の要件のいずれかに該当する場合又は中小企業者若しくは農業協同組合等である場合)	可

試験研究費の額	1	円	税額控除限度額 (4) × (6)	7	円
平均売上金額 (別表六(十二)「10」)	2		調整前法人税額 (別表一「2」又は別表一の三「2」若しくは「14」)	8	
平均売上金額の10%相当額 $(2) \times \frac{10}{100}$	3		当期税額基準額 $(8) \times \frac{10}{100}$	9	
平均売上金額の10%相当額を超える試験研究費の額 (1) − (3)	4		当期税額控除可能額 ((7)と(9)のうち少ない金額)	10	
試験研究費割合 $\frac{(1)}{(2)}$	5		調整前法人税額超過構成額 (別表六(六)「7の④」)	11	
超過税額控除割合 $((5) - \frac{10}{100}) \times 0.2$	6		法人の特別控除額 (10) − (11)	12	

別表六(十一)　平三十一・四・一以後終了事業年度分

※別表番号が平成 31 年 4 月以後終了事業年度から別表六(九)が別表六(十一)
に変更になっています。

Check

この明細書は、青色申告法人が平成 31 年改正前の措置法第 42 条の 4 第 7 項《試験研究を行った場合の法人税額の特別控除》の規定の適用を受ける場合に記載します。

【別表六(十二)】

試験研究を行った場合の法人税額の特別控除における比較試験研究費の額及び平均売上金額の計算に関する明細書

事業年度	・・ ・・	法人名	

別表六(十二)　平三十一・四・一以後終了事業年度分

Ⅰ　比較試験研究費の額の計算に関する明細書				
	事業年度又は連結事業年度	試験研究費の額	当期の月数 / (1)の事業年度又は連結事業年度の月数	改定試験研究費の額 (2)×(3)
	1	2	3	4
調整対象年度	・・ ・・	円		円
	・・ ・・			
	・・ ・・			
	・・ ・・			
	・・ ・・			
	・・ ・・			
計				
比較試験研究費の額 (４の計)÷(調整対象年度数)	5			円

Ⅱ　平均売上金額の計算に関する明細書

	事業年度又は連結事業年度	売上金額	当期の月数 / (6)の事業年度又は連結事業年度の月数	改定売上金額 (7)×(8)
	6	7	8	9
売上調整年度	・・ ・・	円		円
	・・ ・・			
	・・ ・・			
	・・ ・・			
	・・ ・・			
	・・ ・・			
当期				
計				
平均売上金額 (９の計)÷(１＋売上調整年度数)	10			円

※別表番号が平成 31 年 4 月以後終了事業年度から別表六(十)が別表六(十二)に変更になっています。

Check

別表六(十二)の平均売上金額の計算に関する明細書における売上金額について、申告調整額を加減算した税務上の金額となっていますか。

また、当事業年度の改定売上金額が記載されていますか。

Advice

売上金額について申告調整を行っていない場合には、税額の控除額の計算に誤りが生じることがあります。

【別表七(一)】

⑤ 欠損金又は災害損失金の損金算入等に関する明細書

事業年度	・　・ ・　・	法人名	

別表七(一)　平三十一・四・一以後終了事業年度分

控除前所得金額 (別表四「39の①」)－(別表七(二)「9」又は「21」)	1	円	所得金額控除限度額 (1) × 50又は100 / 100	2	円

事業年度	区分	控除未済欠損金額	当期控除額 (当該事業年度の(3)と((2)－当該事業年度前の(4)の合計額)のうち少ない金額)	翌期繰越額 ((3)－(4))又は(別表七(三)「15」)
		3	4	5
・　・ ・　・	青色欠損・連結みなし欠損・災害損失	円	円	
・　・ ・　・	青色欠損・連結みなし欠損・災害損失			円
・　・ ・　・	青色欠損・連結みなし欠損・災害損失			
・　・ ・　・	青色欠損・連結みなし欠損・災害損失			
・　・ ・　・	青色欠損・連結みなし欠損・災害損失			
・　・ ・　・	青色欠損・連結みなし欠損・災害損失			
・　・ ・　・	青色欠損・連結みなし欠損・災害損失			
・　・ ・　・	青色欠損・連結みなし欠損・災害損失			
・　・ ・　・	青色欠損・連結みなし欠損・災害損失			
・　・ ・　・	青色欠損・連結みなし欠損・災害損失			
計				
当期分	欠損金額 (別表四「47の①」)		欠損金の繰戻し額	
当期分	同上のうち 災害損失金			
当期分	同上のうち 青色欠損金			
合計				

災害により生じた損失の額の計算

災害の種類			災害のやんだ日又はやむを得ない事情のやんだ日	・　・
災害を受けた資産の別		棚卸資産	固定資産 (固定資産に準ずる繰延資産を含む。)	計 ①＋②
		①	②	③
当期の欠損金額 (別表四「47の①」)	6			円
災害により生じた損失の額 資産の滅失等により生じた損失の額	7	円	円	
災害により生じた損失の額 被害資産の原状回復のための費用等に係る損失の額	8			
災害により生じた損失の額 被害の拡大又は発生の防止のための費用に係る損失の額	9			
災害により生じた損失の額 計 (7)＋(8)＋(9)	10			
保険金又は損害賠償金等の額	11			
差引災害により生じた損失の額 (10)－(11)	12			
同上のうち所得税額の還付又は欠損金の繰戻しの対象となる災害損失金額	13			
中間申告における災害損失欠損金の繰戻し額	14			
繰戻しの対象となる災害損失欠損金額 ((6の③)と((13の③)－(14の③))のうち少ない金額)	15			
繰越控除の対象となる損失の額 ((6の③)と((12の③)－(14の③))のうち少ない金額)	16			

Check

別表七(一)の 2 欄の金額は、欠損金控除前の所得金額の 50 ／ 100 相当額となっていますか。ただし、次に掲げる事業年度を除きます。

① 当事業年度終了の時における資本金の額もしくは出資金の額が 1 億円以下で一または完全支配関係のある複数の大法人(資本金の額または出資金の額が 5 億円以上の法人等)に発行済株式等の全部を保有されていない場合の事業年度(法法第 57 条第 11 項第一号該当)

② 更生手続開始の決定の日からその更生計画認可の決定の日等以後 7 年を経過する日までの期間内の日の属する事業年度(株式が上場された等の事由が生じた日以後に終了する事業年度を除きます)(同項第二号該当)

③ 設立の日から同日以後 7 年を経過する日までの期間内の日の属する事業年度(株式が上場された等の事由が生じた日以後に終了する事業年度を除きます)(同項第三号該当)

Advice

平成 28 年度税制改正により、控除限度割合が 50 ／ 100 とされています。

【別表八(一)】（その１）

① 受取配当等の益金不算入に関する明細書

事業年度	・・ ・・	法人名	

別表八(一)　平三十一・四・一以後終了事業年度分

当年度実績により負債利子等の額を計算する場合				基準年度実績により負債利子等の額を計算する場合			
完全子法人株式等に係る受取配当等の額 (31の計)		1	円	完全子法人株式等に係る受取配当等の額 (31の計)		14	円
関連法人株式等	受取配当等の額 (34の計)	2		関連法人株式等	受取配当等の額 (34の計)	15	
	負債利子等の額の計算　当期に支払う負債利子等の額	3			負債利子等の額の計算　当期に支払う負債利子等の額	16	
	連結法人に支払う負債利子等の額	4			国外支配株主等に係る負債の利子等の損金不算入額、関連者等に係る支払利子等の損金不算入額又は恒久的施設に帰せられるべき資本に対応する負債の利子の損金不算入額 (別表十七(一)「35」と別表十七(二の二)「24」のうち多い金額) 又は (別表十七(二の二)「29」と別表十七の三(二)「17」のうち多い金額)	17	
	国外支配株主等に係る負債の利子等の損金不算入額、関連者等に係る支払利子等の損金不算入額又は恒久的施設に帰せられるべき資本に対応する負債の利子の損金不算入額 (別表十七(一)「35」と別表十七(二の二)「24」のうち多い金額) 又は (別表十七(二の二)「29」と別表十七の三(二)「17」のうち多い金額)	5			超過利子額の損金算入額 (別表十七(二の三)「10」)	18	
	超過利子額の損金算入額 (別表十七(二の三)「10」)	6			計 (16)－(17)＋(18)	19	
	計 (3)－(4)－(5)＋(6)	7			平成27年4月1日から平成29年3月31日までの間に開始した各事業年度の負債利子等の額の合計額	20	
	総資産価額 (29の計)	8			同上の各事業年度の関連法人株式等に係る負債利子等の額の合計額	21	
	期末関連法人株式等の帳簿価額 (30の計)	9			負債利子控除割合 $\frac{(21)}{(20)}$ (小数点以下3位未満切捨て)	22	
	受取配当等の額から控除する負債利子等の額 $(7)\times\frac{(9)}{(8)}$	10			受取配当等の額から控除する負債利子等の額 (19)×(22)	23	
その他株式等に係る受取配当等の額 (37の計)		11		その他株式等に係る受取配当等の額 (37の計)		24	
非支配目的株式等に係る受取配当等の額 (43の計)		12		非支配目的株式等に係る受取配当等の額 (43の計)		25	
受取配当等の益金不算入額 (1)＋((2)－(10))＋(11)×50％＋(12)×(20％又は40％)		13		受取配当等の益金不算入額 (14)＋((15)－(23))＋(24)×50％＋(25)×(20％又は40％)		26	

当年度実績による場合の総資産価額等の計算

区分	総資産の帳簿価額	連結法人に支払う負債利子等の元本の負債の額等	総資産価額 (27)－(28)	期末関連法人株式等の帳簿価額
	27	28	29	30
前期末現在額	円	円	円	円
当期末現在額				
計				

受取配当等の額の明細

完全子法人株式等	法人名	本店の所在地	受取配当等の額の計算期間	受取配当等の額
				31
			・・	円
			・・	
	計			

関連法人株式等	法人名	本店の所在地	受取配当等の額の計算期間	保有割合	受取配当等の額	左のうち益金の額に算入される金額	益金不算入の対象となる金額 (32)－(33)
					32	33	34
			・・		円	円	円
			・・				
			・・				
	計						

その他株式等	法人名	本店の所在地	受取配当等の額	左のうち益金の額に算入される金額	益金不算入の対象となる金額 (35)－(36)
			35	36	37
			円	円	円
	計				

非支配目的株式等	法人名又は銘柄	本店の所在地	基準日	保有割合	受取配当等の額	左のうち益金の額に算入される金額	益金不算入の対象となる金額 (41)－(42)
		38	39	40	41	42	43
			・・		円	円	円
			・・				
	計						

御注意
1 「28」欄には、貸借対照表に計上されている特別償却準備金及び圧縮記帳に係る積立金の額を含めます。
2 租税特別措置法第67条の6第1項に規定する特定株式投資信託の収益の分配の額がある場合の当該特定株式投資信託については、「非支配目的株式等」の各欄に記載しますが、このとき、「38」欄には「特定株式投信」と記載し、「39」及び「40」の各欄は記載する必要はありません。

Check

31 欄、34 欄、37 欄及び 43 欄の金額に益金不算入の対象とならないものの額を含めていませんか。

(例) 公社債の利子の額、MMF (追加型公社債投資信託) 等の公社債投資信託の収益の分配の額、公社債投資信託以外の証券投資信託の収益の分配の額 (外国株価指数連動型特定株式投資信託以外の特定株式投資信託 (ETF) の収益の分配の額を除きます)、不動産投資信託の収益の分配の額、オープン投資信託の特別分配金の額、外国法人・特定目的会社・投資法人から受ける配当等の額、匿名組合契約に基づいて受ける利益の分配の額

Advice

左記の (例) 以外に、生命保険の契約者配当金、協同組合等の事業分量配当金等についても益金不算入の対象となりません。

31 欄の金額に、完全子法人株式等 (その配当等の額の計算期間の初日から末日まで継続して他の内国法人との間に完全支配関係があった場合の当該他の内国法人の株式等) に係る配当等の額に該当しないものの額を含めていませんか。

完全子法人株式等に係る配当等の額の計算期間が最長で 1 年であるのに対し、関連法人株式等に係る配当等の額の計算期間は最長で 6 月となります。

【別表八(一)】（その2）

①

受取配当等の益金不算入に関する明細書

事業年度	・・ ・・	法人名	

御注意

1 「28」欄には、貸借対照表に計上されている特別償却準備金及び圧縮記帳に係る積立金の額を含めます。

2 租税特別措置法第67条の6第1項に規定する特定株式投資信託の収益の分配の額がある場合の当該特定株式投資信託については、「非支配目的株式等」の各欄に記載しますが、このとき、「38」欄には「特定株式投信」と記載し、「39」及び「40」の各欄は記載する必要はありません。

当年度実績により負債利子等の額を計算する場合

完全子法人株式等に係る受取配当等の額 (31の計)	1	円
関連法人株式等　受取配当等の額 (34の計)	2	
関連法人株式等　負債利子等の額の計算　当期に支払う負債利子等の額	3	
連結法人に支払う負債利子等の額	4	
国外支配株主等に係る負債の利子等の損金不算入額、関連者等に係る支払利子等の損金不算入額又は恒久的施設に帰せられるべき資本に対応する負債の利子の損金不算入額 (別表十七(一)「35」と別表十七(二の二)「24」のうち多い金額)又は(別表十七(二の二)「29」と別表十七の三(二)「17」のうち多い金額)	5	
超過利子額の損金算入額 (別表十七(二の三)「10」)	6	
計 (3)－(4)－(5)＋(6)	7	
総資産価額 (29の計)	8	
期末関連法人株式等の帳簿価額 (30の計)	9	
受取配当等の額から控除する負債利子等の額 $(7) \times \frac{(9)}{(8)}$	10	
その他株式等に係る受取配当等の額 (37の計)	11	
非支配目的株式等に係る受取配当等の額 (43の計)	12	
受取配当等の益金不算入額 (1)＋((2)－(10))＋(11)×50％＋(12)×(20％又は40％)	13	

基準年度実績により負債利子等の額を計算する場合

完全子法人株式等に係る受取配当等の額 (31の計)	14	円
関連法人株式等　受取配当等の額 (34の計)	15	
関連法人株式等　負債利子等の額の計算　当期に支払う負債利子等の額	16	
国外支配株主等に係る負債の利子等の損金不算入額、関連者等に係る支払利子等の損金不算入額又は恒久的施設に帰せられるべき資本に対応する負債の利子の損金不算入額 (別表十七(一)「35」と別表十七(二の二)「24」のうち多い金額)又は(別表十七(二の二)「29」と別表十七の三(二)「17」のうち多い金額)	17	
超過利子額の損金算入額 (別表十七(二の三)「10」)	18	
計 (16)－(17)＋(18)	19	
平成27年4月1日から平成29年3月31日までの間に開始した各事業年度の負債利子等の額の合計額	20	
同上の各事業年度の関連法人株式等に係る負債利子等の額の合計額	21	
負債利子控除割合 $\frac{(21)}{(20)}$ (小数点以下3位未満切捨て)	22	
受取配当等の額から控除する負債利子等の額 (19)×(22)	23	円
その他株式等に係る受取配当等の額 (37の計)	24	
非支配目的株式等に係る受取配当等の額 (43の計)	25	
受取配当等の益金不算入額 (14)＋((15)－(23))＋(24)×50％＋(25)×(20％又は40％)	26	

当年度実績による場合の総資産価額等の計算

区分	総資産の帳簿価額 27	連結法人に支払う負債利子等の元本の負債の額等 28	総資産価額 (27)－(28) 29	期末関連法人株式等の帳簿価額 30
前期末現在額	円	円	円	円
当期末現在額				
計				

受取配当等の額の明細

完全子法人株式等

法人名	本店の所在地	受取配当等の額の計算期間	受取配当等の額 31
		・・ ・・	円
		・・ ・・	
計			

関連法人株式等

法人名	本店の所在地	受取配当等の額の計算期間	保有割合	受取配当等の額 32	左のうち益金の額に算入される金額 33	益金不算入の対象となる金額 (32)－(33) 34
		・・ ・・		円	円	円
		・・ ・・				
計						

その他株式等

法人名	本店の所在地	受取配当等の額 35	左のうち益金の額に算入される金額 36	益金不算入の対象となる金額 (35)－(36) 37
		円	円	円
計				

非支配目的株式等

法人名又は銘柄	本店の所在地 38	基準日 39	保有割合 40	受取配当等の額 41	左のうち益金の額に算入される金額 42	益金不算入の対象となる金額 (41)－(42) 43
		・・		円	円	円
		・・				
計						

別表八(一)　平三十一・四・一以後終了事業年度分

Check

32 欄の金額に、関連法人株式等(その保有割合が 3 分の 1 超の他の内国法人の株式等を当該他の内国法人から受ける配当等の額の計算期間の初日から末日まで引き続き有している場合の当該株式等)に係る配当等の額に該当しないものの額を含めていませんか。

35 欄の金額に、その他株式等(完全子法人株式等、関連法人株式等及び非支配目的株式等のいずれにも該当しない株式等)に係る配当等の額に該当しないものの額を含めていませんか。

41 欄の金額に、非支配目的株式等(その保有割合が 5%以下の他の内国法人の株式等を当該他の内国法人から受ける配当等の額の支払いに係る基準日において有する場合の当該株式等)に係る配当等の額に該当しないものの額を含めていませんか。

なお、外国株価指数連動型特定株式投資信託以外の特定株式投資信託(ETF)の収益の分配の額は、非支配目的株式等として益金不算入の対象となります。

Advice

平成 27 年度税制改正により、株式等の区分及び益金不算入割合が次のとおりとされています。

① 完全子法人株式等(株式等保有割合 100%)…益金不算入割合 100 ／ 100

② 関連法人株式等(株式等保有割合 1 ／ 3 超)…益金不算入割合 100 ／ 100

③ その他株式等(株式等保有割合 5%超 1 ／ 3 以下)…益金不算入割合 50 ／ 100

④ 非支配目的株式等(株式等保有割合 5%以下)…益金不算入割合 20 ／ 100(保険業を行う法人(青色申告書を提出するものに限ります)については、④の益金不算入割合が 40 ／ 100 となります)

なお、②の関連法人株式等については、その配当等の額から当該株式等に係る負債利子等の額を控除した金額が益金不算入となります。

【別表十(五)】（その１）

① 収用換地等及び特定事業の用地買収等の場合の所得の特別控除等に関する明細書

事業年度	・　・ ・　・	法人名	

別表十(五)　平三十一・四・一以後終了事業年度分

Ⅰ　収用換地等の場合の所得の特別控除に関する明細書

譲渡資産の明細	公共事業者の名称	1			譲渡資産の帳簿価額	12	円
	公共事業者から買取り等の申出を受けた年月日	2	・　・		同上のうち補償金等の額に対応する部分の帳簿価額	13	
	収用換地等による譲渡年月日	3	・　・	譲渡経費の額の計算	支出した譲渡経費の額	14	
	譲渡資産の種類	4			譲渡経費に充てるため交付を受けた金額	15	
取得した補償金等の額の計算	対価補償金及び清算金の額	5	円		差引譲渡経費の額 (14) − (15)	16	
同上以外の補償金の額	収益補償金のうち対価補償金に相当する部分の額	6			同上のうち補償金等の額に係る譲渡経費の額	17	
	経費補償金のうち対価補償金に相当する部分の額	7			譲渡益の額 (9) + (10) − (11) − ((12) 又は (13)) − ((16) 又は (17))	18	
	移転補償金のうち対価補償金に相当する部分の額	8			当期前において設けた特別勘定の金額で、当期において益金の額に算入して特別控除の規定の適用を受ける金額	19	
	取得した補償金等の額 (5) + (6) + (7) + (8)	9		特別控除額の計算	当該譲渡の日の属する年において譲渡した他の資産につき、5,000万円、2,000万円、1,500万円及び800万円特別控除の規定並びに1,000万円特別控除の規定の適用を受けた金額	20	
特別控除に係る交換取得資産の価額		10			特別控除残額 5,000万円 − (20)	21	
同上の交換取得資産につき支払った交換差金の額		11			特別控除額 (((18) 又は (19)) と (21) のうち少ない金額)	22	

Ⅱ　特定事業の用地買収等の場合の所得の特別控除等に関する明細書

事業施行者等の名称		23		特定住宅地造成事業等のために土地等を譲渡した場合の特別控除額の計算	当該譲渡の日の属する年において譲渡した他の資産につき、1,500万円特別控除の規定の適用を受けた金額	38	円
特定事業の用地買収等により譲渡した年月日		24	(　・　・　) ・　・		1,500万円 − (38)	39	
取得した対価の額		25	円		当該譲渡の日の属する年において譲渡した他の資産につき、5,000万円、2,000万円、1,500万円及び800万円特別控除の規定並びに1,000万円特別控除の規定の適用を受けた金額	40	
交換取得資産の価額		26			特別控除残額 5,000万円 − (40)	41	
交換取得資産につき支払った交換差金の額		27			特別控除額 ((32)、(39) と (41) のうち少ない金額)	42	
特定事業の用地買収等により譲渡した部分の帳簿価額		28		農地保有の合理化のために農地等を譲渡した場合の特別控除額の計算	当該譲渡の日の属する年において譲渡した他の資産につき、800万円特別控除の規定の適用を受けた金額	43	
譲渡経費の額の計算	支出した譲渡経費の額	29			800万円 − (43)	44	
	譲渡経費に充てるため交付を受けた金額	30			当該譲渡の日の属する年において譲渡した他の資産につき、5,000万円、2,000万円、1,500万円及び800万円特別控除の規定並びに1,000万円特別控除の規定の適用を受けた金額	45	
	差引譲渡経費の額 (29) − (30)	31			特別控除残額 5,000万円 − (45)	46	
譲渡益の額 (25) + (26) − (27) − (28) − (31)		32			特別控除額 ((32)、(44) と (46) のうち少ない金額)	47	
特定土地区画整理事業等のために土地等を譲渡した場合の特別控除額の計算	当該譲渡の日の属する年において譲渡した他の資産につき、2,000万円特別控除の規定の適用を受けた金額	33		特定の長期所有土地等を譲渡した場合の特別控除額の計算	当該譲渡の日の属する年において譲渡した他の資産につき、1,000万円特別控除の規定の適用を受けた金額	48	
	2,000万円 − (33)	34			1,000万円 − (48)	49	
	当該譲渡の日の属する年において譲渡した他の資産につき、5,000万円、2,000万円、1,500万円及び800万円特別控除の規定並びに1,000万円特別控除の規定の適用を受けた金額	35			当該譲渡の日の属する年において譲渡した他の資産につき、5,000万円、2,000万円、1,500万円及び800万円特別控除の規定並びに1,000万円特別控除の規定の適用を受けた金額	50	
	特別控除残額 5,000万円 − (35)	36			特別控除残額 5,000万円 − (50)	51	
	特別控除額 ((32)、(34) と (36) のうち少ない金額)	37			特別控除額 ((32)、(49) と (51) のうち少ない金額)	52	

Check

別表十(五)の3欄は、2欄に記載した日以後6月以内の日付となっていますか。

Advice

公共事業者から最初に買取り等の申出を受けた日から6月以内(土地収用法第46条の2第1項の規定等により補償金の支払請求をした場合等については、別途期間が設けられています)に譲渡されなかった資産については、代替資産についての圧縮記帳の適用を受けることができますが、所得の特別控除の適用を受けることはできません。

また、次の資産についても、同様に代替資産についての圧縮記帳の適用を受けることができますが、所得の特別控除の適用を受けることはできません。

① 一の収用換地等に係る事業につき、収用換地等による資産の譲渡が2年以上にわたって分割して行われた場合における最初に譲渡があった年において譲渡された資産以外の資産

② 最初に買取り等の申出を受けた者以外の法人(一定の場合を除きます)から譲渡された資産

【別表十(五)】(その2)

① 収用換地等及び特定事業の用地買収等の場合の所得の特別控除等に関する明細書

事業年度	・・ ・・	法人名	

別表十(五)　平三十一・四・一以後終了事業年度分

Ⅰ　収用換地等の場合の所得の特別控除に関する明細書

区分	項目	番号	金額等	区分	項目	番号	金額
譲渡資産の明細	公共事業者の名称	1			譲渡資産の帳簿価額	12	円
	公共事業者から買取り等の申出を受けた年月日	2	・・		同上のうち補償金等の額に対応する部分の帳簿価額	13	
	収用換地等による譲渡年月日	3	・・	譲渡経費の額の計算	支出した譲渡経費の額	14	
	譲渡資産の種類	4			譲渡経費に充てるため交付を受けた金額	15	
取得した補償金等の額の計算	対価補償金及び清算金の額	5	円		差引譲渡経費の額 (14)－(15)	16	
同上以外の補償金の額	収益補償金のうち対価補償金に相当する部分の額	6			同上のうち補償金等の額に係る譲渡経費の額	17	
	経費補償金のうち対価補償金に相当する部分の額	7			譲渡益の額 (9)＋(10)－(11)－((12)又は(13))－((16)又は(17))	18	
	移転補償金のうち対価補償金に相当する部分の額	8			当期前において設けた特別勘定の金額で、当期において益金の額に算入して特別控除の規定の適用を受ける金額	19	
	取得した補償金等の額 (5)＋(6)＋(7)＋(8)	9		特別控除額の計算	当該譲渡の日の属する年において譲渡した他の資産につき、5,000万円、2,000万円、1,500万円及び800万円特別控除の規定並びに1,000万円特別控除の規定の適用を受けた金額	20	
特別控除に係る交換取得資産の価額		10			特別控除残額 5,000万円－(20)	21	
同上の交換取得資産につき支払った交換差金の額		11			特別控除額 (((18)又は(19))と(21)のうち少ない金額)	22	

Ⅱ　特定事業の用地買収等の場合の所得の特別控除等に関する明細書

区分	項目	番号	金額等	区分	項目	番号	金額
事業施行者等の名称		23		特定住宅地造成事業等のために土地等を譲渡した場合の特別控除額の計算	当該譲渡の日の属する年において譲渡した他の資産につき、1,500万円特別控除の規定の適用を受けた金額	38	円
特定事業の用地買収等により譲渡した年月日		24	(・・) ・・		1,500万円－(38)	39	
取得した対価の額		25	円		当該譲渡の日の属する年において譲渡した他の資産につき、5,000万円、2,000万円、1,500万円及び800万円特別控除の規定並びに1,000万円特別控除の規定の適用を受けた金額	40	
交換取得資産の価額		26			特別控除残額 5,000万円－(40)	41	
交換取得資産につき支払った交換差金の額		27			特別控除額 ((32)、(39)と(41)のうち少ない金額)	42	
特定事業の用地買収等により譲渡した部分の帳簿価額		28		農地保有の合理化のために農地等を譲渡した場合の特別控除額の計算	当該譲渡の日の属する年において譲渡した他の資産につき、800万円特別控除の規定の適用を受けた金額	43	
譲渡経費の額の計算	支出した譲渡経費の額	29			800万円－(43)	44	
	譲渡経費に充てるため交付を受けた金額	30			当該譲渡の日の属する年において譲渡した他の資産につき、5,000万円、2,000万円、1,500万円及び800万円特別控除の規定並びに1,000万円特別控除の規定の適用を受けた金額	45	
	差引譲渡経費の額 (29)－(30)	31			特別控除残額 5,000万円－(45)	46	
譲渡益の額 (25)＋(26)－(27)－(28)－(31)		32			特別控除額 ((32)、(44)と(46)のうち少ない金額)	47	
特定土地区画整理事業等のために土地等を譲渡した場合の特別控除額の計算	当該譲渡の日の属する年において譲渡した他の資産につき、2,000万円特別控除の規定の適用を受けた金額	33		特定の長期所有土地等を譲渡した場合の特別控除額の計算	当該譲渡の日の属する年において譲渡した他の資産につき、1,000万円特別控除の規定の適用を受けた金額	48	
	2,000万円－(33)	34			1,000万円－(48)	49	
	当該譲渡の日の属する年において譲渡した他の資産につき、5,000万円、2,000万円、1,500万円及び800万円特別控除の規定並びに1,000万円特別控除の規定の適用を受けた金額	35			当該譲渡の日の属する年において譲渡した他の資産につき、5,000万円、2,000万円、1,500万円及び800万円特別控除の規定並びに1,000万円特別控除の規定の適用を受けた金額	50	
	特別控除残額 5,000万円－(35)	36			特別控除残額 5,000万円－(50)	51	
	特別控除額 ((32)、(34)と(36)のうち少ない金額)	37			特別控除額 ((32)、(49)と(51)のうち少ない金額)	52	

Check

建物を取り壊して土地を譲渡している場合、別表十(五)の 14 欄または別表十三(四)の 12 欄の金額にその建物の帳簿価額、取壊費用の額等を含めていますか。

Advice

建物を取り壊して土地を譲渡している場合の建物の帳簿価額等は譲渡経費に該当することから、これらを含めていなかった場合には、所得の特別控除額や圧縮限度額の計算に誤りが生じることがあります(建物の廃材等の売却代金は、譲渡経費から控除することとなります)。

なお、この場合の建物の帳簿価額は、会計上の帳簿価額ではなく、税務上の帳簿価額となります。

Check

同一事業年度内の同一の年に属する期間において、所得の特別控除と圧縮記帳(特別勘定を設けた場合を含みます)を重複適用していませんか。

Advice

同一事業年度内の同一の暦年に属する期間に収用換地等があった場合において、所得の特別控除と圧縮記帳との重複適用を行うことはできませんが、同一事業年度内の異なる暦年において収用換地等があった場合には、それぞれの暦年ごとに所得の特別控除と圧縮記帳との選択適用ができます。

Check

収用に係る所得の特別控除制度の適用を受ける場合、同一暦年での特別控除額の合計額が 5,000 万円を超えていませんか(別表十(五)の 20 欄～22 欄)。

Advice

同一暦年での所得の特別控除額の限度額は 5,000 万円となりますが、同一事業年度内の異なる暦年において収用換地等があった場合には、それぞれの暦年ごとに 5,000 万円を限度とすることができるため、その事業年度における所得の特別控除額が 5,000 万円を超えることもあります。

【別表十三(四)】

①　収用換地等に伴い取得した資産の圧縮額等の損金算入に関する明細書

事業年度又は連結事業年度	・・ ・・	法人名	(　　　)

譲渡資産の明細	公共事業者の名称	1	
	収用換地等による譲渡年月日	2	・　・
	譲渡資産の種類	3	
	譲渡資産の収用換地等のあった部分の帳簿価額	4	円
取得した補償金等の額の計算	対価補償金及び清算金の額	5	
同上以外の補償金の額	収益補償金のうち対価補償金に相当する部分の額	6	
	経費補償金のうち対価補償金に相当する部分の額	7	
	移転補償金のうち対価補償金に相当する部分の額	8	
	取得した補償金等の額 (5)＋(6)＋(7)＋(8)	9	
保留地の対価の額		10	
交換取得資産の価額		11	
譲渡経費の額の計算	支出した譲渡経費の額	12	
	譲渡経費に充てるため交付を受けた金額	13	
	差引譲渡経費の額 (12)－(13)	14	
	補償金等又は保留地の対価に係る譲渡経費の額 $(14)\times\frac{(9)+(10)}{(9)+(10)+(11)}$	15	
	交換取得資産に係る譲渡経費の額 (14)－(15)	16	
帳簿価額の計算	補償金等の額又は保留地の対価の額に対応する帳簿価額 $(4)\times\frac{(9)+(10)}{(9)+(10)+(11)}$	17	
	交換取得資産の価額に対応する帳簿価額 (4)－(17)	18	
差益割合の計算	取得した補償金等の額 (9)	19	
	同上に係る譲渡経費の額 $(14)\times\frac{(9)}{(9)+(10)+(11)}$	20	
	差引補償金等の額 (19)－(20)	21	
	補償金等の額に対応する帳簿価額 $(4)\times\frac{(9)}{(9)+(10)+(11)}$	22	
	差益割合 $\frac{(21)-(22)}{(21)}$	23	

代替資産について帳簿価額の減額等をした場合		取得した代替資産の種類	24	
		代替資産の帳簿価額を減額し、又は積立金として積み立てた金額	25	円
	圧縮限度額の計算	代替資産の取得のため(21)又は(21)のうち特別勘定残額に対応するものから支出した金額	26	
		圧縮限度額 (26)×(23)	27	
		圧縮限度超過額 (25)－(27)	28	
特別勘定を設けた場合		特別勘定に経理した金額	29	
	繰入限度額の計算	特別勘定の対象となり得る金額 (21)－(26)	30	
		繰入限度額 (30)×(23)	31	
		繰入限度超過額 (29)－(31)	32	
	翌期繰越額の計算	当初の特別勘定の金額 (29)－(32)	33	
		同上のうち前期末までに益金の額に算入された金額	34	
		当期中に益金の額に算入すべき金額	35	
		期末特別勘定残額 (33)－(34)－(35)	36	
交換取得資産について帳簿価額を減額した場合		交換取得資産の種類	37	
		交換取得資産の帳簿価額を減額した金額	38	円
	圧縮限度額の計算	交換取得資産の価額 (11)	39	
	交換取得資産の帳簿価額	交換取得資産の価額に対応する帳簿価額 ((4)又は(18))	40	
		交換取得資産につき支払った交換差金の額	41	
		交換取得資産に係る譲渡経費の額 ((14)又は(16))	42	
		計 (40)＋(41)＋(42)	43	
		圧縮限度額 (39)－(43)	44	
		圧縮限度超過額 (38)－(44)	45	

別表十三(四)　平三十一・四・一以後終了事業年度又は連結事業年度分

Check

建物を取り壊して土地を譲渡している場合、別表十(五)の14欄または別表十三(四)の12欄の金額にその建物の帳簿価額、取壊費用の額等を含めていますか。

Advice

建物を取り壊して土地を譲渡している場合の建物の帳簿価額等は譲渡経費に該当することから、これらを含めていなかった場合には、所得の特別控除額や圧縮限度額の計算に誤りが生じることがあります(建物の廃材等の売却代金は、譲渡経費から控除することとなります)。

なお、この場合の建物の帳簿価額は、会計上の帳簿価額ではなく、税務上の帳簿価額となります。

同一事業年度内の同一の年に属する期間において、所得の特別控除と圧縮記帳(特別勘定を設けた場合を含みます)を重複適用していませんか。

同一事業年度内の同一の暦年に属する期間に収用換地等があった場合において、所得の特別控除と圧縮記帳との重複適用を行うことはできませんが、同一事業年度内の異なる暦年において収用換地等があった場合には、それぞれの暦年ごとに所得の特別控除と圧縮記帳との選択適用ができます。

【別表十三(五)】(その1)

① 特定の資産の買換えにより取得した資産の圧縮額等の損金算入に関する明細書　(　　号該当)

事業年度又は連結事業年度	. . / . .	法人名	(　　)

別表十三㈤　平三十一・四・一以後終了事業年度又は連結事業年度分

譲渡資産の明細	譲渡した資産の種類	1					譲渡の日を含む事業年度又は連結事業年度
	同上の資産の取得年月日	2	. .	. .	. .	. .	. . / . .
	譲渡した資産の所在地	3					計
	譲渡した土地等の面積	4	平方メートル	平方メートル	平方メートル	平方メートル	平方メートル
	譲渡年月日	5	. .	. .	. .	. .	
	対価の額	6	円	円	円	円	円
	譲渡直前の帳簿価額　帳簿価額	7					
	譲渡直前の帳簿価額　譲渡に要した経費の額	8					
	譲渡直前の帳簿価額　計 (7)＋(8)	9					
差益割合		10					
取得資産の明細	取得した買換資産の種類	11					
	取得した買換資産の所在地	12					
	取得年月日	13	. .	. .	. .	. .	
	買換資産の取得価額	14	円	円	円	円	円
	事業の用に供した又は供する見込みの年月日	15	. .	. .	. .	. .	
	買換資産が土地等である場合　買換資産が土地等であり敷地の用に供される場合の建物、構築物等の事業供用予定年月日	16	. .	. .	. .	. .	
	買換資産が土地等である場合　(16)の建物、構築物等を実際に事業の用に供した年月日	17	. .	. .	. .	. .	
	買換資産が土地等である場合　取得した土地等の面積	18	平方メートル	平方メートル	平方メートル	平方メートル	平方メートル
	買換資産が土地等である場合　同上のうち買換えの特例の対象とならない面積	19					
	買換資産が土地等である場合　取得価額 $(14)\times\frac{(18)-(19)}{(18)}$	20	円	円		円	円
帳簿価額の減額等をした場合	買換資産の帳簿価額を減額し、又は積立金として積み立てた金額	21					
	圧縮限度額の計算　買換資産の取得のため(6の計)又は(6の計)のうち特別勘定残額に対応するものから支出した金額	22					
	圧縮限度額の計算　圧縮基礎取得価額 ((14)又は(20)と(22)のうち少ない金額)	23					
	圧縮限度額の計算　前期末以前に取得した買換資産の場合　前期末の取得価額	24					
	圧縮限度額の計算　前期末以前に取得した買換資産の場合　前期末の帳簿価額	25					
	圧縮限度額の計算　前期末以前に取得した買換資産の場合　圧縮基礎取得価額 $(23)\times\frac{(25)}{(24)}$	26					
	圧縮限度額の計算　圧縮限度額 $((23)又は(26))\times(10)\times\frac{80、70又は75}{100}$	27					
	圧縮限度超過額 (21)－(27)	28					

区分	項目	番号		区分	項目	番号	
対価の額の残額の計算	対価の額の合計額 (6の計)	29	円	特別勘定を設けた場合	特別勘定に経理した金額	36	円
	同上のうち譲渡の日の属する事業年度又は連結事業年度において使用した額	30			繰入限度額の計算　(31)のうち買換資産の取得に充てようとする金額	37	
	特別勘定の対象となり得る金額 (29)－(30)	31			繰入限度額の計算　繰入限度額 $(37)\times(10)\times\frac{80、70又は75}{100}$	38	
	翌期繰越額の計算　特別勘定の金額の計算の基礎となった買換資産の取得に充てようとする金額 $((36)と(38)のうち少ない金額)\div\frac{80、70又は75}{100}\div(10)$	32			繰入限度超過額 (36)－(38)	39	
	翌期繰越額の計算　同上のうち前期末までに買換資産の取得に充てた金額	33			翌期繰越額の計算　当初の特別勘定の金額 (36)－(39)	40	
	翌期繰越額の計算　当期中において買換資産の取得に充てた金額	34			翌期繰越額の計算　同上のうち前期末までに益金の額に算入された金額	41	
	翌期繰越額の計算　翌期へ繰り越す対価の額の合計額 (32)－(33)－(34)	35			翌期繰越額の計算　当期中に益金の額に算入すべき金額	42	
					翌期繰越額の計算　期末特別勘定残額 (40)－(41)－(42)	43	

その他参考となる事項

Check

適用を受けようとする譲渡資産及び買換資産は、措法第65条の7第1項各号の要件を満たしていますか。

Advice

税制改正により、対象となる譲渡資産等の見直しが行われることが多いため、適用を受けようとする譲渡資産等が法令に適合しているか確認する必要があります。

Check

建物を取り壊して土地を譲渡している場合、8欄の金額にその建物の帳簿価額、取壊費用の額等を含めていますか。

Advice

建物を取り壊して土地を譲渡している場合の建物の帳簿価額等は譲渡経費に該当することから、これらを含めていなかった場合には、圧縮限度額の計算に誤りが生じることがあります（建物の廃材等の売却代金は、譲渡経費から控除することとなります）。

なお、この場合の建物の帳簿価額は、会計上の帳簿価額ではなく、税務上の帳簿価額となります。

Check

買換資産が措法第65条の7第1項第七号下欄の土地等である場合、その面積は300㎡以上となっていますか（特定施設の敷地または駐車場の用に供されるもののみが対象となります）。

Advice

面積要件を満たさない場合には、特定資産の買換えの特例の適用を受けることはできません。

なお、特定施設の敷地または駐車場の用に供されるものであるかの判定は、買換資産である土地等を取得した時において、現に特定施設の敷地等の用に供されているか、または供されることが確実であると認められるかによって行うこととなります。

【別表十三(五)】（その2）

①　特定の資産の買換えにより取得した資産の圧縮額等の損金算入に関する明細書　（　　号該当）

事業年度又は連結事業年度　・・／・・　法人名（　　）

別表十三(五)　平三十一・四・一以後終了事業年度又は連結事業年度分

譲渡資産の明細	譲渡した資産の種類	1					譲渡の日を含む事業年度又は連結事業年度
	同上の資産の取得年月日	2	・・	・・	・・	・・	・・
	譲渡した資産の所在地	3					計
	譲渡した土地等の面積	4	平方メートル	平方メートル	平方メートル	平方メートル	平方メートル
	譲渡年月日	5	・・	・・	・・	・・	
	対価の額	6	円	円	円	円	円
	譲渡直前の帳簿価額　帳簿価額	7					
	譲渡直前の帳簿価額　譲渡に要した経費の額	8					
	譲渡直前の帳簿価額　計 (7)＋(8)	9					
差益割合		10					
取得資産の明細	取得した買換資産の種類	11					
	取得した買換資産の所在地	12					
	取得年月日	13	・・	・・	・・	・・	
	買換資産の取得価額	14	円	円	円	円	円
	事業の用に供した又は供する見込みの年月日	15	・・	・・	・・	・・	
	買換資産が土地等である場合の取得価額等　買換資産が土地等であり敷地の用に供される場合の建物、構築物等の事業供用予定年月日	16	・・	・・	・・	・・	
	(16)の建物、構築物等を実際に事業の用に供した年月日	17	・・	・・	・・	・・	
	取得した土地等の面積	18	平方メートル	平方メートル	平方メートル	平方メートル	平方メートル
	同上のうち買換えの特例の対象とならない面積	19					
	取得価額 (14)×((18)−(19))/(18)	20	円	円	円	円	円
帳簿価額の減額等をした場合	買換資産の帳簿価額を減額し、又は積立金として積み立てた金額	21					
	圧縮限度額の計算　買換資産の取得のため(6の計)又は(6の計)のうち特別勘定残額に対応するものから支出した金額	22					
	圧縮基礎取得価額 ((14)又は(20)と(22)のうち少ない金額)	23					
	買換資産が前期以前に取得されたものである場合の圧縮基礎取得価額　前期末の取得価額	24					
	前期末の帳簿価額	25					
	圧縮基礎取得価額 (23)×(25)/(24)	26					
	圧縮限度額 ((23)又は(26))×(10)×(80、70又は75)/100	27					
	圧縮限度超過額 (21)−(27)	28					

対価の額の残額の計算	対価の額の合計額 (6の計)	29	円	特別勘定を設けた場合	特別勘定に経理した金額	36	円
	同上のうち譲渡の日の属する事業年度又は連結事業年度において使用した額	30			繰入限度額の計算　(31)のうち買換資産の取得に充てようとする金額	37	
	特別勘定の対象となり得る金額 (29)−(30)	31			繰入限度額 (37)×(10)×(80、70又は75)/100	38	
	翌期繰越額の計算　特別勘定の金額の計算の基礎となった買換資産の取得に充てようとする金額 ((36)と(38)のうち少ない金額)÷(80、70又は75)/100÷(10)	32			繰入限度超過額 (36)−(38)	39	
	同上のうち前期末までに買換資産の取得に充てた金額	33			翌期繰越額の計算　当初の特別勘定の金額 (36)−(39)	40	
	当期中において買換資産の取得に充てた金額	34			同上のうち前期末までに益金の額に算入された金額	41	
	翌期へ繰り越す対価の額の合計額 (32)−(33)−(34)	35			当期中に益金の額に算入すべき金額	42	
					期末特別勘定残額 (40)−(41)−(42)	43	

その他参考となる事項

Check

買換資産が土地等の場合、19欄には18欄のうち4欄の5倍(平成29年4月1日前に行った譲渡に係る資産が旧措法第65条の7第1項第二号上欄に掲げる譲渡資産である場合は10倍)を超える部分の面積を記載していますか。

また、その明細を別紙に記載して添付していますか。

Advice

取得した土地等のうち、譲渡資産である土地等の面積の5倍(平成29年4月1日前に行った譲渡に係る資産が特定の農地である場合は10倍)を超える部分については、買換資産とすることはできません。

27欄の金額を算出する際に乗じた割合を0.8としていますか(平成27年8月10日以後に行った地域再生法第5条第4項第五号イに規定する「集中地域」以外の地域から「集中地域」等への買換えについては、買換資産が東京23区内にある場合の割合は0.7、それ以外の場合の割合は0.75となります。また、震災特例法第19条から第21条までの適用を受ける場合の割合は1.0となります)。

圧縮限度額の計算は、圧縮基礎取得価額に差益割合及び一定の縮減率を乗じて計算することとされ、圧縮基礎取得価額は、買換資産の取得価額と譲渡に係る対価のうち買換資産の取得に充てられた額とのいずれか少ない金額とされています。

また、同一事業年度において、買換資産が2以上ある場合の譲渡対価の額は、これらの資産のうち一の買換資産の取得価額に達するまでその取得に充てられたものとし、次に、その残額について、他の買換資産の取得価額に達するまで順次充てられたものとして計算することとなります。

【別表十四(二)】

③ 寄附金の損金算入に関する明細書

事業年度	・・ ・・	法人名	

別表十四(二)　平三十一・四・一以後終了事業年度分

公益法人等以外の法人の場合

一般寄附金の損金算入限度額の計算	支出した寄附金の額	指定寄附金等の金額 (41の計)	1	円
		特定公益増進法人等に対する寄附金額 (42の計)	2	
		その他の寄附金額	3	
		計 (1)＋(2)＋(3)	4	
		完全支配関係がある法人に対する寄附金額	5	
		計 (4)＋(5)	6	
	所得金額仮計 (別表四「25の①」+「26の①」)		7	
	寄附金支出前所得金額 (6)＋(7) (マイナスの場合は0)		8	
	同上の $\frac{2.5又は1.25}{100}$ 相当額		9	
	期末の資本金等の額 (別表五(一)「36の④」) (マイナスの場合は0)		10	
	同上の月数換算額 (10)×$\frac{}{12}$		11	
	同上の $\frac{2.5}{1,000}$ 相当額		12	
	一般寄附金の損金算入限度額 ((9)＋(12))×$\frac{1}{4}$		13	
特定公益増進法人等に対する寄附金の特別損金算入限度額の計算	寄附金支出前所得金額の $\frac{6.25}{100}$ 相当額 (8)×$\frac{6.25}{100}$		14	
	期末の資本金等の額の月数換算額の $\frac{3.75}{1,000}$ 相当額 (11)×$\frac{3.75}{1,000}$		15	
	特定公益増進法人等に対する寄附金の特別損金算入限度額 ((14)＋(15))×$\frac{1}{2}$		16	
特定公益増進法人等に対する寄附金の損金算入額 ((2)と((14)又は(16))のうち少ない金額)			17	
指定寄附金等の金額 (1)			18	
国外関連者に対する寄附金額及び本店等に対する内部寄附金額			19	
(4)の寄附金額のうち同上の寄附金以外の寄附金額 (4)－(19)			20	
損金不算入額	同上のうち損金の額に算入されない金額 (20)－((9)又は(13))－(17)－(18)		21	
	国外関連者に対する寄附金額及び本店等に対する内部寄附金額 (19)		22	
	完全支配関係がある法人に対する寄附金額 (5)		23	
	計 (21)＋(22)＋(23)		24	

公益法人等の場合

損金算入限度額の計算	支出した寄附金の額	長期給付事業への繰入利子額	25	円
		同上以外のみなし寄附金額	26	
		その他の寄附金額	27	
		計 (25)＋(26)＋(27)	28	
	所得金額仮計 (別表四「26の①」)		29	
	寄附金支出前所得金額 (28)＋(29) (マイナスの場合は0)		30	
	同上の $\frac{20又は50}{100}$ 相当額 ($\frac{50}{100}$相当額が年200万円に満たない場合(当該法人が公益社団法人又は公益財団法人である場合を除く。)は、年200万円)		31	
	公益社団法人又は公益財団法人の公益法人特別限度額 (別表十四(二)付表「3」)		32	
	長期給付事業を行う共済組合等の損金算入限度額 ((25)と融資額の年5.5%相当額のうち少ない金額)		33	
	損金算入限度額 (31)、((31)と(32)のうち多い金額)又は((31)と(33)のうち多い金額)		34	
指定寄附金等の金額 (41の計)			35	
国外関連者に対する寄附金額及び完全支配関係がある法人に対する寄附金額			36	
(28)の寄附金額のうち同上の寄附金以外の寄附金額 (28)－(36)			37	
損金不算入額	同上のうち損金の額に算入されない金額 (37)－(34)－(35)		38	
	国外関連者に対する寄附金額及び完全支配関係がある法人に対する寄附金額 (36)		39	
	計 (38)＋(39)		40	

指定寄附金等に関する明細

寄附した日	寄附先	告示番号	寄附金の使途	寄附金額 41
				円
計				

特定公益増進法人若しくは認定特定非営利活動法人等に対する寄附金又は認定特定公益信託に対する支出金の明細

寄附した日又は支出した日	寄附先又は受託者	所在地	寄附金の使途又は認定特定公益信託の名称	寄附金額又は支出金額 42
				円
計				

その他の寄附金のうち特定公益信託(認定特定公益信託を除く。)に対する支出金の明細

支出した日	受託者	所在地	特定公益信託の名称	支出金額
				円

Check

10 欄の金額は、別表五(一)の 36 ④欄の金額(マイナスの場合は 0)を記載していますか。

Advice

寄附金の損金算入限度額の計算の基礎とされる期末の資本金等の額は、税務上の金額によることとなります。

【別表十五】

①

交際費等の損金算入に関する明細書

事業年度	・・ ・・	法人名	

別表十五　平三十一・四・一以後終了事業年度分

支出交際費等の額 （8の計）	1	円	損金算入限度額 (2)又は(3)	4	円
支出接待飲食費損金算入基準額 （9の計）× $\frac{50}{100}$	2				
中小法人等の定額控除限度額 （(1)の金額又は800万円× $\frac{}{12}$ 相当額のうち少ない金額）	3		損金不算入額 (1)－(4)	5	

支出交際費等の額の明細

科目	支出額	交際費等の額から控除される費用の額	差引交際費等の額	(8)のうち接待飲食費の額
	6	7	8	9
交際費	円	円	円	円
計				

御注意

1 「3」欄には、次の区分に応じ、それぞれ次の金額を記載します。
(1) 法人（投資法人及び特定目的会社を除きます。）のうち期末の資本金の額又は出資金の額（資本又は出資を有しない法人等については、租税特別措置法施行令第37条の4各号の規定により計算した金額）が1億円以下のもの（資本金の額又は出資金の額が5億円以上である法人による完全支配関係がある法人など、法人税法第66条第6項第2号又は第3号に掲げる法人に該当するものを除きます。）…「1」の金額又は「八〇〇万円×当期の月数÷12」により計算した金額のうち少ない金額
(2) (1)以外の法人…「0円」

2 「支出交際費等の額の明細」は科目にとらわれず交際費等に該当するものの全てを記載してください。

3 租税特別措置法第61条の4第4項に規定する飲食費について同項第2号の規定を適用する場合には、同法施行規則第21条の18の4に規定する書類を保存する必要がありますので御注意ください。

4 税抜経理方式を適用している法人は、交際費等に係る消費税等の額のうち控除対象外消費税額等に相当する金額を交際費等の額に含めて損金不算入額を計算する必要がありますので、御注意ください。

Check

交際費等の額に係る控除対象外消費税額等を支出交際費等の額に含めていますか。

また、接待飲食費の額に係る控除対象外消費税額等を9欄に含めていますか。

Advice

接待飲食費の額に係る控除対象外消費税額等については、接待飲食費の額に含まれることとなるため、その金額の50%相当額が損金の額に算入されません。

当事業年度終了の日における法人の資本金の額もしくは出資金の額が1億円超である、または法人が一もしくは完全支配関係のある複数の大法人（資本金の額または出資金の額が5億円以上の法人等）に発行済株式等の全部を保有されているにもかかわらず、3欄の計算をしていませんか。

左記に該当するにもかかわらず、中小法人等に係る定額控除制度を適用している場合には、交際費等の損金算入限度額が過大となることがあります。

【別表十六(一)】

① 旧定額法又は定額法による減価償却資産の償却額の計算に関する明細書

事業年度又は連結事業年度	・　・ ・　・	法人名	（　　　　）

別表十六(一)　平三十一・四・一以後終了事業年度又は連結事業年度分

資産区分	種類	1					
	構造	2					
	細目	3					
	取得年月日	4	・　・	・　・	・　・	・　・	・　・
	事業の用に供した年月	5					
	耐用年数	6	年	年	年	年	年
取得価額	取得価額又は製作価額	7	外　円	外　円	外　円	外　円	外　円
	圧縮記帳による積立金計上額	8					
	差引取得価額 (7)－(8)	9					
帳簿価額	償却額計算の対象となる期末現在の帳簿記載金額	10					
	期末現在の積立金の額	11					
	積立金の期中取崩額	12					
	差引帳簿記載金額 (10)－(11)－(12)	13	外△	外△	外△	外△	外△
	損金に計上した当期償却額	14					
	前期から繰り越した償却超過額	15	外	外	外	外	外
	合計 (13)＋(14)＋(15)	16					
当期分の普通償却限度額等	平成19年3月31日以前取得分　残存価額	17					
	平成19年3月31日以前取得分　差引取得価額×5％ $(9)\times\frac{5}{100}$	18					
	(16)＞(18)の場合　旧定額法の償却額計算の基礎となる金額 (9)－(17)	19					
	(16)＞(18)の場合　旧定額法の償却率	20					
	(16)＞(18)の場合　算出償却額 (19)×(20)	21	円	円	円	円	円
	(16)＞(18)の場合　増加償却額 (21)×割増率	22	(　　)	(　　)	(　　)	(　　)	(　　)
	(16)＞(18)の場合　計 ((21)＋(22))又は((16)－(18))	23					
	(16)≦(18)の場合　算出償却額 $((18)-1円)\times\frac{}{60}$	24					
	平成19年4月1日以後取得分　定額法の償却額計算の基礎となる金額 (9)	25					
	平成19年4月1日以後取得分　定額法の償却率	26					
	平成19年4月1日以後取得分　算出償却額 (25)×(26)	27	円	円	円	円	円
	平成19年4月1日以後取得分　増加償却額 (27)×割増率	28	(　　)	(　　)	(　　)	(　　)	(　　)
	平成19年4月1日以後取得分　計 (27)＋(28)	29					
当期分の償却限度額	当期分の普通償却限度額等 (23)、(24)又は(29)	30					
	特別償却又は割増償却による特別償却限度額　租税特別措置法適用条項	31	条　項 (　　)	条　項 (　　)	条　項 (　　)	条　項 (　　)	条　項 (　　)
	特別償却又は割増償却による特別償却限度額　特別償却限度額	32	外　円	外　円	外　円	外　円	外　円
	前期から繰り越した特別償却不足額又は合併等特別償却不足額	33					
	合計 (30)＋(32)＋(33)	34					
当期償却額		35					
差引	償却不足額 (34)－(35)	36					
	償却超過額 (35)－(34)	37					
償却超過額	前期からの繰越額	38	外	外	外	外	外
	当期損金認容額　償却不足によるもの	39					
	当期損金認容額　積立金取崩しによるもの	40					
	差引合計翌期への繰越額 (37)＋(38)－(39)－(40)	41					
特別償却不足額	翌期に繰り越すべき特別償却不足額 (((36)－(39))と((32)＋(33))のうち少ない金額)	42					
	当期において切り捨てる特別償却不足額又は合併等特別償却不足額	43					
	差引翌期への繰越額 (42)－(43)	44					
	翌期への繰越額の内訳　・　・	45					
	翌期への繰越額の内訳　当期分不足額	46					
適格組織再編成により引き継ぐべき合併等特別償却不足額 (((36)－(39))と(32)のうち少ない金額)		47					
備考							

御注意

1　この表には、減価償却資産の耐用年数、種類等及び償却方法の異なるごとにまとめて別行にして、その合計額を記載できますが、(1)当期の中途で事業の用に供した資産又は資本的支出、(2)租税特別措置法又は震災特例法による特別償却の規定の適用を受ける資産については、他の資産と区別して別行にして、記載してください。なお、(1)の資産（(2)の資産に該当するものを除きます。）の「34」欄の金額については、耐用年数、種類等及び償却方法を同じくする他の資産の金額と通算して「36」欄及び「37」欄の金額を記載できます。

2　租税特別措置法又は震災特例法による特別償却の規定の適用を受ける場合には、「特別償却限度額の計算に関する付表」を添付してください。

Check

中小企業者等または特定中小企業者等に該当しない法人であるにもかかわらず、これらに該当しないと適用できない特別償却を適用していませんか。

Advice

資本金の額または出資金の額が１億円以下であっても、大規模法人（資本金の額または出資金の額が１億円を超える法人等）の子会社である等一定の要件に該当する場合には、中小企業者等または特定中小企業者等に該当しないことがあります。

特別償却の適用を受けた資産について、措法による圧縮記帳及び他の特別償却を重複適用していませんか。

特別償却の適用に当たって、法法による圧縮記帳との重複適用をすることはできますが、措法による圧縮記帳及び他の特別償却との重複適用をすることはできません。

なお、法法による圧縮記帳との重複適用をした場合には、圧縮記帳をした後の金額をその取得価額として特別償却を行うこととなります。

特別償却の制度毎に適用すべき基準取得価額割合及び償却率によって計算していますか。

税制改正により、特別償却の基準取得価額割合及び償却率の見直しが行われることが多いため、適用を受けようとする基準取得価額割合等が法令に適合しているか確認する必要があります。

【別表十六(二)】

① 旧定率法又は定率法による減価償却資産の償却額の計算に関する明細書

事業年度又は連結事業年度	・　・ ・　・	法人名	（　　　）

			No.					
資産区分		種類	1					
		構造	2					
		細目	3					
		取得年月日	4	・　・	・　・	・　・	・　・	・　・
		事業の用に供した年月	5					
		耐用年数	6	年	年	年	年	年
取得価額		取得価額又は製作価額	7	外　円	外　円	外　円	外　円	外　円
		圧縮記帳による積立金計上額	8					
		差引取得価額 (7)−(8)	9					
償却額計算の基礎となる額		償却額計算の対象となる期末現在の帳簿記載金額	10					
		期末現在の積立金の額	11					
		積立金の期中取崩額	12					
		差引帳簿記載金額 (10)−(11)−(12)	13	外△	外△	外△	外△	外△
		損金に計上した当期償却額	14					
		前期から繰り越した償却超過額	15	外	外	外	外	外
		合計 (13)＋(14)＋(15)	16					
		前期から繰り越した特別償却不足額又は合併等特別償却不足額	17					
		償却額計算の基礎となる金額 (16)−(17)	18					
当期分の普通償却限度額等	平成19年3月31日以前取得分	差引取得価額×5％ (9)×$\frac{5}{100}$	19					
		(16)＞(19)の場合　旧定率法の償却率	20					
		(16)＞(19)の場合　算出償却額 (18)×(20)	21	円	円	円	円	円
		(16)＞(19)の場合　増加償却額 (21)×割増率	22	（　）	（　）	（　）	（　）	（　）
		(16)＞(19)の場合　計 ((21)＋(22))又は((18)−(19))	23					
		(16)≦(19)の場合　算出償却額 ((19)−1円)×$\frac{}{60}$	24					
	平成19年4月1日以後取得分	定率法の償却率	25					
		調整前償却額 (18)×(25)	26	円	円	円	円	円
		保証率	27					
		償却保証額 (9)×(27)	28	円	円	円	円	円
		(26)＜(28)の場合　改定取得価額	29					
		(26)＜(28)の場合　改定償却率	30					
		(26)＜(28)の場合　改定償却額 (29)×(30)	31	円	円	円	円	円
		増加償却額 ((26)又は(31))×割増率	32	（　）	（　）	（　）	（　）	（　）
		計 ((26)又は(31))＋(32)	33					
当期分の償却限度額		当期分の普通償却限度額等 (23)、(24)又は(33)	34					
	特別償却又は割増償却による特別償却限度額	租税特別措置法適用条項	35	条　項 （　）	条　項 （　）	条　項 （　）	条　項 （　）	条　項 （　）
	特別償却又は割増償却による特別償却限度額	特別償却限度額	36	外　円	外　円	外　円	外　円	外　円
		前期から繰り越した特別償却不足額又は合併等特別償却不足額	37					
		合計 (34)＋(36)＋(37)	38					
当期償却額			39					
差引		償却不足額 (38)−(39)	40					
		償却超過額 (39)−(38)	41					
償却超過額		前期からの繰越額	42	外	外	外	外	外
	当期損金認容額	償却不足によるもの	43					
	当期損金認容額	積立金取崩しによるもの	44					
		差引合計翌期への繰越額 (41)＋(42)−(43)−(44)	45					
特別償却不足額		翌期に繰り越すべき特別償却不足額 (((40)−(43))と((36)＋(37))のうち少ない金額)	46					
		当期において切り捨てる特別償却不足額又は合併等特別償却不足額	47					
		差引翌期への繰越額 (46)−(47)	48					
	翌期への繰越額の内訳	・　・ ・　・	49					
	翌期への繰越額の内訳	当期分不足額	50					
適格組織再編成により引き継ぐべき合併等特別償却不足額 (((40)−(43))と(36)のうち少ない金額)			51					
備考								

別表十六(二)　平三十一・四・一以後終了事業年度又は連結事業年度分

御注意

1　この表には、減価償却資産の耐用年数、種類等及び償却方法の異なるごとにまとめて別行にして、その合計額を記載できますが、(1)平成19年4月1日以後に取得をされた資産で定率法の適用を受けるもの、(2)当期の中途で事業の用に供した資産又は資本的支出、(3)租税特別措置法又は震災特例法による特別償却の規定の適用を受ける資産については、他の資産と区別して別行にして、記載してください。なお、(1)及び(2)の資産（(3)の資産に該当するものを除きます。）の「38」欄の金額については、耐用年数、種類等及び償却方法を同じくする他の資産の金額と通算して「40」欄及び「41」欄の金額を記載できます。

2　租税特別措置法又は震災特例法による特別償却の規定の適用を受ける場合には、「特別償却限度額の計算に関する付表」を添付してください。

Check

平成 28 年 4 月 1 日以後に取得した建物附属設備及び構築物ならびに鉱業用減価償却資産のうち建物、建物附属設備及び構築物の償却方法について、定率法を適用していませんか。

Advice

税制改正により、償却方法及び償却率の見直しが行われることがあるため、償却方法等が法令に適合しているか確認する必要があります。

なお、平成 28 年度税制改正により、平成 28 年 4 月 1 日以後に取得した建物附属設備等については、定率法を適用できないこととされています。

中小企業者等または特定中小企業者等に該当しない法人であるにもかかわらず、これらに該当しないと適用できない特別償却を適用していませんか。

資本金の額または出資金の額が 1 億円以下であっても、大規模法人（資本金の額または出資金の額が 1 億円を超える法人等）の子会社である等一定の要件に該当する場合には、中小企業者等または特定中小企業者等に該当しないことがあります。

特別償却の適用を受けた資産について、措法による圧縮記帳及び他の特別償却を重複適用していませんか。

特別償却の適用に当たって、法法による圧縮記帳との重複適用をすることはできますが、措法による圧縮記帳及び他の特別償却との重複適用をすることはできません。

なお、法法による圧縮記帳との重複適用をした場合には、圧縮記帳をした後の金額をその取得価額として特別償却を行うこととなります。

特別償却の制度毎に適用すべき基準取得価額割合及び償却率によって計算していますか。

税制改正により、特別償却の基準取得価額割合及び償却率の見直しが行われることが多いため、適用を受けようとする基準取得価額割合等が法令に適合しているか確認する必要があります。

【別表十七(三の七)】

添付対象外国関係会社の名称等に関する明細書

事業年度又は連結事業年度	・　・ ・　・	法人名	(　　　)

外国関係会社の名称等	名称	1			
	本店又は主たる事務所の所在 国名又は地域名	2			
	本店又は主たる事務所の所在 所在地	3			
	事業年度	4	・　・ ・　・	・　・ ・　・	・　・ ・　・
	主たる事業	5			
	外国関係会社の区分	6	特定外国関係会社 ・ 対象外国関係会社 ・ 外国金融子会社等以外の部分対象外国関係会社 ・ 外国金融子会社等	特定外国関係会社 ・ 対象外国関係会社 ・ 外国金融子会社等以外の部分対象外国関係会社 ・ 外国金融子会社等	特定外国関係会社 ・ 対象外国関係会社 ・ 外国金融子会社等以外の部分対象外国関係会社 ・ 外国金融子会社等
	資本金の額又は出資金の額	7	(　円)	(　円)	(　円)
	株式等の保有割合	8	%	%	%
	営業収益又は売上高	9	(　円)	(　円)	(　円)
	営業利益	10	(　円)	(　円)	(　円)
	税引前当期利益	11	(　円)	(　円)	(　円)
	利益剰余金	12	(　円)	(　円)	(　円)
	所得に対する租税の負担割合 (別表十七(三の七)付表二「39」又は「40」)	13	%	%	%
	企業集団等所得課税規定の適用を受ける外国関係会社の該当・非該当	14	該当・非該当	該当・非該当	該当・非該当
	添付書類	15	貸借対照表、損益計算書、株主資本等変動計算書、損益金処分表、勘定科目内訳明細書、本店所在地国の法人所得税に関する法令により課される税に関する申告書の写し、企業集団等所得課税規定の適用がないものとした場合に計算される法人所得税の額に関する計算の明細書及びその計算の基礎となる書類	貸借対照表、損益計算書、株主資本等変動計算書、損益金処分表、勘定科目内訳明細書、本店所在地国の法人所得税に関する法令により課される税に関する申告書の写し、企業集団等所得課税規定の適用がないものとした場合に計算される法人所得税の額に関する計算の明細書及びその計算の基礎となる書類	貸借対照表、損益計算書、株主資本等変動計算書、損益金処分表、勘定科目内訳明細書、本店所在地国の法人所得税に関する法令により課される税に関する申告書の写し、企業集団等所得課税規定の適用がないものとした場合に計算される法人所得税の額に関する計算の明細書及びその計算の基礎となる書類
課税対象金額等の状況	適用対象金額、部分適用対象金額又は金融子会社等部分適用対象金額 (別表十七(三の八)「26」、別表十七(三の九)「7」又は別表十七(三の十)「9」)	16			
	請求権等勘案合算割合 (別表十七(三の八)「27」、別表十七(三の九)「8」又は別表十七(三の十)「10」)	17	%	%	%
	課税対象金額、部分課税対象金額若しくは金融子会社等部分課税対象金額又は個別課税対象金額、個別部分課税対象金額若しくは個別金融子会社等部分課税対象金額 (別表十七(三の八)「28」、別表十七(三の九)「9」又は別表十七(三の十)「11」)	18	(　円)	(　円)	(　円)

別表十七(三の七)　平三十一・四・一以後終了事業年度又は連結事業年度分

Check

租税の負担割合が20／100未満である外国関係会社（特定外国関係会社を除きます）または租税の負担割合が30／100未満である特定外国関係会社を有する場合、別表十七（三の七）等を作成していますか（合算課税制度の適用を受けない場合であっても、これらの外国関係会社または特定外国関係会社の財務諸表、申告書等を添付する必要があります）。

別表十七（三の七）等の各欄は、添付した外国関係会社の財務諸表、申告書等の記載内容と一致していますか。

Advice

平成29年度税制改正により、合算課税制度の合算対象とされる外国関係会社は、次のとおりとされています。

① 特定外国関係会社（いわゆる「実体基準」及び「管理支配基準」のいずれにも該当しない外国関係会社、総資産額に対する一定の受動的所得の割合が30／100を超える外国関係会社で総資産額に対する一定の資産の割合が50／100を超えるもの、財務大臣が指定する情報交換に関する国際的な取組みへの協力が著しく不十分な国・地域に本店等を有する外国関係会社）

② 対象外国関係会社（いわゆる「事業基準」、「実体基準」、「管理支配基準」または「非関連者基準」もしくは「所在地国基準」の要件のいずれかを満たさない外国関係会社で①以外のもの）

③ 部分対象外国関係会社（②の要件のすべてを満たす外国関係会社で①以外のもの）

※部分対象外国関係会社のうち、銀行業、金融商品取引業または保険業を行う一定のもの及び外国金融持株会社等を外国金融子会社等といいます。

【別表十七(三の八)】

特定外国関係会社又は対象外国関係会社の適用対象金額等の計算に関する明細書

事業年度又は連結事業年度	・・ ・・	法人名	(　　　)

外国関係会社の名称	1		事業年度		2	・・ ・・
適用対象金額及び課税対象金額等の計算						
所得計算上の適用法令	3	本邦法令・外国法令	減算		16	
当期の利益若しくは欠損の額又は所得金額	4				17	
加算　損金の額に算入した法人所得税の額	5				18	
	6				19	
	7				20	
	8			小計	21	
	9		基準所得金額 (4)＋(11)－(21)		22	
	10		繰越欠損金の当期控除額 ((30)の計)		23	
小計	11		当期中に納付することとなる法人所得税の額		24	
減算　益金の額に算入した法人所得税の還付額	12		当期中に還付を受けることとなる法人所得税の額		25	
子会社から受ける配当等の額	13		適用対象金額 (22)－(23)－(24)＋(25)		26	
特定部分対象外国関係会社株式等の特定譲渡に係る譲渡利益額	14		請求権等勘案合算割合		27	%
控除対象配当等の額	15		課税対象金額又は個別課税対象金額 (26)×(27)		28	(　　円)

欠損金額の内訳

事業年度	控除未済欠損金額	当期控除額	翌期繰越額 (29)－(30)
	29	30	31
・・ ・・			
・・ ・・			
・・ ・・			
・・ ・・			
・・ ・・			
・・ ・・			
・・ ・・			
計			
当期分			
合計			

別表十七(三の八)　平三十一・四・一以後終了事業年度又は連結事業年度分

Check

別表十七(三の八)の 24 欄の金額は、2 欄の事業年度中に確定した法人所得税の額を記載していますか(2 欄の事業年度の所得に対する法人所得税の額を記載していませんか)。

Advice

2 欄の事業年度の所得に対する法人所得税の額を記載した場合には、課税対象金額の計算に誤りが生じることがあります。

別表十七(三の八)の 28 欄の金額の換算レートは、特定外国関係会社または対象外国関係会社の当事業年度終了の日の翌日から 2 月を経過する日における電信売買相場の仲値を適用していますか(自社の同日を含む事業年度終了の日における電信売買相場の仲値を適用している場合、継続適用していますか)。

自社の同日を含む事業年度終了の日における電信売買相場の仲値を継続適用している場合で、2 以上の外国関係会社(特定外国関係会社または対象外国関係会社)を有するときは、そのすべての外国関係会社につき、当該電信売買相場の仲値を適用する必要があります。

【別表十七(三の十一)】

別表十七(三の十一)　平三十一・四・一以後終了事業年度又は連結事業年度分

外国関係会社の課税対象金額等に係る控除対象外国法人税額等の計算に関する明細書	事業年度又は連結事業年度	・・ ・・	法人名	(　　)

		No.				No.	
外国関係会社の名称		1		特定外国関係会社又は対象外国関係会社に係る控除対象外国法人税額の計算	適用対象金額 (別表十七(三の八)「26」)	8	
本店又は主たる事務所の	国名又は地域名	2			子会社から受ける配当等の額 (別表十七(三の八)「13」のうち(6)の外国法人税の課税標準に含まれるもの)	9	
	所在地	3			控除対象配当等の額 (別表十七(三の八)「15」のうち(6)の外国法人税の課税標準に含まれるもの)	10	
事業年度		4	・・ ・・		調整適用対象金額 (8)＋(9)＋(10)	11	
外国法人税	税種目	5			課税対象金額又は個別課税対象金額 (別表十七(三の八)「28」)	12	
	外国法人税額	6			(12)/(11)	13	%
	増額又は減額前の事業年度又は連結事業年度の(6)の金額	7			(6)×(13)	14	

			No.					No.	
外国金融子会社等以外の部分対象外国関係会社に係る控除対象外国法人税額等の計算	特定外国関係会社又は対象外国関係会社に該当するものとした場合の	適用対象金額 (55)	15		外国金融子会社等に係る控除対象外国法人税額等の計算	特定外国関係会社又は対象外国関係会社に該当するものとした場合の	適用対象金額 (55)	24	
		子会社から受ける配当等の額 ((46)のうち(6)の外国法人税の課税標準に含まれるもの)	16				子会社から受ける配当等の額 ((46)のうち(6)の外国法人税の課税標準に含まれるもの)	25	
		控除対象配当等の額 ((47)のうち(6)の外国法人税の課税標準に含まれるもの)	17				控除対象配当等の額 ((47)のうち(6)の外国法人税の課税標準に含まれるもの)	26	
	調整適用対象金額 (15)＋(16)＋(17)		18			調整適用対象金額 (24)＋(25)＋(26)		27	
	部分適用対象金額 (別表十七(三の九)「7」)		19			金融子会社等部分適用対象金額 (別表十七(三の十)「9」)		28	
	部分課税対象金額又は個別部分課税対象金額 (別表十七(三の九)「9」)		20			金融子会社等部分課税対象金額又は個別金融子会社等部分課税対象金額 (別表十七(三の十)「11」)		29	
	(20)≦(18)の場合 (20)/(18)		21	%		(29)≦(27)の場合 (29)/(27)		30	%
	(20)＞(18)の場合 (20)/(19)		22	%		(29)＞(27)の場合 (29)/(28)		31	%
	(6)×((21)又は(22))		23			(6)×((30)又は(31))		32	

		No.	
(12)と(14)のうち少ない金額、(20)と(23)のうち少ない金額又は(29)と(32)のうち少ない金額		33	
外国法人税額が異動した場合	増額又は減額前の事業年度又は連結事業年度の(33)の金額	34	
	(33)≧(34)の場合 (33)－(34)	35	
	(33)＜(34)の場合 (34)－(33)	36	(　　円)
課税対象金額等に係る控除対象外国法人税額又は個別課税対象金額等に係る個別控除対象外国法人税額 ((33)又は(35))		37	(　　円)

特定外国関係会社又は対象外国関係会社に該当するものとした場合の適用対象金額の計算

		No.				No.	
所得計算上の適用法令		38	本邦法令・外国法令	減算	控除対象配当等の額	47	
当期の利益若しくは欠損の額又は所得金額		39				48	
加算	損金の額に算入した法人所得税の額	40				49	
		41			小計	50	
		42		基準所得金額 (39)＋(44)－(50)		51	
		43		繰越欠損金の当期控除額		52	
	小計	44		当期中に納付することとなる法人所得税の額		53	
減算	益金の額に算入した法人所得税の還付額	45		当期中に還付を受けることとなる法人所得税の額		54	
	子会社から受ける配当等の額	46		適用対象金額 (51)－(52)－(53)＋(54)		55	

Check

別表十七(三の十一)の6欄の金額は、4欄の事業年度の所得に対する外国法人税額ですか。

また、その外国法人税額に係る申告書等を添付していますか。

Advice

対象事業年度以外の外国法人税額を記載した場合には、控除対象外国法人税額の計算に誤りが生じることがあります。

【別表十七(四)】

国外関連者に関する明細書

事業年度又は連結事業年度	・　・ ・　・	法人名	（　　　）

別表十七㈣　平三十一・　一以後終了事業年度又は連結事業年度分

国外関連者の名称等	名称					
	本店又は主たる事務所の所在	国名又は地域名				
		所在地				
	主たる事業					
	従業員の数					
	資本金の額又は出資金の額					
	特殊の関係の区分			第　該当	第　該当	第　該当
	株式等の保有割合	保有		(内　%)　%	(内　%)　%	(内　%)　%
		被保有		(内　%)　%	(内　%)　%	(内　%)　%
		同一の者による国外関連者の株式等の保有		(内　%)　%	(内　%)　%	(内　%)　%
	直近事業年度の営業収益等	事業年度		・　・ ・　・	・　・ ・　・	・　・ ・　・
		営業収益又は売上高		(　百万円)	(　百万円)	(　百万円)
		営業費用	原価	(　百万円)	(　百万円)	(　百万円)
			販売費及び一般管理費	(　百万円)	(　百万円)	(　百万円)
		営業利益		(　百万円)	(　百万円)	(　百万円)
		税引前当期利益		(　百万円)	(　百万円)	(　百万円)
		利益剰余金		(　百万円)	(　百万円)	(　百万円)
国外関連者との取引状況等	棚卸資産の売買の対価	受取		百万円	百万円	百万円
		支払				
		算定方法				
	役務提供の対価	受取		百万円	百万円	百万円
		支払				
		算定方法				
	有形固定資産の使用料	受取		百万円	百万円	百万円
		支払				
		算定方法				
	無形固定資産の使用料	受取		百万円	百万円	百万円
		支払				
		算定方法				
	貸付金の利息又は借入金の利息	受取		百万円	百万円	百万円
		支払				
		算定方法				
		受取		百万円	百万円	百万円
		支払				
		算定方法				
		受取		百万円	百万円	百万円
		支払				
		算定方法				
事前確認の有無				有・無	有・無	有・無

御注意

21　「名称」には、国外関連者の名称を、通称や略称ではなく正式名称により記載します（会社等の組織区分については、略称で構いません。）。「資本金の額又は出資金の額」及び「営業収益又は売上高」から「利益剰余金」までの各欄には、これらの欄に記載した金額に係る通貨の単位を併せて表示してください。

Check

国外関連者との取引がある場合、取引があるすべての国外関連者の名称、当該国外関連者の直近事業年度の営業収益等及び国外関連者との取引状況等について記載していますか（取引には対価の授受がないものも含みます）。

Advice

左記の記載がない場合には、移転価格上の問題の有無を正しく判定できず、その結果、所得金額の計算に誤りが生じることがあります。

【勘定科目内訳書（有価証券）】

有価証券の内訳書

区分・種類・銘柄	期末現在高		期中増(減)の明細				摘要
	数量	金額	異動年月日 異動事由	数量	金額	売却(買入)先の名称(氏名) 売却(買入)先の所在地(住所)	
		百万　千　円	・　・		百万　千　円		
			・　・				
			・　・				
			・　・				
			・　・				
			・　・				
			・　・				
			・　・				
			・　・				
			・　・				
			・　・				
			・　・				
			・　・				
			・　・				
			・　・				
計							

（法0302－６）

（注）１．「区分」には、「売買目的有価証券」、「満期保有目的等有価証券」又は「その他有価証券」の別に「売買」、「満期」又は「その他」を記入してください。

２．売買目的有価証券に属する有価証券については、「期末現在高」欄の上欄に時価評価前の帳簿価額を記入し、下欄にその時価評価した後の金額を記入し、それ以外のものについては、下欄に帳簿価額を記入してください。

また、「計」欄には、下欄の合計を記入してください。

３．「期中増(減)の明細」の各欄は、期末現在高がないものであっても期中において「売却」、「買入」、「増資払込」、「評価換」等を行った場合に記入してください。

４．証券会社等を通じて売却又は買入をした場合は、その証券会社名等を「売却（買入）先の名称（氏名）」欄に記入してください。

５．「摘要」欄には、関係会社のものであるときはその旨を記入してください。

Check

有価証券もしくはゴルフ会員権等の評価損または減損損失の額のうち、税務上損金の額に算入されない金額を別表四で加算していますか。

Advice

資産の評価損を計上するに当たっては、物損等の事実や法的整理の事実が生じているかを確認する必要があります。

【勘定科目内訳書（役員給与等）】（その１）

役員報酬手当等及び人件費の内訳書

役　員　報　酬　手　当　等　の　内　訳

役職名 担当業務	氏　名 住　所	代表者との関係	常勤・非常勤の別	役員給与計	左の内訳 使用人職務分	使用人職務分以外 定期同額給与	事前確定届出給与	利益連動給与	その他	退職給与
				百万　千　円	百万　千　円	百万　千　円	百万　千　円	百万　千　円	百万　千　円	百万　千　円
(代表者)			常・非							
			常・非							
			常・非							
			常・非							
			常・非							
			常・非							
			常・非							
			常・非							
			常・非							
			常・非							
計										

人　件　費　の　内　訳

区　分		総　額	総額のうち代表者及びその家族分
		百万　千　円	百万　千　円
役員報酬手当			
従業員	給料手当		
	賃金手当		
計			

（法0302―15）

（注）１．「役員給与計」欄には、役員に対して支給する報酬の金額のほか賞与の金額を含み、退職給与の金額を除いた金額を記入してください。

２．「左の内訳」の「使用人職務分」欄には、使用人兼務役員に支給した使用人職務分給与の金額を記入してください。

３．「使用人職務分以外」の「定期同額給与」欄には、その支給時期が１月以下の一定の期間ごとであり、かつ、当該事業年度の各支給時期における支給額が同額である給与など法人税法第34条第１項第１号に掲げる給与の金額を記入してください。

４．「使用人職務分以外」の「事前確定届出給与」欄には、その役員の職務につき所定の時期に確定額を支給する旨の定めに基づいて支給する法人税法第34条第１項第２号に掲げる給与の金額を記入してください。

５．「使用人職務分以外」の「利益連動給与」欄には、業務を執行する役員に対して支給する法人税法第34条第１項第３号に掲げる給与の金額を記入してください。

６．「使用人職務分以外」の「その他」欄には、上記３.４.５以外の給与の金額を記入してください。

７．「従業員」の「給料手当」欄には、事務員の給料・賞与等一般管理費に含まれるものを記入し、「賃金手当」欄には、工員等の賃金等製造原価（又は売上原価）に算入されるものを記入してください。

Check

申告書に添付した役員報酬手当等及び人件費の内訳書の「事前確定届出給与」欄に記載された金額は、事前確定届出給与に関する届出書に記載した金額と一致していますか。

また、確定した数の株式または新株予約権を交付する旨の定めに基づいて支給する給与に係る費用の額として損金の額に算入する金額は、交付決議時価額と一致していますか。

Advice

所轄税務署へ届け出た支給額と実際の支給額が異なる場合には、実際の支給額の全額が損金の額に算入されません。

業績連動給与の額を損金の額に算入している場合、非同族会社に該当していますか。

また、業績連動給与の額を損金の額に算入している場合、非同族会社または非同族会社による完全支配関係がある同族会社に該当していますか。

平成29年度税制改正により、同族会社であっても、非同族会社による完全支配関係がある同族会社が支給する一定の業績連動給与の額は、損金の額に算入されることとされています。

役員に対する給与（使用人兼務役員に対する使用人職務分を除きます）の額のうち、定期同額給与、事前確定届出給与及び利益連動給与または業績連動給与のいずれにも該当しないものの額を別表四で加算していますか。

他社から出向者を受け入れ、当該出向者が自社で役員となっている場合で一定のときには、自社が他社（出向元法人）へ支出する当該役員に係る給与負担金の支出を自社における当該役員に対する給与の支給として、左記の内容を確認する必要があります。

【勘定科目内訳書（役員給与等）】（その２）

役員報酬手当等及び人件費の内訳書

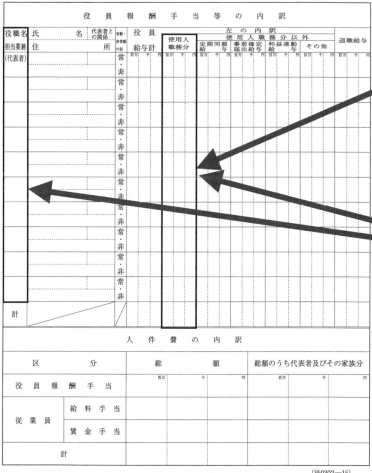

役員報酬手当等の内訳

役職名 担当業務	氏名 住所	代表者との関係	常勤・非常勤の別	役員給与計	左の内訳 使用人職務分	左の内訳 使用人職務分以外 定期同額給与	事前確定届出給与	利益連動給与	その他	退職給与
(代表者)			常・非	百万 千 円	百万 千 円	百万 千 円	百万 千 円	百万 千 円	百万 千 円	百万 千 円
			常・非							
			常・非							
			常・非							
			常・非							
			常・非							
			常・非							
			常・非							
			常・非							
			常・非							
計										

人件費の内訳

区分		総額	総額のうち代表者及びその家族分
役員報酬手当		百万 千 円	百万 千 円
従業員	給料手当		
	賃金手当		
計			

（法0302―15）

（注）１．「役員給与計」欄には、役員に対して支給する報酬の金額のほか賞与の金額を含み、退職給与の金額を除いた金額を記入してください。

２．「左の内訳」の「使用人職務分」欄には、使用人兼務役員に支給した使用人職務分給与の金額を記入してください。

３．「使用人職務分以外」の「定期同額給与」欄には、その支給時期が１月以下の一定の期間ごとであり、かつ、当該事業年度の各支給時期における支給額が同額である給与など法人税法第34条第１項第１号に掲げる給与の金額を記入してください。

４．「使用人職務分以外」の「事前確定届出給与」欄には、その役員の職務につき所定の時期に確定額を支給する旨の定めに基づいて支給する法人税法第34条第１項第２号に掲げる給与の金額を記入してください。

５．「使用人職務分以外」の「利益連動給与」欄には、業務を執行する役員に対して支給する法人税法第34条第１項第３号に掲げる給与の金額を記入してください。

６．「使用人職務分以外」の「その他」欄には、上記３．４．５以外の給与の金額を記入してください。

７．「従業員」の「給料手当」欄には、事務員の給料・賞与等一般管理費に含まれるものを記入し、「賃金手当」欄には、工員等の賃金等製造原価（又は売上原価）に算入されるものを記入してください。

Check

税務上使用人兼務役員になれない役員（専務取締役、常務取締役、監査役等）に対する給与の額を、「使用人職務分」欄に記載していませんか（その役員に対する給与の額が専務取締役等就任前の使用人職務分に対する給与の額である場合を除きます）。

Advice

左記の役員以外にも、非常勤役員は常時使用人としての職務に従事していないことから、使用人兼務役員になることはできません。

「使用人職務分」欄に金額の記載がある場合、使用人としての職制上の地位（部長、工場長等）を「役職名担当業務」欄に記載していますか。

総務担当取締役、経理担当取締役等のように、特定の部門の職務を統括しているだけでは使用人兼務役員になることはできません。

【勘定科目内訳書（雑益雑損失等）】

雑益、雑損失等の内訳書

科目		取引の内容	相手先	所在地（住所）	金額
雑益等					百万　千　円
雑損失等					

（法0302―17）

（注）１．雑収入、雑益（損失）、固定資産売却益（損）、税金の還付金、貸倒損失等について記入してください。
２．科目別かつ相手先別の金額が10万円以上のものについて記入してください。ただし、税金の還付金については、その金額が10万円未満であってもすべて記入してください。

Check

損金の額に算入されない租税公課、罰科金等の額を別表四で加算していますか。

Advice

租税公課及び罰科金以外に、裁判手続きのうち刑事訴訟手続きを経て外国または外国の地方公共団体により課される罰金または科料に相当するものについても、別表四で加算する必要があります。

【消費税申告書】（その１）

この用紙はとじこまないでください。

GK0303

第27-(1)号様式

令和　年　月　日　（収受印）	税務署長殿
納税地	（電話番号　－　－　）
（フリガナ） 名称又は屋号	
個人番号又は法人番号	↓個人番号の記載に当たっては、左端を空欄とし、ここから記載してください。
（フリガナ） 代表者氏名又は氏名	印

※税務署処理欄

一連番号		翌年以降送付不要	
所管	要否	整理番号	
申告年月日	令和　年　月　日		
申告区分	指導等	庁指定	局指定
通信日付印　年　月　日	確認印	確認書類　個人番号カード　通知カード・運転免許証　その他（　）	身元確認
指導年月日　令和	相談	区分1　区分2　区分3	

OCR入力用（この用紙は機械で読み取ります。折ったり汚したりしないでください。）

→（注）平成二十八年一月一日以後に開始する課税期間から、個人番号又は法人番号を記載する必要があります。

平成二十七年十月一日以後終了課税期間分（一般用）

自　平成/令和　年　月　日
至　平成/令和　年　月　日

課税期間分の消費税及び地方消費税の（　　　）申告書

（中間申告の場合の対象期間　自　平成/令和　年　月　日　至　平成/令和　年　月　日）

この申告書による消費税の税額の計算

		十兆千百十億千百十万千百十一円	
課税標準額	①	000	03
消費税額	②		06
控除過大調整税額	③		07
控除税額　控除対象仕入税額	④		08
控除税額　返還等対価に係る税額	⑤		09
控除税額　貸倒れに係る税額	⑥		10
控除税額　控除税額小計（④＋⑤＋⑥）	⑦		
控除不足還付税額（⑦－②－③）	⑧		13
差引税額（②＋③－⑦）	⑨	00	15
中間納付税額	⑩	00	16
納付税額（⑨－⑩）	⑪	00	17
中間納付還付税額（⑩－⑨）	⑫	00	18
この申告書が修正申告である場合　既確定税額	⑬		19
この申告書が修正申告である場合　差引納付税額	⑭	00	20
課税売上割合　課税資産の譲渡等の対価の額	⑮		21
課税売上割合　資産の譲渡等の対価の額	⑯		22

この申告書による地方消費税の税額の計算

地方消費税の課税標準となる消費税額　控除不足還付税額	⑰		51
地方消費税の課税標準となる消費税額　差引税額	⑱	00	52
譲渡割額　還付額	⑲		53
譲渡割額　納税額	⑳	00	54
中間納付譲渡割額	㉑	00	55
納付譲渡割額（⑳－㉑）	㉒	00	56
中間納付還付譲渡割額（㉑－⑳）	㉓	00	57
この申告書が修正申告である場合　既確定譲渡割額	㉔		58
この申告書が修正申告である場合　差引納付譲渡割額	㉕	00	59
消費税及び地方消費税の合計（納付又は還付）税額	㉖		60

㉖＝（⑪＋㉒）－（⑧＋⑫＋⑲＋㉓）・修正申告の場合㉖＝⑭＋㉕
㉖が還付税額となる場合はマイナス「－」を付してください。

付記事項・参考事項

付記事項	割賦基準の適用	有	無	31
	延払基準等の適用	有	無	32
	工事進行基準の適用	有	無	33
	現金主義会計の適用	有	無	34
	課税標準額に対する消費税額の計算の特例の適用	有	無	35
参考事項	控除税額の計算方法　課税売上高5億円超又は課税売上割合95％未満	個別対応方式		41
		一括比例配分方式		
	上記以外	全額控除		
	特定課税仕入れに係る別表の提出有	基準期間の課税売上高	千円	

①及び②の内訳　区分	課税標準額	消費税額
3％分	千円	円
4％分	千円	円
6.3％分	千円	円

⑰又は⑱の内訳　区分	地方消費税の課税標準となる消費税額
4％分	円
6.3％分	円

還付を受けようとする金融機関等：銀行・金庫・組合・農協・漁協　本店・支店・出張所・本所・支所
預金　口座番号
ゆうちょ銀行の貯金記号番号　－
郵便局名等

※税務署整理欄

税理士署名押印	印　（電話番号　－　－　）

税理士法第30条の書面提出有
税理士法第33条の2の書面提出有

Check

申告書①欄の金額は、付表2①欄（または付表2－⑵①D欄）の金額と一致していますか（申告書⑤欄に記載がある場合、返還等対価の額に相当する金額が加算されていますか）。

なお、特定課税仕入れがある場合、申告書①欄の金額は、特定課税仕入れがある場合の課税標準額等の内訳書①欄の金額と一致していますか（申告書⑤欄に記載がある場合、返還等対価の額に相当する金額が加算されていますか）。

Advice

法人税の申告に当たって、課税売上げに係る申告調整がある場合には、調整した後の金額を記載する必要があります。

申告書⑩欄及び㉑欄の金額について、それぞれの金額の配賦誤りや、中間申告11回目分の記載漏れはありませんか。

配賦誤り等があった場合には、消費税（または地方消費税）に係る修正申告と地方消費税（または消費税）に係る更正の請求が必要となることがあります。

また、課税期間の末日において納期限が到来していない中間申告11回目分について、記載漏れがないかを確認する必要があります。

【消費税申告書】（その２）

この用紙はとじこまないでください。

GK0303

第27−(1)号様式

令和　年　月　日　　　税務署長殿

収受印

納税地	（電話番号　−　−　）
（フリガナ） 名称又は屋号	
個人番号又は法人番号	↓個人番号の記載に当たっては、左端を空欄とし、ここから記載してください。
（フリガナ） 代表者氏名又は氏名	印

※税務署処理欄

一連番号	翌年以降送付不要
所管／要否／整理番号	
申告年月日	令和　年　月　日
申告区分	指導等／庁指定／局指定
通信日付印　年　月　日	確認印／確認書類：個人番号カード、通知カード・運転免許証、その他（　） 身元確認
指導年月日　令和	相談／区分1／区分2／区分3

OCR入力用（この用紙は機械で読み取ります。折ったり汚したりしないでください。）

(注) 平成二十八年一月一日以後に開始する課税期間から、個人番号又は法人番号を記載する必要があります。

自 平成・令和　年　月　日
至 平成・令和　年　月　日

課税期間分の消費税及び地方消費税の（　　　　）申告書

中間申告の場合の対象期間　自 平成・令和　年　月　日　至 平成・令和　年　月　日

この申告書による消費税の税額の計算

項目		十兆 千 百 十 億 千 百 十 万 千 百 十 一円	
課税標準額	①	000	03
消費税額	②		06
控除過大調整税額	③		07
控除税額　控除対象仕入税額	④		08
控除税額　返還等対価に係る税額	⑤		09
控除税額　貸倒れに係る税額	⑥		10
控除税額　控除税額小計（④+⑤+⑥）	⑦		
控除不足還付税額（⑦−②−③）	⑧		13
差引税額（②+③−⑦）	⑨	00	15
中間納付税額	⑩	00	16
納付税額（⑨−⑩）	⑪	00	17
中間納付還付税額（⑩−⑨）	⑫	00	18
この申告書が修正申告である場合　既確定税額	⑬		19
この申告書が修正申告である場合　差引納付税額	⑭	00	20
課税売上割合　課税資産の譲渡等の対価の額	⑮		21
課税売上割合　資産の譲渡等の対価の額	⑯		22

この申告書による地方消費税の税額の計算

地方消費税の課税標準となる消費税額　控除不足還付税額	⑰		51
地方消費税の課税標準となる消費税額　差引税額	⑱	00	52
譲渡割額　還付額	⑲		53
譲渡割額　納税額	⑳	00	54
中間納付譲渡割額	㉑	00	55
納付譲渡割額（⑳−㉑）	㉒	00	56
中間納付還付譲渡割額（㉑−⑳）	㉓	00	57
この申告書が修正申告である場合　既確定譲渡割額	㉔		58
この申告書が修正申告である場合　差引納付譲渡割額	㉕	00	59
消費税及び地方消費税の合計（納付又は還付）税額	㉖		60

㉖＝（⑪+㉒）−（⑧+⑫+⑲+㉓）・修正申告の場合㉖＝⑭+㉕
㉖が還付税額となる場合はマイナス「−」を付してください。

付記事項

割賦基準の適用	有	無	31
延払基準等の適用	有	無	32
工事進行基準の適用	有	無	33
現金主義会計の適用	有	無	34
課税標準額に対する消費税額の計算の特例の適用	有	無	35

参考事項

控除税額の計算方法	課税売上高5億円超又は課税売上割合95％未満	個別対応方式／一括比例配分方式	41
	上記以外	全額控除	
特定課税仕入れに係る記載の提出有	基準期間の課税売上高	千円	

①及び②の内訳

区分	課税標準額	消費税額
3％分	千円	円
4％分	千円	円
6.3％分	千円	円

⑰又は⑱の内訳

区分	地方消費税の課税標準となる消費税額
4％分	円
6.3％分	円

還付を受けようとする金融機関等：銀行・金庫・組合・農協・漁協　本店・支店、出張所、本所・支所
預金　口座番号
ゆうちょ銀行の貯金記号番号　−
郵便局名等

※税務署整理欄

税理士署名押印　印（電話番号　−　−　）

税理士法第30条の書面提出有
税理士法第33条の2の書面提出有

平成二十七年十月一日以後終了課税期間分（一般用）

Check

申告書⑥欄は、貸倒れに係る売掛金等（税込額）の 6.3 ／ 108、4 ／ 105 または 3 ／ 103 相当額を記載していますか。
また、不課税または非課税取引（貸付金等）に係る貸倒れについて控除の対象としていませんか。

Advice

貸倒れに係る売掛金等（税込額）の 8 ／ 108 または 5 ／ 105 相当額を記載した場合（地方消費税額を含めた場合）には、貸倒れに係る税額が過大となり、控除税額の計算に誤りが生じることがあります。

Check

申告書⑰欄または⑱欄の金額は、それぞれ⑧欄または⑨欄の金額と一致していますか（付表 1 を添付する場合、申告書⑰欄または⑱欄の金額は付表 1 ⑬D欄の金額と、申告書⑲欄または⑳欄の金額は付表 1 ⑯D欄の金額と一致していますか）。

Advice

申告書⑧欄、⑰欄及び⑲欄については、100 円未満を切り捨てる必要はありません。

Check

法人税申告書別表四の加減算項目中、消費税法上課税取引となるものについて、消費税及び地方消費税の申告書において調整を行っていますか。

Advice

課税売上割合の計算上、免税取引及び非課税取引についても調整を行う必要があります。

Check

申告書㉖欄の金額は、貸借対照表と法人税申告書別表五（一）の未払（未収）消費税額等の合計額と一致していますか（各月毎に申告及び納付している法人の場合、その合計額に決算月の前月分の納付（還付）税額を調整した金額と一致していますか）。

Advice

法人税申告書別表四の加減算項目中、消費税法上課税取引となるものについて、消費税及び地方消費税の申告書において調整を行った場合には、申告書㉖欄は、その調整額を考慮した金額（貸借対照表と法人税申告書別表五（一）の未払（未収）消費税額等の合計額）と一致することとなります。

【消費税申告書付表２】（その１）

第28-(1)号様式

付表2　課税売上割合・控除対象仕入税額等の計算表

一 般

課税期間	・ ・ ～ ・ ・	氏名又は名称	

項目		金額
課税売上額（税抜き）	①	円
免税売上額	②	
非課税資産の輸出等の金額、海外支店等へ移送した資産の価額	③	
課税資産の譲渡等の対価の額（①＋②＋③）	④	※申告書の⑮欄へ
課税資産の譲渡等の対価の額（④の金額）	⑤	
非課税売上額	⑥	
資産の譲渡等の対価の額（⑤＋⑥）	⑦	※申告書の⑯欄へ
課税売上割合（④／⑦）		〔　　%〕 ※端数切捨て
課税仕入れに係る支払対価の額（税込み）	⑧	※注2参照
課税仕入れに係る消費税額（⑧×6.3／108）	⑨	※注3参照
特定課税仕入れに係る支払対価の額	⑩	※注2参照 ※上記課税売上割合が95%未満、かつ、特定課税仕入れがある事業者のみ記載してください
特定課税仕入れに係る消費税額（⑩×6.3／100）	⑪	※注3参照
課税貨物に係る消費税額	⑫	
納税義務の免除を受けない（受ける）こととなった場合における消費税額の調整（加算又は減算）額	⑬	
課税仕入れ等の税額の合計額（⑨＋⑪＋⑫±⑬）	⑭	
課税売上高が5億円以下、かつ、課税売上割合が95％以上の場合（⑭の金額）	⑮	
課税売上高が5億円超又は課税売上割合が95%未満の場合／個別対応方式／⑭のうち、課税売上げにのみ要するもの	⑯	
課税売上高が5億円超又は課税売上割合が95%未満の場合／個別対応方式／⑭のうち、課税売上げと非課税売上げに共通して要するもの	⑰	
課税売上高が5億円超又は課税売上割合が95%未満の場合／個別対応方式／個別対応方式により控除する課税仕入れ等の税額〔⑯＋（⑰×④／⑦）〕	⑱	
課税売上高が5億円超又は課税売上割合が95%未満の場合／一括比例配分方式により控除する課税仕入れ等の税額（⑭×④／⑦）	⑲	
控除の税額調整／課税売上割合変動時の調整対象固定資産に係る消費税額の調整（加算又は減算）額	⑳	
控除の税額調整／調整対象固定資産を課税業務用（非課税業務用）に転用した場合の調整（加算又は減算）額	㉑	
差引／控除対象仕入税額〔（⑮、⑱又は⑲の金額）±⑳±㉑〕がプラスの時	㉒	※申告書の④欄へ
差引／控除過大調整税額〔（⑮、⑱又は⑲の金額）±⑳±㉑〕がマイナスの時	㉓	※申告書の③欄へ
貸倒回収に係る消費税額	㉔	※申告書の③欄へ

注意1　金額の計算においては、1円未満の端数を切り捨てる。
2　⑧及び⑩欄には、値引き、割戻し、割引きなど仕入対価の返還等の金額がある場合（仕入対価の返還等の金額を仕入金額から直接減額している場合を除く。）には、その金額を控除した後の金額を記入する。
3　上記2に該当する場合には、⑨又は⑪欄には次の算式により計算した金額を記入する。

課税仕入れに係る消費税額⑨＝〔課税仕入れに係る支払対価の額（仕入対価の返還等の金額を控除する前の税込金額）× $\frac{6.3}{108}$〕－〔仕入対価の返還等の金額（税込み）× $\frac{6.3}{108}$〕

特定課税仕入れに係る消費税額⑪＝〔特定課税仕入れに係る支払対価の額（特定課税仕入対価の返還等の金額を控除する前の支払対価の額）× $\frac{6.3}{100}$〕－〔特定課税仕入対価の返還等の金額 × $\frac{6.3}{100}$〕

4　⑩及び⑪欄は、課税売上割合が95%未満、かつ、特定課税仕入れがある事業者のみが記載する。
なお、課税売上割合が95%未満、かつ、特定課税仕入れがある事業者は、併せて別表を提出する。
5　㉓欄と㉔欄のいずれにも記載がある場合は、その合計金額を申告書③欄に記入する。

（平成27.10.1以後終了課税期間用）

Check

付表２⑥欄（または付表２－⑵⑥Ｄ欄）の金額には、有価証券の譲渡対価の５％に相当する金額、土地等の譲渡対価の金額及び受取利息の金額を含めていますか。

課税売上高が５億円超または課税売上割合が95％未満であるにもかかわらず、課税仕入れに係る消費税額を全額控除していませんか。

課税仕入れに係る消費税額が全額控除できず、資産に係る控除対象外消費税額等を損金の額に算入している場合、別表十六（十）を添付していますか。

また、課税売上割合が80％未満である場合、繰延消費税額等の損金算入限度額の計算をしていますか。

Advice

非課税売上額に誤りがある場合には、課税売上割合が変動し、控除対象仕入税額の計算に誤りが生じることがあります。

個別対応方式を選択した場合には、課税仕入れに係る消費税額を、課税売上げにのみ要するもの、非課税売上げにのみ要するものならびに課税売上げ及び非課税売上げに共通して要するものに区分する必要があります。

法人税申告書別表十六（十）の各欄の消費税額等は、消費税額と地方消費税額との合計額を記載する必要があります。

【消費税申告書付表２】（その２）

第28-(1)号様式

付表2　課税売上割合・控除対象仕入税額等の計算表　　一 般

課税期間	・ ・ ～ ・ ・	氏名又は名称	

項目		金額
課税売上額（税抜き）	①	円
免税売上額	②	
非課税資産の輸出等の金額、海外支店等へ移送した資産の価額	③	
課税資産の譲渡等の対価の額（①＋②＋③）	④	※申告書の⑮欄へ
課税資産の譲渡等の対価の額（④の金額）	⑤	
非課税売上額	⑥	
資産の譲渡等の対価の額（⑤＋⑥）	⑦	※申告書の⑯欄へ
課税売上割合（④／⑦）		〔　　％〕　※端数切捨て
課税仕入れに係る支払対価の額（税込み）	⑧	※注2参照
課税仕入れに係る消費税額（⑧×6.3／108）	⑨	※注3参照
特定課税仕入れに係る支払対価の額	⑩	※注2参照 ※上記課税売上割合が95％未満、かつ、特定課税仕入れがある事業者のみ記載してください
特定課税仕入れに係る消費税額（⑩×6.3／100）	⑪	※注3参照
課税貨物に係る消費税額	⑫	
納税義務の免除を受けない（受ける）こととなった場合における消費税額の調整（加算又は減算）額	⑬	
課税仕入れ等の税額の合計額（⑨＋⑪＋⑫±⑬）	⑭	
課税売上高が5億円以下、かつ、課税売上割合が95％以上の場合（⑭の金額）	⑮	
課税売上高が5億円超又は課税売上割合が95％未満の場合／個別対応方式／⑭のうち、課税売上げにのみ要するもの	⑯	
課税売上高が5億円超又は課税売上割合が95％未満の場合／個別対応方式／⑭のうち、課税売上げと非課税売上げに共通して要するもの	⑰	
課税売上高が5億円超又は課税売上割合が95％未満の場合／個別対応方式／個別対応方式により控除する課税仕入れ等の税額〔⑯＋（⑰×④／⑦）〕	⑱	
課税売上高が5億円超又は課税売上割合が95％未満の場合／一括比例配分方式により控除する課税仕入れ等の税額（⑭×④／⑦）	⑲	
控除の税額調整／課税売上割合変動時の調整対象固定資産に係る消費税額の調整（加算又は減算）額	⑳	
控除の税額調整／調整対象固定資産を課税業務用（非課税業務用）に転用した場合の調整（加算又は減算）額	㉑	
差引／控除対象仕入税額〔（⑮、⑱又は⑲の金額）±⑳±㉑〕がプラスの時	㉒	※申告書の④欄へ
差引／控除過大調整税額〔（⑮、⑱又は⑲の金額）±⑳±㉑〕がマイナスの時	㉓	※申告書の③欄へ
貸倒回収に係る消費税額	㉔	※申告書の③欄へ

注意1　金額の計算においては、1円未満の端数を切り捨てる。

2　⑧及び⑩欄には、値引き、割戻し、割引きなど仕入対価の返還等の金額がある場合（仕入対価の返還等の金額を仕入金額から直接減額している場合を除く。）には、その金額を控除した後の金額を記入する。

3　上記2に該当する場合には、⑨又は⑪欄には次の算式により計算した金額を記入する。

課税仕入れに係る消費税額⑨＝〔課税仕入れに係る支払対価の額（仕入対価の返還等の金額を控除する前の税込金額）× $\frac{6.3}{108}$〕－〔仕入対価の返還等の金額（税込み）× $\frac{6.3}{108}$〕

特定課税仕入れに係る消費税額⑪＝〔特定課税仕入れに係る支払対価の額（特定課税仕入れ対価の返還等の金額を控除する前の支払対価の額）× $\frac{6.3}{100}$〕－〔特定課税仕入れの対価の返還等の金額 × $\frac{6.3}{100}$〕

4　⑩及び⑪欄は、課税売上割合が95％未満、かつ、特定課税仕入れがある事業者のみが記載する。
なお、課税売上割合が95％未満、かつ、特定課税仕入れがある事業者は、併せて別表を提出する。

5　㉓欄と㉔欄のいずれにも記載がある場合は、その合計金額を申告書③欄に記入する。

（平成27.10.1以後終了課税期間用）

Check

付表2⑨欄は、⑧欄の金額に6.3／108を乗じた金額を記載していますか（または、付表2－⑵⑨のA欄、B欄、C欄は、⑧のA欄、B欄、C欄の金額に3／103、4／105、6.3／108を乗じた金額を記載していますか）。

Advice

課税仕入れに係る支払対価の額（税込額）の8／108または5／105相当額を記載した場合（地方消費税額を含めた場合）には、課税仕入れに係る消費税額が過大となり、控除税額の計算に誤りが生じることがあります。

法人税申告書別表四の加減算項目中、消費税法上課税取引となるものについて、消費税及び地方消費税の申告書において調整を行っていますか。

課税売上割合の計算上、免税取引及び非課税取引についても調整を行う必要があります。

【特定課税仕入れがある場合の課税標準額等の内訳書】

GK0501

第27－(3)号様式

特定課税仕入れがある場合の課税標準額等の内訳書

納税地	（電話番号　　－　　－　　）
（フリガナ） 名称 又は屋号	
（フリガナ） 代表者氏名 又は氏名	

整理番号

自 平成／令和　年　月　日
至 平成／令和　年　月　日

課税期間分の消費税及び地方消費税の（　　　　）申告書

中間申告の場合の対象期間　自 平成／令和　年　月　日　至 平成／令和　年　月　日

				十 兆 千 百 十 億 千 百 十 万 千 百 十 一円
課税標準額	課税標準額（申告書①欄へ）		①	000
	課税標準額の内訳	課税資産の譲渡等の対価の額	②	
		特定課税仕入れに係る支払対価の額	③	
控除税額	返還等対価に係る税額（申告書⑤欄へ）		④	
	返還等対価に係る税額の内訳	売上げの返還等対価に係る税額	⑤	
		特定課税仕入れの返還等対価に係る税額	⑥	

②及び③の内訳		区分	3％分	4％分	6.3％分	
	課税標準額	課税資産の譲渡等の対価の額	円	円	円	
		特定課税仕入れに係る支払対価の額			円	
		合計	千円	千円	千円	

別表　平成二十七年十月[illegible]以後終了課税期間分

◎ この別表は、当課税期間について、次のイからハの全てに該当する場合に提出が必要です。

イ　一般課税により申告する（簡易課税制度の適用を受けない。）。

ロ　課税売上割合が95％未満である。

ハ　特定課税仕入れがある。

当課税期間について、次の(イ)又は(ロ)のいずれかに該当する場合は、特定課税仕入れを行ったとしても、その特定課税仕入れはなかったものとされます。

(イ)　一般課税により申告する課税期間であって、その課税売上割合が95％以上である課税期間

(ロ)　簡易課税制度の適用を受ける課税期間

したがって、(イ)又は(ロ)に該当する課税期間の確定申告では、その特定課税仕入れは課税標準額、仕入控除税額のいずれにも含まれませんので、原則、この別表の提出は必要ありません。

ただし、(イ)又は(ロ)に該当する課税期間であっても、前課税期間以前の課税期間において、特定課税仕入れに係る課税標準について申告を行った事業者で、当課税期間に、その特定課税仕入れに係る対価の返還等を受けたときは、この別表の提出が必要です。

Check

課税売上割合が95%未満であり、かつ、特定課税仕入れ(例えば、国外事業者が行うネット広告の配信等)がある場合、「特定課税仕入れがある場合の課税標準額等の内訳書」を添付し、当該内訳書の③欄に特定課税仕入れに係る支払対価の額を記載していますか。

Advice

承認を受けた課税売上割合に準ずる割合が95%以上であっても、課税売上割合が95%未満であり、かつ、特定課税仕入れがある場合には、リバースチャージ方式による申告を行う必要があります。

上記の場合、付表2⑪欄は、⑩欄の金額に6.3／100を乗じた金額を記載していますか(または、付表2−(2)⑪C欄は、⑩C欄の金額に6.3/100を乗じた金額を記載していますか)。

特定課税仕入れに係る支払対価の額には消費税額等に相当する金額は含まれていませんので、6.3／100を乗じることとなります。

Information

令和元年10月1日以後終了課税期間分「消費税及び地方消費税確定申告書(第一表)(第二表)」が公表されていますが、対応する申告書確認表［留意事項］が公表されていませんので、新様式に関する対応は掲載していません。

なお、同年10月1日以降の旧税率及び新標準税率、軽減税率に関する申告書作成上の手引きに関して、国税庁(https://www.nta.go.jp/taxes/shiraberu/zeimokubetsu/shohi/keigenzeiritsu/07.htm)にて案内されていますので、参照してください。

また、新様式については参考までに次ページに掲載しておきます。

【消費税申告書】（令和元年10月1日以後終了課税期間分）

この用紙はとじこまないでください。

GK0304

第3－(1)号様式

OCR入力用（この用紙は機械で読み取ります。折ったり汚したりしないでください。）

第一表　令和元年十月一日以後終了課税期間分（一般用）

令和　年　月　日	税務署長殿
収受印	
納税地	（電話番号　　－　　－　　）
（フリガナ） 名称又は屋号	
個人番号又は法人番号	↓個人番号の記載に当たっては、左端を空欄とし、ここから記載してください。
（フリガナ） 代表者氏名又は氏名	㊞

※税務署処理欄

一連番号	翌年以降送付不要
所管 / 要否 / 整理番号	
申告年月日	令和　年　月　日
申告区分 / 指導等 / 庁指定 / 局指定	
通信日付印 / 確認印	確認書類：個人番号カード／通知カード・運転免許証／その他（　　） / 身元確認
年　月　日	
指導年月日	令和 / 相談 / 区分1 / 区分2 / 区分3

自 平成・令和　年　月　日
至 令和　年　月　日

課税期間分の消費税及び地方消費税の（　　　　）申告書

（中間申告の場合の対象期間　自 平成・令和　年　月　日　至 令和　年　月　日）

この申告書による消費税の税額の計算

（十 兆 千 百 十 億 千 百 十 万 千 百 十 一円）

課税標準額	①	000	03
消費税額	②		06
控除過大調整税額	③		07
控除税額：控除対象仕入税額	④		08
控除税額：返還等対価に係る税額	⑤		09
控除税額：貸倒れに係る税額	⑥		10
控除税額：控除税額小計（④+⑤+⑥）	⑦		
控除不足還付税額（⑦－②－③）	⑧		13
差引税額（②+③－⑦）	⑨	00	15
中間納付税額	⑩	00	16
納付税額（⑨－⑩）	⑪	00	17
中間納付還付税額（⑩－⑨）	⑫	00	18
この申告書が修正申告である場合：既確定税額	⑬		19
この申告書が修正申告である場合：差引納付税額	⑭	00	20
課税売上割合：課税資産の譲渡等の対価の額	⑮		21
課税売上割合：資産の譲渡等の対価の額	⑯		22

この申告書による地方消費税の税額の計算

地方消費税の課税標準となる消費税額：控除不足還付税額	⑰		51
地方消費税の課税標準となる消費税額：差引税額	⑱	00	52
譲渡割額：還付額	⑲		53
譲渡割額：納税額	⑳	00	54
中間納付譲渡割額	㉑	00	55
納付譲渡割額（⑳－㉑）	㉒	00	56
中間納付還付譲渡割額（㉑－⑳）	㉓	00	57
この申告書が修正申告である場合：既確定譲渡割額	㉔		58
この申告書が修正申告である場合：差引納付譲渡割額	㉕	00	59
消費税及び地方消費税の合計（納付又は還付）税額	㉖		60

㉖＝（⑪+㉒）－（⑧+⑫+⑲+㉓）・修正申告の場合㉖＝⑭+㉕
㉖が還付税額となる場合はマイナス「－」を付してください。

付記事項

割賦基準の適用	有	無	31
延払基準等の適用	有	無	32
工事進行基準の適用	有	無	33
現金主義会計の適用	有	無	34
課税標準額に対する消費税額の計算の特例の適用	有	無	35

参考事項

控除税額の計算方法			
課税売上高5億円超又は課税売上割合95％未満	個別対応方式		41
	一括比例配分方式		
上記以外	全額控除		
基準期間の課税売上高	千円		

還付を受けようとする金融機関等

銀行・金庫・組合・農協・漁協	本店・支店・出張所・本所・支所
預金	口座番号
ゆうちょ銀行の貯金記号番号	－
郵便局名等	
※税務署整理欄	

税理士署名押印	㊞ （電話番号　　－　　－　　）

○	税理士法第30条の書面提出有
○	税理士法第33条の2の書面提出有

第2節 申告書の形式審理

会社が申告書案を作成する場合、税理士が申告書を作成する場合、いずれであっても申告書上の形式的な諸要件を具備しているかどうかの確認が出発点となります。

法人税法等で「明細を記載した書類の添付がある場合に限り、適用する」等と規定されているものがあり、該当申告書別表が「…に関する明細書」として公表されています。また一定の書類の保存を要件としているものもありますので、監査においては明細書の添付や記載とは別に所要の書類の保存を確認することも必要です。

また、確定申告書（期限後申告書を含む当初申告）に記載した金額が限度とされ、その後の修正申告書や更正請求書で増額できない項目もあります。

以下に、主要項目の明細書添付要件、当初申告額限度の有無についてまとめました。なお、条文上「…明細の記載がある場合に限り」と記載要件として規定されているものもありますが、別表名は「…に関する明細書」となっていますので、明細書添付要件として整理しました。

（本稿では、組織再編等が行われた事業年度及び連結事業年度と公益法人等事業年度及び法人課税信託制度・外国法人関係等は省略しており網羅的に記載してはいません。）

①　法人税法の適用に関して

「明細を記載した書類の添付がある場合に限り、適用する」等と規定されているものがあります。

法人税法の規定から抽出した明細書添付要件項目は**表１**のとおりです。

【表１】

確定申告書等明細書添付要件

区分表題の説明（**表２**以下も同様です）

【明細書の添付要件】

Ａ：明細書の添付要件または記載要件：確定申告書、修正申告書または更正請求書に明細書の添付または申告書等に記載がある場合に限り適用する等の規定があるもの。確定申告書に添付あるいは記載がなくても、後の修正申告書等に添付あるいは記載すれば規定の適用を受けることができる旨記載があるもの。

Ｂ：明細書を確定申告書に添付しなければならない旨規定されているもの。

【当初申告額限度等の有無等】

確定申告書に記載した金額を限度とする旨規定されているもの、及び損金経理・確定決算経理・各種証明書（領収書・実施計画書・認定書等関係書類を含む）等（以下、証明書等と略す）の保存が必要なもの。

法人税法上の項目	明細書の添付要件	当初申告額限度等の有無	別表の番号等	該当条文等
受取配当等の益金不算入計算	A	無	別表八(一)	法第23条第8項
外国子会社から受ける配当等の益金不算入	A	無	別表八(二)	法第23条の2第5項
減価償却費損金算入額	B	損金経理	別表十六(一)～別表十六(五)	法令第63条第1項
繰延資産の償却費損金算入額	B	損金経理	別表十六(六)	法令第67条第1項

寄附金の 損金不算入額	A	有（一部証明書等）	別表十四(二)	法第37条第9項
国庫補助金等、工事負担金及び賦課金・保険金等で取得した固定資産等の圧縮額等の損金算入額	B	証明書等	別表十三(一) 別表十三(二)	法第42条第3項 法第43条第4項 法第44条第2項 法第45条第3項 法第46条第2項 法第47条第3項 法第48条第4項 法第49条第2項
交換取得資産の圧縮額の損金算入額	B	損金経理	別表十三(三)	法第50条第3項
貸倒引当金の損金算入額	B	損金経理	別表十一(一) 別表十一 (一の二)	法第52条第3項
譲渡制限付株式を対価とする費用の帰属事業年度の特例	B	証明書等	別表十四(三)	法第54条第3項
新株予約権を対価とする費用の帰属事業年度の特例	B	証明書等	別表十四(四)	法第54条の2第4項
青色申告書を提出した事業年度の更生手続開始決定等があった時の繰越欠損金の損金算入額	書類添付要件A	証明書等	事実が生じたことを証する書類	法第57条第12項
青色申告書を提出しなかった事業年度の災害による損失金の繰越し	A	無	別表七(一)	法第58条第5項
青色申告書を提出しなかった事業年度の災害による損失金の更生手続開始決定等があった時の繰越欠損金の損金算入額	書類添付要件A	無	事実が生じたことを証する書類	法第58条第7項

会社更生等による債務免除等があった場合の欠損金の損金算入額	A	無	別表七(二)及び(三)	法第59条第4項
保険会社の契約配当の損金算入額	B	証明書等	別表九(一)	法第60条第2項
リース譲渡に係る収益費用に係る利息区分の帰属事業年度	B	損金経理	別表十四(七)	法第63条第6項
一括償却資産の損金算入額	B	※	別表十六(八)	法令第133条の2第13項
資産に係る控除対象外消費税等の損金算入額	B	損金経理	別表十六(十)	法令第139条の5

※対象資産は全部または一部とされていますので、当初申告において選択しなかった資産については、その後の修正申告・更正の請求で適用が認められることはないと思われます。

②　法人税法上、税額控除の適用について

「その計算に関する明細を記載した書類」の添付が適用要件として規定されています。

法人税法の規定から抽出した項目は**表2**のとおりです。

【表2】

確定申告書等において税額控除が適用できる明細書添付要件				
法人税法上の項目	明細書の添付要件	当初申告額限度等の有無	別表の番号	該当条文等
所得税額の控除	A	無	別表六(一)	法第68条第4項
外国税額の控除	A	無	別表六(二)～別表六(五)	法第69条第15項

③　租税特別措置法上、税額控除の適用について

「その計算に関する明細を記載した書類」の添付が適用要件として規定されています。

租税特別措置法の規定から抽出した項目は**表3**のとおりです。

【表3】

確定申告書等において法人税の特別税額控除が適用できる明細書添付要件				
租税特別措置法上の項目	明細書の添付要件	当初申告額限度等の有無	別表の番号	該当条文等
試験研究を行った場合の特別控除	A	有（研究費等の額）	別表六（八）～別表六（十二）	措法第42条の4第10項
高度省エネルギー増進設備等取得した場合の特別控除	A	有（取得価額）	別表六（十四）	措法第42条の5第6項
中小企業者が機械等を取得した場合の特別控除	A	有（取得価額）	別表六（十五）	措法第42条の6第8項
沖縄の特定地域において工業用機械等を取得した場合の特別控除	A	有（取得価額）	別表六（十六）	措法第42条の9第5項
国家戦略特区において機械等を取得した場合の特別控除	A	有（取得価額）	別表六（十七）	措法第42条の10第5項
国際戦略総合特区において機械等を取得した場合の特別控除	A	有（取得価額）	別表六（十八）	措法第42条の11第6項
地域経済牽引事業の促進地域において特定事業用機械等を取得した場合の特別控除	A	有（取得価額）	別表六（十九）	措法第42条の11の2第5項

地方活力向上地域等において特定建物等を取得した場合の特別控除	A	有（取得価額）	別表六(二十)	措法第42条の11の3第5項
地方活力向上地域等において雇用者の数が増加した場合の特別控除	A	有（地方事業所基準雇用者数等）	別表六(二十一)	措法第42条の12第8項
認定地方公共団体の寄附活用事業に関連する寄附をした場合の特別控除	A	有（特定寄附金の額）	別表六(二十二)	措法第42条の12の2第2項
特定中小企業者等が経営改善設備を取得した場合の特別控除	A	有（取得価額）	別表六(二十三)	措法第42条の12の3第8項
中小企業者が特定経営力向上設備等を取得した場合の特別控除	A	有（取得価額）	別表六(二十四)	措法第42条の12の4第8項
給与等の引上げ及び設備投資を行った場合の特別控除	A	有（雇用者給与等支給額等）	別表六(二十五) 別表六(二十六)	措法第42条の12の5第5項
革新的情報産業活用設備を取得した場合の特別控除	A	有（取得価額）	別表六(二十七)	措法第42条の12の6第5項

④　租税特別措置法上、特別償却（割増償却を含む）の適用について

「その計算に関する明細書」の添付が適用要件として規定されています。

租税特別措置法の規定から抽出した項目は**表４**のとおりです。

【表4】

確定申告書等において特別償却額(割増償却を含む)が損金として計上できる明細書添付要件				
租税特別措置法上の項目	明細書の添付要件	当初申告額限度等の有無	別表の番号	該当条文等
高度省エネルギー増進設備等取得した場合の特別償却	B	証明書等	特別償却の付表(二)	措法第42条の5第5項
中小企業者が機械等を取得した場合の特別償却	B	※1	特別償却の付表(三)	措法第42条の6第7項
国家戦略特区において機械等を取得した場合の特別償却	B	証明書等	特別償却の付表(四)	措法第42条の10第5項
国際戦略総合特区において機械等を取得した場合の特別償却	B	証明書等	特別償却の付表(五)	措法第42条の11第5項
地域経済牽引事業の促進地域において特定事業用機械等を取得した場合の特別償却	B	証明書等	特別償却の付表(六)	措法第42条の11の2第4項
地方活力向上地域等において特定建物等を取得した場合の特別償却	B	証明書等	特別償却の付表(七)	措法第42条の11の3第4項
特定中小企業者等が経営改善設備を取得した場合の特別償却	B	証明書等	特別償却の付表(八)	措法第42条の12の3第7項
中小企業者が特定経営力向上設備等を取得した場合の特別償却	B	証明書等	特別償却の付表(九)	措法第42条の12の4第7項
革新的情報産業活用設備を取得した場合の特別償却	B	証明書等	特別償却の付表(十)	措法第42条の12の6第4項
特定設備等を取得した場合の特別償却	B	証明書等	特別償却の付表(十一)	措法第43条第2項

耐震基準適合建物等を取得した場合の特別償却	B	証明書等	特別償却の付表(十二)	措法第43条の2第3項
被災代替資産等を取得した場合の特別償却	B	証明書等	特別償却の付表(十三)	措法第43条の3第3項
関西文化学術研究都市の文化学術研究地区における文化学術研究施設を取得した場合の特別償却	B	証明書等	特別償却の付表(十四)	措法第44条第2項
共同利用施設を取得した場合の特別償却	B	証明書等	特別償却の付表(十六)	措法第44条の3第2項
情報流通円滑化設備を取得した場合の特別償却	B	証明書等	特別償却の付表(十七)	措法第44条の5第2項
特定地域における工業用機械等を取得した場合の特別償却等	B	証明書等	特別償却の付表(十八) 特別償却の付表(十九)	措法第45条第4項
医療用機器等を取得した場合の特別償却	B	※2	特別償却の付表(二十)	措法第45条の2第4項
障害者を雇用する場合の機械等の割増償却	B	証明書等	特別償却の付表(二十一)	措法第46条第3項
事業再編計画の認定を受けた場合の事業再編促進機械等を取得した場合の割増償却	B	証明書等	特別償却の付表(二十四)	措法第46条の2第3項
企業主導型保育施設用資産を取得した場合の割増償却	B	証明書等	特別償却の付表(二十五)	措法第47条第3項
特定都市再生建築物等を取得した場合の割増償却	B	証明書等	特別償却の付表(二十六)	措法第47条の2第4項
倉庫用建築物等を取得した場合の割増償却	B	証明書等	特別償却の付表(二十七)	措法第48条第3項

※1　特定機械装置等の償却限度額の計算書

※2　医療用機器等の償却限度額の計算書

⑤　租税特別措置法上、圧縮記帳等の適用について

「その計算に関する明細書」の添付等が適用要件として規定されています。

租税特別措置法の規定から抽出した項目は**表５**のとおりです。

【表５】

確定申告書等において圧縮額が損金として計上できる明細書添付要件				
租税特別措置法上項目	明細書の添付要件	当初申告額限度等の有無	別表の番号	該当条文等
収用換地等に伴い取得した資産の圧縮額等の損金算入	B（宥恕規定有）	証明書等	別表十二(四)	措法第64条第4項〜同第65条
特定資産の買換えにより取得した資産の圧縮額の損金算入	B（宥恕規定有）	損金経理・確定決算経理	別表十三(五)	措法第65条の7第5項〜同第65条の9
特定の交換分合により取得した土地等の圧縮額の損金算入	B（宥恕規定有）	損金経理	別表十三(六)	措法第65条の10第3項
特定普通財産とその隣接する土地等の交換に伴い取得した特定普通財産の圧縮額の損金算入	B（宥恕規定有）	損金経理・確定決算経理	別表十三(七)	措法第66条第3項
平成21年及び平成22年に先行取得した土地の圧縮額の損金算入	B（宥恕規定有）	損金経理・確定決算経理	別表十三(八)	措法第66条の2第2項
賦課金で取得した試験研究用資産の圧縮額の損金算入	B（宥恕規定有）	損金経理・確定決算経理	別表十三(九)	措法第66条の10第2項
転廃業助成金等で取得した固定資産等の圧縮額の損金算入	B（宥恕規定有）	損金経理・確定決算経理	別表十三(十)	措法第67条の4第15項

⑥　租税特別措置法上、準備金の損金算入について

「その計算に関する明細書」の添付等が適用要件として規定されています。

租税特別措置法の規定から抽出した項目は**表６**のとおりです。

【表６】

確定申告書等において準備金が損金として計上できる明細書添付要件				
租税特別措置法上項目	明細書の添付要件	当初申告額限度等の有無	別表の番号	該当条文等
海外投資等損失準備金の損金算入	B	損金経理・確定決算経理	別表十二(一)	措法第55条第8項
金属鉱業等鉱害防止準備金の損金算入	B	損金経理・確定決算経理	別表十二(三)	措法第55条の2第6項
特定廃棄物最終処分場に係る特定災害防止準備金の損金損入	B	損金経理・確定決算経理	別表十二(五)(積立金要件)	措法第56条第1項、第6項
原子力発電施設解体準備金の損金算入	B	損金経理・確定決算経理	別表十二(七)	措法第57条の4第9項
特定原子力施設炉心等除去準備金の損金算入	B	損金経理・確定決算経理	別表十二(八)	措法第57条の4の2第6項
保険会社等の異常危険準備金の損金算入	B	損金経理・確定決算経理	別表十二(九)	措法第57条の5第11項
原子力保険又は地震保険に係る異常危険準備金の損金算入	B	損金経理・確定決算経理	別表十二(九)	措法第57条の6第7項

関西国際空港用地整備準備金の損金算入	B	損金経理・確定決算経理	別表十二(十)	措法第57条の7第9項
中部国際空港用地整備準備金の損金算入	B	損金経理・確定決算経理	別表十二(十一)	措法第57条の7の2第8項
農業経営基盤強化準備金の損金算入	B	損金経理・確定決算経理	別表十二(十三)	措法第61条の2第6項

⑦　租税特別措置法上、特別償却準備金の損金算入について

「その計算に関する明細書」の添付等が適用要件として規定されています。

租税特別措置法の規定から抽出した項目は**表7**のとおりです。

【表7】

確定申告書等において特別償却準備金が損金として計上できる明細書添付要件				
租税特別措置法上項目	明細書の添付要件	当初申告額限度等の有無	別表の番号	該当条文等
特別償却準備金の損金算入	B	損金経理・確定決算経理	別表十六(九)	措法第52条の3第8項

⑧　租税特別措置法上、中小企業の少額減価償却資産の損金算入について

「その計算に関する明細書」の添付が適用要件として規定されています。

租税特別措置法の規定から抽出した項目は**表8**のとおりです。

【表 8】

確定申告書等において少額減価償却資産の取得価額が損金として計上できる明細書添付要件				
租税特別措置法上項目	明細書の添付要件	当初申告額限度等の有無	別表の番号	該当条文等
少額減価償却資産の損金算入	B	損金経理	別表十六(七)	措法第67条の5第3項

⑨　租税特別措置法上、収用換地等の場合の所得特別控除の適用について

「その計算に関する明細書」の添付等が適用要件として規定されています。

租税特別措置法の規定から抽出した項目は**表 9** のとおりです。

【表 9】

確定申告書等において収用換地等の所得の特別控除額の損金計上できる明細書添付要件				
租税特別措置法上項目	明細書の添付要件	当初申告額限度等の有無	別表の番号	該当条文等
収用換地等の所得の特別控除額の損金算入	B	証明書等	別表十の二(二)	措法第65条の2第4項

⑩　租税特別措置法上、交際費等の定額控除額の適用について

「その計算に関する明細書」の添付が適用要件として規定されています。

租税特別措置法の規定から抽出した項目は**表 10** のとおりです。

【表 10】

確定申告書等において交際費等の定額控除額が損金計上できる明細書添付要件				
租税特別措置法上項目	明細書の添付要件	当初申告額限度等の有無	別表の番号	該当条文等
交際費等の課税の特例における定額控除額の損金算入	A	無	別表十五	措法第61条の4第5項

第4章

参考資料

大規模法人における税務上の要注意項目確認表

確認対象事業年度		担当者	役職：
確認実施日			役職：

この確認表は、税務・決算処理について、誤りが生じやすいと認められる事項について取りまとめたもので、皆様が申告書を作成する前の自主的な確認に御活用いただくことを目的として作成しております。

確認表を御活用いただいた場合、会社事業概況書の「⑩　申告書確認表等の活用状況」欄へその旨を記載いただくようお願いします。

確認表は、税務調査等の機会に活用状況を確認させていただくことを予定しております。

税務に関する社内の体制・手続の整備状況		
・税務上の処理に疑義が生じる取引については、事業部門から経理担当部署へ連絡・相談される体制が整備されていますか。	□適	□否
・経理担当部署に税務知識を有する方がいらっしゃいますか。	□適	□否
・処理誤りが生じないようマニュアル等を整備し、税務上の処理に疑義が生じる取引の把握や税務処理手続の明確化を行っていますか。	□適	□否

項　目	No.	確　認　内　容	確認結果			確認結果が「否」の場合の対応（申告調整の有無等）
収益	1	収益認識基準（※）の適用対象となる資産の販売若しくは譲渡又は役務の提供（以下「資産の販売等」といいます。）に係る収益の額は、法基通2－1－1ただし書の場合を除き個々の契約ごとに計上していますか。 ※企業会計基準第29号「収益認識に関する会計基準」	□適	□否	□非該当	
	2	収益の計上基準に照らし、当事業年度に計上すべきであるにもかかわらず、翌事業年度に計上している収益の額はありませんか。	□適	□否	□非該当	
	3	収益の計上基準を変更した場合、その理由は合理的かつ適切ですか。	□適	□否	□非該当	
	4	資産の販売等に係る収益の額について、当事業年度終了の日までに対価の額を合意していないとき	□適	□否	□非該当	

項　目	No.	確認内容	確認結果			確認結果が「否」の場合の対応（申告調整の有無等）
		は、同日の現況により適正に見積もっていますか。				
	5	資産の販売等に係る収益の額について、資産の販売等の契約の対価が値引き、値増し、割戻し等により変動する可能性がある場合に、その変動する可能性がある部分の金額(以下「変動対価」といいます。)又はその算定基準を相手方に明示等していないにもかかわらず、変動対価を反映した会計上の収益の額のままにしていませんか。	□適	□否	□非該当	
	6	資産の販売等に係る収益の額について、金銭債権の貸倒れや資産の買戻しの可能性を反映した会計上の収益の額のままにしていませんか。	□適	□否	□非該当	
売上原価	7	翌事業年度以降の収益に対応する売上原価等を当事業年度に計上していませんか。	□適	□否	□非該当	
	8	売上原価等が当事業年度終了の日までに確定していないときは、適正に見積もった金額を計上していますか。 また、単なる事後的費用を見積計上していませんか。	□適	□否	□非該当	
仕入割戻し	9	棚卸資産を購入した際の仕入割戻しについて、その算定基準が購入価額又は購入数量によっており、かつ、算定基準が明示されているにもかかわらず、仕入割戻しの金額の通知を受けた事業年度に計上していませんか。	□適	□否	□非該当	
役員給与	10	役員給与の損金算入額は、定款の定めや株主総会等の決議に基づき、適正に計算していますか。	□適	□否	□非該当	

項　目	No.	確認内容	確認結果			確認結果が「否」の場合の対応（申告調整の有無等）
	11	役員の個人的費用を負担するなど、役員に対して給与を支給したものと同様の経済的な利益の提供はありませんか。	□適	□否	□非該当	
給与・賞与	12	損金経理したにもかかわらず事業年度末に未払となっている決算賞与等の臨時の賞与について、その支給額を同時期に支給する全ての使用人に対して個別に通知するとともに、事業年度終了の日の翌日から１月以内に、通知した全ての使用人に対して通知どおりの金額を支払っていますか。	□適	□否	□非該当	
減価償却費	13	稼働を休止している製造設備などの事業の用に供していない資産に係る減価償却費を損金の額に算入していませんか。 （法基通７－１－３又は連基通６－１－３に規定する「稼働休止資産」の取扱いの適用を受ける場合を除きます。）	□適	□否	□非該当	
	14	法令第133条の２に規定する一括償却資産の損金算入を適用している場合において、一括償却資産を除却した際に、未償却額の全額を損金としていませんか。	□適	□否	□非該当	
交際費等	15	福利厚生費等の中に、役員や従業員の接待等のための支出が含まれていませんか。	□適	□否	□非該当	
	16	売上割戻し等の中に、得意先に物品を交付するための費用や得意先を旅行等に招待するための費用が含まれていませんか。	□適	□否	□非該当	
	17	雑費等の中に、新規店舗等の建設に当たり、周辺の住民の同意を得るための支出が含まれていませんか。	□適	□否	□非該当	

項　目	No.	確認内容	確認結果			確認結果が「否」の場合の対応（申告調整の有無等）
	18	専ら役員や従業員の接待等のために支出した飲食費について、1人当たり5,000円以下であるとして交際費等から除いていませんか。	□適	□否	□非該当	
	19	棚卸資産又は固定資産の取得価額に交際費等が含まれていませんか。	□適	□否	□非該当	
寄附金	20	前事業年度以前に仮払金とした寄附金を当事業年度の損金としていませんか。 また、事業年度末において未払となっている寄附金を当事業年度の損金としていませんか。	□適	□否	□非該当	
	21	寄附金の中に役員等が個人として負担すべきものが含まれていませんか。	□適	□否	□非該当	
	22	子会社や取引先に対して合理的な理由がないにもかかわらず、無償もしくは通常より低い利率での金銭の貸付け又は債権放棄等を行っていませんか。	□適	□否	□非該当	
使途秘匿金	23	相手方を明らかにできない金銭の支出や金銭以外の資産の贈与はありませんか。	□適	□否	□非該当	
費用全般	24	事業年度末までに債務が確定していない費用（償却費は含みません。）を損金としていませんか。	□適	□否	□非該当	
移転価格	25	国外関連者に対する役務提供の対価の額、又は国外関連者から受けた役務提供の対価の額は、独立企業間価格となっていますか。	□適	□否	□非該当	
	26	国外関連者に対する貸付けの利息の額、又は国外関連者からの借入れの利息の額は、独立企業間価格となっていますか。	□適	□否	□非該当	

項　目	No.	確　認　内　容	確　認　結　果			確認結果が「否」の場合の対応(申告調整の有無等)
	27	「独立企業間価格を算定するために必要と認められる書類(ローカルファイル)」を申告期限までに作成し、又は取得し、保存していますか。	□適	□否	□非該当	
棚卸資産	28	事業年度終了の時において、預け在庫、未着品を棚卸しの対象としていますか。	□適	□否	□非該当	
	29	未使用の消耗品の取得に要した費用を当事業年度の損金としていませんか。	□適	□否	□非該当	
	30	引取運賃、荷役費、運送保険料、購入手数料、関税など購入のために直接要した費用は棚卸資産の取得価額に含めていますか。	□適	□否	□非該当	
	31	流行遅れや機種がモデルチェンジしたことだけを理由に棚卸資産の評価損を計上していませんか。	□適	□否	□非該当	
繰延資産	32	資産を賃借する際の権利金のように、支出の効果が1年以上に及ぶ費用について、その全額を一時の損金としていませんか。	□適	□否	□非該当	
固定資産	33	固定資産を事業の用に供するために直接要した費用を一時の損金としていませんか。	□適	□否	□非該当	
	34	建物付土地の取得後おおむね1年以内にその建物の取壊しに着手しているにもかかわらず、取壊時の建物の帳簿価額及び取壊費用を一時の損金としていませんか。	□適	□否	□非該当	
	35	建物の建設に伴って支出を予定している住民対策費、公害補償費等の費用の額をその建物の取得価額に含めていますか。(毎年支出することになる補償金は除きます。)	□適	□否	□非該当	

項目		No.	確認内容	確認結果			確認結果が「否」の場合の対応（申告調整の有無等）
		36	資本的支出を一時の損金としていませんか。	□適	□否	□非該当	
		37	自社開発のソフトウエアを製作するために要した費用を一時の損金としていませんか。	□適	□否	□非該当	
		38	ソフトウエアの機能向上等のために要した費用を一時の損金としていませんか。	□適	□否	□非該当	
前払費用		39	前払費用に該当する支出を損金としていませんか。 （法基通2－2－14又は連基通2－2－14に規定する「短期の前払費用」の取扱いの適用を受ける場合を除きます。）	□適	□否	□非該当	
貸付金		40	役員、従業員や関連会社に対して金銭を無償又は通常より低い利率で貸し付けていませんか。	□適	□否	□非該当	
有価証券		41	有価証券を取得するために要した費用を一時の損金としていませんか。	□適	□否	□非該当	
前受金・仮受金・預り金・保証金		42	収益に計上すべきものはありませんか。	□適	□否	□非該当	
消費税等	**収益**	43	課税期間の末日までに資産の譲渡等の対価の額が確定していない場合に、その対価の額を適正に見積もり、課税標準に含めていますか。	□適	□否	□非該当	
		44	外注先に対して有償支給した原材料等の対価の額を課税対象外としていませんか。 （支給する材料等を自己の資産として管理している場合を除きます。）	□適	□否	□非該当	
	売上原価	45	課税仕入れとした外注費等の中に給与に該当するものは含まれて	□適	□否	□非該当	

項目		No.	確認内容	確認結果			確認結果が「否」の場合の対応(申告調整の有無等)
消費税等			いませんか。				
		46	三国間貿易(国外で購入した資産を国内に搬入することなく他へ譲渡する取引)に係る仕入れを課税仕入れとしていませんか。	□適	□否	□非該当	
	費用全般	47	出向社員等の給与負担金を課税仕入れとしていませんか。 (経営指導料等の名義で支出している場合も含みます。)	□適	□否	□非該当	
		48	贈答した商品券、ギフト券、旅行券等を課税仕入れとしていませんか。	□適	□否	□非該当	
		49	クレジット手数料を課税仕入れとしていませんか。	□適	□否	□非該当	
		50	同業者団体等の通常会費や一般会費を課税仕入れとしていませんか。	□適	□否	□非該当	
		51	予約の取消し、契約変更等に伴って支払ったキャンセル料や解約損害金を課税仕入れとしていませんか。	□適	□否	□非該当	
		52	単身赴任者が帰省するための旅費など給与と認められる旅費を課税仕入れとしていませんか。	□適	□否	□非該当	
		53	海外出張に係る旅費、宿泊費、日当等を課税仕入れとしていませんか。	□適	□否	□非該当	
		54	前払費用を支払時の課税仕入れとしていませんか。 (法基通2－2－14又は連基通2－2－14に規定する「短期の前払費用」の取扱いの適用を受けている場合を除きます。)	□適	□否	□非該当	
		55	クレジットカードで決済した経費等について、クレジットカード会社からの請求明細書のみを保存	□適	□否	□非該当	

項目		No.	確認内容	確認結果			確認結果が「否」の場合の対応（申告調整の有無等）
			していませんか。				
	営業外収益	56	ゴルフ会員権を譲渡した場合に、その対価を非課税売上げとしていませんか。	□適	□否	□非該当	
		57	車両等の買換えを行った場合に、販売額から下取額を控除した金額を課税仕入れ又は課税売上げとしていませんか。	□適	□否	□非該当	

1　表中の法令・通達は、以下の略語を用いています。

法法……法人税法
法令……法人税法施行令
消法……消費税法
消令……消費税法施行令
措法　……租税特別措置法
措令　……租税特別措置法施行令
措則　……租税特別措置法施行規則
法基通……法人税基本通達
連基通……連結納税基本通達
消基通……消費税法基本通達
措通　……租税特別措置法関係通達（法人税編）及び租税特別措置法関係通達（連結納税編）

2　平成30年6月29日現在の法令・通達によっています（「移転価格事務運営要領」は、平成30年2月16日付一部改正分までを反映しています。）。

3　表中の「法人」は、「連結法人」を含みます。

4　表中の「事業年度」は、連結法人においては「連結事業年度」をいいます。

大規模法人における税務上の要注意項目確認表【解説編】

項　　目	No.	確　認　内　容	解　　　　　　　　説	主な参考法令等
収益	1	収益認識基準(※)の適用対象となる資産の販売若しくは譲渡又は役務の提供(以下「資産の販売等」といいます。)に係る収益の額は、法基通2－1－1ただし書の場合を除き個々の契約ごとに計上していますか。 ※企業会計基準第29号「収益認識に関する会計基準」	収益認識基準の適用対象となる資産の販売等に係る収益の額は、原則として個々の契約ごとに計上する必要があります。ただし、同様の資産の販売等に係る契約について、同一の相手方等と同時期に締結した複数の契約を組み合わせて初めて単一の履行義務となる場合(例えばシステム開発を請け負った場合において、設計と開発テストとで別個の契約を結んでいるとき)や、一の契約の中に複数の履行義務が含まれている場合(例えば一の契約の中に商品販売とこれに係る保守サービスの提供が含まれている場合)は、継続適用を条件に、これらの履行義務を単位として収益の額を計上することができます。 (注)1　収益認識基準は、次の①から⑥を除き、顧客との契約から生じる収益に関する会計処理及び開示に適用します。(顧客との契約から生じるものではない取引(固定資産の売却等)には適用しません。) ①　企業会計基準第10号「金融商品に関する会計基準」の範囲に含まれる金融商品に係る取引 ②　企業会計基準第13号「リース取引に関する会計基準」の範囲に含まれるリース取引 ③　保険法における定義を満たす保険契約 ④　顧客等への販売を容易にするために行われる同業他社との商品又は製品の交換取引(例：石油会社の在庫交換) ⑤　金融商品の組成又は取得に際して受け取る手数料 ⑥　日本公認会計士協会会計制度委員会報告第15号「特別目的会社を活用した不動産の流動化に係る譲渡人	法基通2－1－1 連基通2－1－1

項目	No.	確認内容	解説	主な参考法令等
			の会計処理に関する実務指針」の対象となる不動産の譲渡 2　履行義務とは、顧客との契約において、「別個の財又はサービス(あるいは別個の財又はサービスの束)」又は「一連の別個の財又はサービス(特性が実質的に同じであり、顧客への移転のパターンが同じである複数の財又はサービス)」のいずれかを顧客に移転する約束をいい、次のいずれも満たす場合には、別個のものとします。 ①　当該財又はサービスから顧客が単独又は容易に利用できる他の資源を組み合わせて便益を享受できること ②　当該財又はサービスを顧客に移転する約束が、契約に含まれる他の約束と区分して識別できること	
	2	収益の計上基準に照らし、当事業年度に計上すべきであるにもかかわらず、翌事業年度に計上している収益の額はありませんか。	棚卸資産の販売に係る収益の額は、その引渡しがあった日の属する事業年度の益金の額に計上します。この引渡しの日は、例えば出荷した日、船積みをした日、相手方に着荷した日、相手方が検収した日、相手方において使用収益ができることとなった日等当該棚卸資産の種類及び性質、販売に係る契約の内容等に応じ引渡しの日として合理的であると認められる日のうち貴法人が継続して収益計上を行うこととしている日をいいます。 また、請負に係る収益の額は、原則として、物の引渡しを要するものは目的物の全部を完成して相手方に引き渡した日、物の引渡しを要しないものは約した役務の全部を完了した日の属する事業年度の益金の額に計上します。この引渡しの日は、建設、造船その他これらに類する工事を行うことを目的とするものであるときは、例えば作業を結了した日、相手方の受入場所へ搬入した日、相手方が検収を完了した日、相手方において使用収益ができることとなった日等当該建設工事等の種類及び性質、契約の内容等に応じ引渡し	法法第22条の2 法法第81条の3 法基通2－1－2 法基通2－1－21の7 法基通2－1－21の8 連基通2－1－2 連基通2－1－21の7 連基通2－1－21の8

項　　目	No.	確認内容	解　　　　説	主な参考法令等
			の日として合理的であると認められる日のうち貴法人が継続して収益計上を行うこととしている日となります。	
	3	収益の計上基準を変更した場合、その理由は合理的かつ適切ですか。	収益の計上基準は、棚卸資産又は役務提供の種類、性質、契約の内容等に応じて合理的な基準を選択し、継続適用する必要があります。 収益の計上基準を合理的かつ適切な理由もなく変更した場合には、変更後の計上基準は認められない場合があります。	法法第22条の2 法基通2－1－2 法基通2－1－21の8 連基通2－1－2 連基通2－1－21の8
	4	資産の販売等に係る収益の額について、当事業年度終了の日までに対価の額を合意していないときは、同日の現況により適正に見積もっていますか。	資産の販売等に係る目的物の引渡し又は役務の提供の日の属する事業年度終了の日までにその対価の額を合意していない場合は、同日の現況によりその販売若しくは譲渡をした資産の引渡しの時における価額又はその提供をした役務につき通常得べき対価の額に相当する金額を適正に見積もる必要があります。 なお、法令第18条の2第1項の規定の適用を受ける場合を除き、その後確定した対価の額が見積額と異なるときは、その差額に相当する金額について、確定した日の属する事業年度の収益の額を減額又は増額します。	法法第22条の2 法令第18条の2 法基通2－1－1の10 連基通2－1－1の10
収益	5	資産の販売等に係る収益の額について、資産の販売等の契約の対価が値引き、値増し、割戻し等により変動する可能性がある場合に、その変動する可能性がある部分の金額(以下「変動対価」といいます。)又はその算定基準を相手方に明示等していないにもかか	資産の販売等に係る契約の対価について、値引き、値増し、割戻しその他の事実により変動する可能性がある場合、その変動対価を資産の販売等をした事業年度の収益の額に反映するためには、次に掲げる全ての要件を満たす必要があります。 ①　変動する可能性がある金額又はその算定基準(客観的なものに限ります。)を、相手方に明らかにしていること又は当該事業年度終了の日において内部的に決定していること。 ②　過去の実績を基礎とする等の合理的な方法のうち法人が継続して適用している方法により、変動する可能性又は算定基準の基礎数値を見積り、これに基づき変動額を算定していること。 ③　①を明らかにする書類及び②の算定根拠	法基通2－1－1の11 法基通2－1－1の12 連基通2－1－1の11 連基通2－1－1の12

項目	No.	確認内容	解説	主な参考法令等
		わらず、変動対価を反映した会計上の収益の額のままにしていませんか。	となる書類を保存していること。 なお、販売した棚卸資産に係る売上割戻しについては、上記の取扱いを適用しない場合には、割戻し額を通知又は支払をした日の属する事業年度の収益の額から減額します。	
	6	資産の販売等に係る収益の額について、金銭債権の貸倒れや資産の買戻しの可能性を反映した会計上の収益の額のままにしていませんか。	資産の販売等に係る収益の額には、貸倒れや返品の可能性がある場合においても、その影響を反映させることは出来ません。	法法第22条の2
売上原価	7	翌事業年度以降の収益に対応する売上原価等を当事業年度に計上していませんか。	当事業年度の損金となる売上原価、完成工事原価その他これらに準ずる原価は、当事業年度の収益に対応するものであるため、翌事業年度以降の収益に対応する売上原価等は当事業年度の損金とはなりません。	法法第22条 法法第81条の3
	8	売上原価等が当事業年度終了の日までに確定していないときは、適正に見積もった金額を計上していますか。 また、単なる事後的費用を見積計上していませんか。	当事業年度に計上した収益に対応する売上原価等の金額が当事業年度終了の日までに確定していない場合は、同日の現況により適正に見積もる必要があります。 なお、当該収益に関連して発生する費用であっても、単なる事後的費用の性格を有するものは、売上原価等となるべき費用ではないことから、見積計上することはできません。	法基通2－2－1 連基通2－2－1
仕入割戻し	9	棚卸資産を購入した際の仕入割戻しについて、その算定基準が購入価額又は購入数量に	棚卸資産を購入した際の仕入割戻しは、その算定基準が購入価額又は購入数量によっており、かつ、その算定基準が契約その他の方法により明示されている場合には、仕入割戻しの金額の通知を受けた日の属する事業年度ではなく、棚卸資産を購入した日の属する事	法基通2－5－1 連基通2－5－1

項　目	No.	確認内容	解　説	主な参考法令等
		よっており、かつ、算定基準が明示されているにもかかわらず、仕入割戻しの金額の通知を受けた事業年度に計上していませんか。	業年度に計上する必要があります。 なお、上記に該当しない場合は、その仕入割戻しの金額の通知を受けた日の属する事業年度に計上します。	
役員給与	10	役員給与の損金算入額は、定款の定めや株主総会等の決議に基づき、適正に計算していますか。	役員給与の額が定款の規定又は株主総会、社員総会等の決議により定められた役員に支給することのできる給与の限度額を超える場合には、その超える部分の金額は、損金とはなりません。	法法第34条 法令第70条
	11	役員の個人的費用を負担するなど、役員に対して給与を支給したものと同様の経済的な利益の提供はありませんか。	役員への資産の贈与、役員に対する債権の放棄又は債務の免除、役員への無利息貸付け、役員の個人的費用の負担など役員に対して給与を支給したものと同様の経済的な利益をもたらすものは、役員給与に該当しますので、法法第34条に規定する定期同額給与、事前確定届出給与及び利益連動給与又は業績連動給与に該当しない場合には、損金とはなりません。	法法第34条 法基通9－2－9 連基通8－2－8
給与・賞与	12	損金経理したにもかかわらず事業年度末に未払となっている決算賞与等の臨時の賞与について、その支給額を同時期に支給する全ての使用人に対して個別に通知するとともに、事業年度終了の日の翌日から1月以内	決算賞与等の臨時の賞与については、その支給額を同時期に支給する全ての使用人に対して個別に通知するとともに、当該通知をした全ての使用人に対し、当該通知をした日の属する事業年度終了の日の翌日から1月以内に通知どおりの金額を支払っており、かつ、その支給額につき通知をした日の属する事業年度において損金経理している場合には、未払であっても当該通知をした日の属する事業年度の損金となります。 なお、支給日に在職している使用人にのみ賞与を支給することとして通知している場合には、当該事業年度の損金とすることはできません。	法令第72条の3 法基通9－2－43 連基通8－2－42

項　　目	No.	確認内容	解　　　　説	主な参考法令等
		に、通知した全ての使用人に対して通知どおりの金額を支払っていますか。		
減価償却費	13	稼働を休止している製造設備などの事業の用に供していない資産に係る減価償却費を損金の額に算入していませんか。 (法基通7－1－3又は連基通6－1－3に規定する「稼働休止資産」の取扱いの適用を受ける場合を除きます。)	事業の用に供していない資産は減価償却資産に該当せず、当該資産に係る減価償却費は損金とはなりません。 例えば、購入後未稼働の資産や生産調整等のため稼働を休止している資産(必要な維持補修が行われており、いつでも稼働し得る状態にあるものは除きます。)に係る減価償却費は、損金とはなりません。 また、法令第133条に規定する少額の減価償却資産及び法令第133条の2に規定する一括償却資産についても、事業の用に供していなければ、損金とすることはできません。	法法第2条 法令第13条 法令第133条 法令第133条の2 法基通7－1－3 連基通6－1－3
	14	法令第133条の2に規定する一括償却資産の損金算入を適用している場合において、一括償却資産を除却した際に、未償却額の全額を損金としていませんか。	法令第133条の2に規定する一括償却資産につき同条の規定の適用を受けている場合には、その一括償却資産を事業の用に供した事業年度後の各事業年度において滅失、除却等の事実が生じたときであっても、当該各事業年度における損金の額は、同条の規定に従い計算した損金算入限度額に達するまでの金額であるため、当該損金算入限度額を超えて、未償却となっている取得価額の全額とすることはできません。	法令第133条の2 法基通7－1－13 連基通6－1－16
交際費等	15	福利厚生費等の中に、役員や従業員の接待等のための支出が含まれていませんか。	交際費等の支出の相手方には、直接貴法人の営む事業に取引関係のある者だけでなく間接に貴法人の利害に関係ある者及び貴法人の役員、従業員、株主等も含まれます。	措法第61条の4 措法第68条の66 措通61の4(1)－22 措通68の66(1)－25

項　目	No.	確認内容	解　説	主な参考法令等
	16	売上割戻し等の中に、得意先に物品を交付するための費用や得意先を旅行等に招待するための費用が含まれていませんか。	法人がその得意先に物品を交付するための費用やその得意先を旅行、観劇等に招待する費用は、その物品の交付又は旅行、観劇等への招待が売上割戻しと同様の基準で行われるものであっても、交際費等に該当します。 ただし、交付する物品が得意先において棚卸資産として販売することや固定資産として使用することが明らかな場合又はその物品の購入単価がおおむね3,000円以下であり、かつ、その交付の基準が売上割戻し等の算定基準と同一であるときは、これらの物品を交付するための費用は、交際費等に該当しないものとすることができます。	措法第61条の4 措法第68条の66 措通61の4(1)−3 措通61の4(1)−4 措通68の66(1)−3 措通68の66(1)−4
	17	雑費等の中に、新規店舗等の建設に当たり、周辺の住民の同意を得るための支出が含まれていませんか。	新規店舗等の建設に当たり、周辺の住民の同意を得るために、当該住民やその関係者を旅行等に招待したり、これらの者に酒食を提供した場合には、そのために要した費用は交際費等に該当します。	措法第61条の4 措法第68条の66 措通61の4(1)−15 措通68の66(1)−18
	18	専ら役員や従業員の接待等のために支出した飲食費について、１人当たり5,000円以下であるとして交際費等から除いていませんか。	接待等のために支出するものであっても、飲食その他これに類する行為のために要する費用であって、１人当たり5,000円以下のものは交際費等から除かれます(財務省令で定める書類を保存している場合に限ります。)が、専ら貴法人の役員若しくは従業員又はこれらの親族に対する接待等のために支出するものは、１人当たり5,000円以下であっても、交際費等に含める必要があります。	措法第61条の4 措法第68条の66 措令第37条の5 措令第39条の94 措則第21条の18の4 措則第22条の61の4
	19	棚卸資産又は固定資産の取得価額に交際費等が含まれていませんか。	棚卸資産又は固定資産の取得価額に交際費等が含まれている場合には、接待等の行為があった事業年度の交際費等に含める必要があります。 なお、当該交際費等の金額のうちに措法第61条の4第１項の規定により損金の額に算入しないこととなった金額があるときは、当事業年度終了の時における棚卸資産等の取得価額を減額することができます。	措法第61条の4 措法第68条の66 措通61の4(1)−24 措通61の4(2)−7 措通68の66(1)−27 措通68の66(2)−

項目	No.	確認内容	解説	主な参考法令等
				6
寄附金	20	前事業年度以前に仮払金とした寄附金を当事業年度の損金としていませんか。 また、事業年度末において未払となっている寄附金を当事業年度の損金としていませんか。	寄附金は、実際にその支払をしたときに支出したものとして取り扱うため、前事業年度以前に支払った際に仮払金等として資産計上した寄附金については、当事業年度に仮払金等を取り崩し費用として計上していても損金とすることはできません（支払った事業年度の損金となります。）。 また、事業年度末時点において未払となっている寄附金については、実際に支払うまでは損金とすることはできません。	法法第37条 法法第81条の6 法令第78条 法令第155条の15 法基通9－4－2の3 連基通8－4－4
	21	寄附金の中に役員等が個人として負担すべきものが含まれていませんか。	法人が損金として支出した寄附金であっても、その寄附金の支出の相手方、目的等からみてその法人の役員等が個人として負担すべきものと認められるものは、その役員等に対する給与として取り扱われます。 このため、例えば、当該寄附金が支出額の全額が損金となる「国等に対する寄附金」であっても、法法第34条に規定する定期同額給与、事前確定届出給与及び利益連動給与又は業績連動給与に該当しない場合には、その全額が損金とはなりません。	法法第34条 法法第37条 法法第81条の6 法基通9－4－2の2 連基通8－4－3
	22	子会社や取引先に対して合理的な理由がないにもかかわらず、無償もしくは通常より低い利率での金銭の貸付け又は債権放棄等を行っていませんか。	子会社や取引先に対して金銭の無償若しくは通常より低い利率での貸付け又は債権放棄等をした場合において、例えば、業績不振の子会社の倒産を防止するためにやむを得ず行われるもので合理的な再建計画に基づくものである等の経済的合理性を有しているものに該当しない場合には、寄附金として取り扱われます。	法法第37条 法法第81条の6 法基通9－4－2 連基通8－4－2
使途秘匿金	23	相手方を明らかにできない金銭の支出や金銭以外の資産の贈	金銭の支出のうち、相当の理由がなく、その相手方の氏名又は名称及び住所又は所在地並びにその事由を帳簿書類に記載していないものは、使途秘匿金の支出に該当します。使	措法第62条 措法第68条の67

項　　目	No.	確認内容	解　　　　説	主な参考法令等
		与はありませんか。	途秘匿金の支出をした場合の法人税の額は、通常の法人税の額に支出額の40%相当額を加算した金額になります。 なお、ここでいう金銭の支出には、贈与、供与その他これらに類する目的のためにする金銭以外の資産の引渡しも含まれます。	
費用全般	24	事業年度末までに債務が確定していない費用(償却費は含みません。)を損金としていませんか。	事業年度終了の日までに債務が確定していない償却費以外の販売費、一般管理費その他の費用については、当事業年度の損金の額に算入しません。 なお、この債務の確定とは、原則として次の要件の全てに該当する場合をいいます。 ① 当事業年度終了の日までに当該費用に係る債務が成立していること。 ② 当事業年度終了の日までに当該債務に基づいて具体的な給付をすべき原因となる事実が発生していること。 ③ 当事業年度終了の日までにその金額を合理的に算定することができるものであること。	法法第22条 法法第81条の3 法基通2－2－12 連基通2－2－12
移転価格	25	国外関連者に対する役務提供の対価の額、又は国外関連者から受けた役務提供の対価の額は、独立企業間価格となっていますか。	国外関連者に対して役務提供を行った場合、又は国外関連者から役務提供を受けた場合、その対価の額は独立企業間価格である必要があります。 独立企業間価格は、役務提供に要した総原価の額に通常の利潤の額を加算する等して算定しますが、役務提供が支援的な性質のものであるなど一定の要件を満たし、また、当該役務提供に要した総原価の額に、当該総原価の額に100分の5を乗じた額を加算した金額をもって対価の額としている場合、その対価の額は独立企業間価格として扱われます(移転価格事務運営要領3－10)。	措法第66条の4 措法第68条の88 移転価格事務運営要領3－9、3－10 別冊 移転価格税制の適用に当たっての参考事例集(事例23) 連結法人に係る移転価格事務運営要領3－9、3－10 別冊 連結法人に係る移転価格税制の適用に当たっての参考事例集(事例23)
	26	国外関連者に	国外関連者に対して貸付けを行った場合、	措法第66条の4

項　目	No.	確認内容	解　説	主な参考法令等
		対する貸付けの利息の額、又は国外関連者からの借入れの利息の額は、独立企業間価格となっていますか。	又は国外関連者からの借入れを行った場合、その利息の額は独立企業間価格である必要があります。	措法第68条の88 移転価格事務運営要領3－6、3－7 別冊 移転価格税制の適用に当たっての参考事例集(事例4) 連結法人に係る移転価格事務運営要領3－6、3－7 別冊 連結法人に係る移転価格税制の適用に当たっての参考事例集(事例4)
	27	「独立企業間価格を算定するために必要と認められる書類(ローカルファイル)」を申告期限までに作成し、又は取得し、保存していますか。	一の国外関連者との取引について ① 国外関連取引(注1)の合計金額(前事業年度(注2))が50億円以上　又は ② 無形資産取引(注3)の合計金額(前事業年度)が3億円以上 である法人は、当該国外関連取引に係る独立企業間価格を算定するために必要と認められる書類を確定申告書の提出期限までに作成又は取得し、保存することが必要です。 (注) 1 「国外関連取引」とは、法人が国外関連者との間で行う資産の販売、資産の購入、役務提供その他の取引をいいます。 2 前事業年度がない場合には当該事業年度となります。 3 「無形資産取引」とは、特許権、実用新案権などの無形固定資産その他の無形資産の譲渡又は貸付け等をいいます。	措法第66条の4 措法第68条の88 措則第22条の10 措則第22条の74 移転価格事務運営要領2－4、3－4、3－5 連結法人に係る移転価格事務運営要領2－4、3－4、3－5
棚卸資産	28	事業年度終了の時において、預け在庫、未着品を棚卸しの対	事業年度終了の時において外注先や仕入先へ預けている商品等や購入した商品等のうち運送途中にある未着品についても、数量等を把握し、棚卸しの対象とする必要がありま	

項　目	No.	確認内容	解　説	主な参考法令等
		象としていますか。	す。	
	29	未使用の消耗品の取得に要した費用を当事業年度の損金としていませんか。	消耗品で貯蔵中のものは棚卸資産に該当するため、その取得に要した費用は当該消耗品を消費した日の属する事業年度において損金とする必要があります。 ただし、事務用消耗品、作業用消耗品、包装材料、広告宣伝用印刷物、見本品その他これらに準ずる棚卸資産(毎事業年度におおむね一定数量を取得し、かつ経常的に消費するものに限ります。)の取得に要した費用を継続してその取得をした日の属する事業年度の損金としている場合には、取得時の損金として差し支えありません。	法法第2条 法令第10条 法基通2－2－15 連基通2－2－15
	30	引取運賃、荷役費、運送保険料、購入手数料、関税など購入のために直接要した費用は棚卸資産の取得価額に含めていますか。	棚卸資産の購入に際して引取運賃、荷役費、運送保険料、購入手数料、関税その他当該資産の購入のために要した直接付随費用がある場合には、その費用を棚卸資産の取得価額に含める必要があります。 なお、買入事務、検収、整理、選別、手入れ等に要した費用や販売所から販売所への移管に要した費用などの棚卸資産の購入のために要した間接付随費用も棚卸資産の取得価額に含める必要があります(これらの間接付随費用の合計額が棚卸資産の購入の対価のおおむね3％以内の金額であるときは、当該間接付随費用については、棚卸資産の取得価額に含めなくても差し支えありません。)。	法令第32条 法基通5－1－1 連基通5－1－1
	31	流行遅れや機種がモデルチェンジしたことだけを理由に棚卸資産の評価損を計上していませんか。	棚卸資産が著しく陳腐化した場合には、評価損を計上することができますが、単に流行遅れや機種がモデルチェンジしたことだけでは、著しい陳腐化には該当しません。 例えば、いわゆる季節商品で売れ残ったものについて、今後通常の価額では販売することができないことが既往の実績その他の事情に照らして明らかである場合や当該商品と用途の面ではおおむね同様のものであるが、型式、性能、品質等が著しく異なる新製品が発売されたことにより、当該商品につき今後通	法法第33条 法令第68条 法基通9－1－4 連基通8－1－4

項　目	No.	確認内容	解　説	主な参考法令等
			常の方法により販売することができなくなった等の事実が生じた場合が著しい陳腐化に該当します。	
繰延資産	32	資産を賃借する際の権利金のように、支出の効果が1年以上に及ぶ費用について、その全額を一時の損金としていませんか。	以下の①～⑤の費用で支出の効果がその支出の日以後1年以上に及ぶものは、繰延資産に該当し、当該費用は、支出の効果の及ぶ期間を基礎として償却する必要があります。 ①　自己が便益を受ける公共的施設又は共同的施設の設置又は改良のために支出する費用 ②　資産を賃借し又は使用するために支出する権利金、立ちのき料その他の費用 ③　役務の提供を受けるために支出する権利金その他の費用 ④　製品等の広告宣伝の用に供する資産を贈与したことにより生ずる費用 ⑤　①～④に掲げる費用のほか、自己が便益を受けるために支出する費用	法法第2条 法法第32条 法令第14条 法基通8－1－3 法基通8－1－4 法基通8－1－5 法基通8－1－6 法基通8－1－8 連基通7－1－3 連基通7－1－4 連基通7－1－5 連基通7－1－6 連基通7－1－7
固定資産	33	固定資産を事業の用に供するために直接要した費用を一時の損金としていませんか。	固定資産の取得価額には、購入したもの、自己が建設等をしたものを問わず、事業の用に供するために直接要した費用(例えば、工業用機械の据付費、調整試運転費など)が含まれますので、そのような費用は一時の損金とはなりません。	法令第54条 法基通7－3－16の2 連基通6－3－25
	34	建物付土地の取得後おおむね1年以内にその建物の取壊しに着手しているにもかかわらず、取壊時の建物の帳簿価額及び取壊費用を一時の損金としていませんか。	建物付土地を取得後、おおむね1年以内にその建物の取壊しに着手するなど、当初からその建物を取り壊して土地を利用する目的であることが明らかであると認められるときは、当該建物の取壊しの時における帳簿価額及び取壊費用の合計額は、当該土地の取得価額に含める必要があります。	法基通7－3－6 連基通6－3－8
	35	建物の建設に伴って支出を予定している住民	新工場の落成、操業開始等に伴って支出する記念費用等のように減価償却資産の取得後に生ずる付随費用の額は、当該減価償却資産	法令第54条 法基通7－3－7 法基通7－3－

項　　目	No.	確認内容	解　　説	主な参考法令等
		対策費、公害補償費等の費用の額をその建物の取得価額に含めていますか。 （毎年支出することになる補償金は除きます。）	の取得価額に算入しないことができますが、工場、ビル、マンション等の建設に伴って支出する住民対策費、公害補償費等の費用（法基通7－3－11の2(2)及び(3)又は連基通6－3－14(2)及び(3)に該当するものを除きます。）の額で当初からその支出を予定しているもの（毎年支出することとなる補償金を除きます。）は、たとえその支出が建設後に行われるものであっても、当該減価償却資産の取得価額に含める必要があります。	11の2 連基通6－3－9 連基通6－3－14
	36	資本的支出を一時の損金としていませんか。	固定資産の修理、改良等のために支出した金額のうち、当該固定資産の通常の維持管理のため、又はき損した固定資産につきその原状を回復するために要したと認められる部分の金額は修繕費に該当し一時の損金となります。 他方、固定資産の修理、改良等のために支出した金額のうち当該固定資産の価値を高め、又はその耐久性を増すこととなると認められる部分に対応する金額は資本的支出に該当し、その固定資産と種類及び耐用年数を同じくする固定資産を新たに取得したものとなります。ただし、一の計画に基づき同一の固定資産について行う修理、改良等のために要した費用の額が20万円に満たない場合又は修理、改良等がおおむね3年以内の期間を周期として行われることが既往の実績その他の事情からみて明らかである場合には、修繕費として損金経理することができます。	法令第55条 法令第132条 法基通7－3－16の2 法基通7－8－1 法基通7－8－2 法基通7－8－3 連基通6－3－25 連基通6－8－1 連基通6－8－2 連基通6－8－3
	37	自社開発のソフトウエアを製作するために要した費用を一時の損金としていませんか。	自社開発のソフトウエアを製作するために要した原材料費、労務費及び経費並びに事業の用に供するために直接要した費用は、そのソフトウエアの取得価額に含めることとなるため、一時の損金とはなりません。 この場合、その取得価額は適正な原価計算に基づき算定することになりますが、原価の集計、配賦等につき合理的であると認められる方法により継続して計算している場合には、これが認められます。	法令第54条 法基通7－3－15の2 連基通6－3－22

項　目	No.	確認内容	解　説	主な参考法令等
	38	ソフトウエアの機能向上等のために要した費用を一時の損金としていませんか。	ソフトウエアのプログラムの修正等を行った場合に、その修正等がプログラムの機能上の障害の除去、現状の効用の維持等に該当するときはその修正等に要した費用は修繕費として一時の損金となりますが、新たな機能の追加、機能の向上等のバージョンアップを行っている場合には、その修正等に要した費用は資本的支出に該当し、ソフトウエアの取得価額に含める必要があります。	法令第55条 法令第132条 法基通7－8－6の2 連基通6－8－7
前払費用	39	前払費用に該当する支出を損金としていませんか。 (法基通2－2－14又は連基通2－2－14に規定する「短期の前払費用」の取扱いの適用を受ける場合を除きます。)	前払費用(一定の契約に基づき継続的に役務の提供を受けるために支出する費用のうちその支出する日の属する事業年度終了の日においてまだ提供を受けていない役務に対応するものをいいます。)は、支払った日の属する事業年度の損金とはならず、役務の提供を受けた事業年度の損金となります。 ただし、「短期の前払費用」(支払った日から1年以内に提供を受ける役務に係る前払費用で、継続して支払った日の属する事業年度の損金としているもの)については、支払った日の属する事業年度の損金として差し支えありません。	法法第22条 法令第14条 法基通2－2－14 連基通2－2－14
貸付金	40	役員、従業員や関連会社に対して金銭を無償又は通常より低い利率で貸し付けていませんか。	経済的合理性がないにもかかわらず、役員、従業員や関連会社に対して無償又は調達金利や他者への貸付条件等と比較して低利による貸付けを行っている場合、通常適用すべき利率により計算した利息の額と実際徴収した利息の額との差額は、給与又は寄附金に該当する場合があります。	法法第34条 法法第36条 法法第37条 法基通9－2－9 法基通9－4－2 連基通8－2－8 連基通8－4－2
有価証券	41	有価証券を取得するために要した費用を一時の損金としていませんか。	購入した有価証券の取得価額には、当該有価証券の購入の代価等に加えて、購入のために要した費用が含まれます。 このため、購入手数料その他有価証券の購入のために要した費用は、有価証券の取得価額に算入し、一時の損金にはなりません。 なお、有価証券を取得するために要した通信費、名義書換料は有価証券の取得価額に含めないことができます。 おって、外国有価証券の取得に際して徴収	法令第119条 法基通2－3－5 連基通2－3－5

項　目		No.	確認内容	解　説	主な参考法令等
				される有価証券取得税その他これに類する税についても同様です。	
前受金・仮受金・預り金・保証金		42	収益に計上すべきものはありませんか。	前受金、仮受金及び預り金が棚卸資産の販売、請負、固定資産の譲渡等の対価として収受したものである場合、その棚卸資産の販売等に係る収益の計上基準に照らし、当事業年度の収益に計上すべきものが含まれているときは、当事業年度の益金とする必要があります。 また、当事業年度において資産の賃貸借契約等に基づいて受け入れた保証金等の一部又は全部について返還しないことが確定した場合、その返還しないことが確定した金額は、当事業年度の益金の額に計上する必要があります。	法法第22条 法基通２－１－41 連基通２－１－44
消費税等	収益	43	課税期間の末日までに資産の譲渡等の対価の額が確定していない場合に、その対価の額を適正に見積もり、課税標準に含めていますか。	資産の譲渡等を行った場合において、その資産の譲渡等をした日の属する課税期間の末日までにその対価の額が確定していないときは、同日の現況によりその金額を適正に見積もる必要があります。 なお、見積額と確定した額との間に差額が生じた場合には、その差額を対価の額が確定した日の属する課税期間の資産の譲渡等の対価の額に加算又は対価の額から控除することになります。	消法第28条 消基通10－１－20
		44	外注先に対して有償支給した原材料等の対価の額を課税対象外としていませんか。 (支給する材料等を自己の資産として管理している場合を除きます。)	外注先等に対して外注加工に係る原材料等を支給する場合において、その支給に係る対価を収受することとしている(いわゆる有償支給)ときは、その原材料等の支給は、対価を得て行う資産の譲渡に該当します。 ただし、有償支給の場合であっても、貴法人が支給した原材料等を自己の資産として管理しているときは、その原材料等の支給は、資産の譲渡に該当しません。	消基通５－２－16
	売上原価	45	課税仕入れとした外注費等の	個人に対して支出する労務提供の対価は、雇用契約又はこれに準ずる契約に基づき他の	消法第２条 消基通１－１－１

項目		No.	確認内容	解説	主な参考法令等
消費税等			中に給与に該当するものは含まれていませんか。	者に従属し、かつ、当該他の者の計算により行われる事業に提供する役務に係るものであれば課税仕入れとはなりません。 なお、請負とその区分が明らかでない場合には、例えば、以下の①～④等の事項を総合勘案して判断することになります。 ① その契約に係る役務の提供の内容が他人の代替を許容するか。 (許容する：請負、許容しない：雇用) ② 役務の提供に当たり貴法人が指揮監督をしているか。 (指揮監督していない：請負、指揮監督している：雇用) ③ まだ引渡しを受けていない完成品が不可抗力のため滅失した場合等においても、既に提供した役務に係る報酬の請求を貴法人が受けるか。 (受けない：請負、受ける：雇用) ④ 役務の提供に係る材料又は用具等を貴法人が供与しているか。 (供与していない：請負、供与している：雇用)	
		46	三国間貿易(国外で購入した資産を国内に搬入することなく他へ譲渡する取引)に係る仕入れを課税仕入れとしていませんか。	資産の譲渡等が国内で行われたか否かの判定については、資産の譲渡又は貸付けの場合は、原則として、譲渡又は貸付けの時における資産の所在場所で判定します。 したがって、国外で購入した資産を国内に搬入することなく他の事業者等に譲渡した場合における仕入れについては、その経理処理のいかんを問わず国内で行われたものに該当しないため、課税仕入れとすることはできません。	消法第4条 消基通5－7－1
	費用全般	47	出向社員等の給与負担金を課税仕入れとしていませんか。 (経営指導料等の名義で支出している場合も含	貴法人への出向社員に対する給与を出向元事業者が支給しているため、貴法人が負担すべき金額を出向元事業者に支出したときは、その給与負担金は、その出向社員に対する給与に該当するため、課税仕入れとすることはできません。 この取扱いは、実質的に給与負担金の性質	消基通5－5－10

項目		No.	確認内容	解説	主な参考法令等
消費税等			みます。)	を有する金額を経営指導料等の名義で支出する場合も同様です。	
		48	贈答した商品券、ギフト券、旅行券等を課税仕入れとしていませんか。	商品券、ギフト券、旅行券等は物品切手等に該当するため、購入時には課税仕入れとすることは認められず、後日、その商品券等を使って商品の購入をしたり、サービスの提供を受けた際に課税仕入れとすることができます。 このため、商品券などを贈答した場合には、その商品券等を使って商品の購入等をしていませんので、課税仕入れとすることはできません。	消法第６条 消法別表第１ 消基通６－４－３ 消基通６－４－４ 消基通９－１－22 消基通11－３－７
		49	クレジット手数料を課税仕入れとしていませんか。	信販会社へ支払うクレジット手数料は、包括信用購入あっせん又は個別信用購入あっせんに係る手数料又は賦払金のうち利子に相当する額であり、非課税となりますので、課税仕入れとすることはできません。	消法第６条 消法別表第１ 消令第10条 消基通６－３－１
	費用全般	50	同業者団体等の通常会費や一般会費を課税仕入れとしていませんか。	同業者団体、組合等に対して支払った会費又は組合費等について、当該同業者団体、組合等において、通常の業務運営のために経常的に要する費用をその構成員に分担させ、団体の存立を図るためのいわゆる通常会費や一般会費に該当するとして資産の譲渡等の対価に該当しないとしているときは、当該会費又は組合費等は課税仕入れとすることはできません。	消基通５－５－３ 消基通11－２－６
		51	予約の取消し、契約変更等に伴って支払ったキャンセル料や解約損害金を課税仕入れとしていませんか。	予約の取消し、変更等に伴って支払うキャンセル料や解約損害金等は、逸失利益等に対する損害賠償金であり、役務の提供の対価には該当しないことから、資産の譲渡等の対価には該当せず課税仕入れとすることはできません。 なお、解約手数料、取消手数料などは資産の譲渡等に係る契約の解約等の請求に応じ、対価を得て行われる役務の提供の対価であることから、課税仕入れとすることができますが、損害賠償金としての性格を有する部分と手数料的性格を有する部分とを一括して支	消基通５－２－５ 消基通５－５－２

項目		No.	確認内容	解説	主な参考法令等
消費税等				払っており、それぞれについて判然と区分できない場合については、全体として資産の譲渡等に該当しないものとして取り扱うことから課税仕入れとすることはできません。	
		52	単身赴任者が帰省するための旅費など給与と認められる旅費を課税仕入れとしていませんか。	従業員の出張等に伴い支出する出張旅費、宿泊費、日当等は、貴法人が事業遂行のために必要な費用を、旅行をした者を通じて支出しているものですので、その旅行に通常必要であると認められる部分の金額は、課税仕入れに係る支払対価となります。 しかし、通常必要と認められる金額を超える部分や単身赴任者が帰省するために支給する旅費等の職務の遂行に必要な旅行の費用とは認められない旅費は、給与に該当する支出であることから課税仕入れとすることはできません。	消基通 11 － 2 － 1
		53	海外出張に係る旅費、宿泊費、日当等を課税仕入れとしていませんか。	海外出張に係る旅費、宿泊費及び日当等のうち輸出免税等に該当する取引、あるいは不課税取引に該当するものは、課税仕入れとすることはできません。 ただし、海外出張旅費等として一括支給する場合であっても、海外出張の際の国内鉄道運賃や国内での宿泊費、支度金について、実費分として他の海外出張旅費と区分しているときは、その実費部分については、国内出張旅費等と同様に課税仕入れとして差し支えありません。	消基通 11 － 2 － 1
		54	前払費用を支払時の課税仕入れとしていませんか。 (法基通 2 － 2 － 14 又は連基通 2 － 2 － 14 に規定する「短期の前払費用」の取扱いの適用を受けている場合を除きます。)	役務の提供に係る課税仕入れは、役務の提供が完了した日を含む課税期間に行われたこととなるため、前払費用(一定の契約に基づき継続的に役務の提供を受けるために支出した課税仕入れに係る支払対価のうちその課税期間の末日においてまだ提供を受けていない役務に対応するものをいいます。)については、支払時の課税仕入れとすることはできません。 ただし、法基通 2 － 2 － 14 又は連基通 2 － 2 － 14 に規定する「短期の前払費用」の取扱いの適用を受けている場合には、その支	消基通 11 － 3 － 8 法基通 2 － 2 － 14 連基通 2 － 2 － 14

項目		No.	確認内容	解説	主な参考法令等
消費税等				払時点で課税仕入れとすることができます。	
		55	クレジットカードで決済した経費等について、クレジットカード会社からの請求明細書のみを保存していませんか。	クレジットカードで決済した経費等について、クレジットカード会社が交付する請求明細書は、課税資産の譲渡等を行った事業者が貴法人に対して交付した書類ではないことから、消法第30条第7項及び第9項に規定する請求書等には該当しませんので、当該請求明細書のみの保存をもって、クレジットカードで決済した経費等を課税仕入れとすることはできません。	消法第30条
	営業外収益	56	ゴルフ会員権を譲渡した場合に、その対価を非課税売上げとしていませんか。	株式、出資若しくは預託の形態によるゴルフ会員権は、その譲渡が非課税となる有価証券に類するものには該当しないことから、その譲渡は非課税とはなりません。	消法第6条 消法別表第1 消令第9条 消基通6－2－2
		57	車両等の買換えを行った場合に、販売額から下取額を控除した金額を課税仕入れ又は課税売上げとしていませんか。	車両等の買換えにおいては、課税資産の譲渡等と課税仕入れの二つの取引が同時に行われていますので、それぞれ別個の取引として取り扱う必要があります。	消法第2条 消基通10－1－17

申告書確認表【単体法人用】

確認対象事業年度		担当者	役職：
確認実施日			役職：

この確認表は、誤りが生じやすいと認められる事項について取りまとめたもので、皆様が申告書を提出される直前の自主的な点検に御活用いただくことを目的として作成しております。

確認表を御活用いただいた場合、会社事業概況書の「⑩　申告書確認表等の活用状況」欄へその旨を記載いただくようお願いします。

確認表は、税務調査等の機会に活用状況を確認させていただくことを予定しております。

項　目	No.	確　認　内　容	確認結果		
共通事項	1	当事業年度に適用される別表を使用していますか。	□適	□否	
	2	各別表に記載している前事業年度からの繰越額(期首現在利益積立金額、期首現在資本金等の額を含みます。)は、前事業年度の申告書の金額と一致していますか。	□適	□否	□非該当
	3	法人税関係特別措置の適用を受ける場合、適用額明細書を添付していますか(租特透明化法第3条参照)。	□適	□否	□非該当
	4	組織再編成がある場合、組織再編成に係る契約書等の写し及び主要な事項に関する明細書を添付し、適格判定を行っていますか。	□適	□否	□非該当
法人税額及び地方法人税額の計算別表一(一)・(一)次葉	5	別表一(一)の15欄及び43欄に、中間申告分の税額を正しく記載していますか。	□適	□否	□非該当
	6	地方法人税額の計算につき、別表一(一)次葉の58欄～61欄により計算していますか。 また、別表一(一)の40欄の金額は、別表六(二)の50欄の金額と一致していますか。	□適	□否	□非該当
	7	当事業年度終了の時における資本金の額若しくは出資金の額が1億円超の法人又は一若しくは完全支配関係のある複数の大法人(資本金の額又は出資金の額が5億円以上の法人等)に発行済株式等の全部を保有されている法人であるにもかかわらず、軽減税率を適用していませんか。	□適	□否	□非該当
同族会社等の判定別表二	8	21欄又は22欄に記載すべきものを19欄又は20欄に記載していませんか。 また、同一の株主グループに含めて判定すべき法人株主を別の株主グループとしていませんか。	□適	□否	□非該当
	9	17欄が50%超で、当事業年度終了の時における資本金の額若しくは出資金の額が1億円超の場合又は一若しくは			

項　目	No.	確　認　内　容	確認結果		
		完全支配関係のある複数の大法人(資本金の額又は出資金の額が5億円以上の法人等)に発行済株式等の全部を保有されている場合、別表三(一)を作成していますか。	□適	□否	□非該当
	10	貸借対照表に自己株式を計上している場合、その自己株式数を1欄の内書に記載し、その記載した数を3欄及び12欄において分母から除いて割合を算出していますか。	□適	□否	□非該当
所得金額の計算 別表四・五(一)	11	別表四の1③欄の配当の額は、株主資本等変動計算書記載の剰余金の配当の額と一致していますか。	□適	□否	□非該当
	12	別表四と別表五(一)の検算額は、別表五(一)の31④欄の金額と一致していますか。 【検算式】 別表四の49②欄　＋　別表五(一)の31①欄　－　別表五(一)の28～30の③欄の合計額　＝　別表五(一)の31④欄	□適	□否	□非該当
	13	前事業年度以前に所得金額に加算した有価証券若しくはゴルフ会員権等の評価損又は減損損失の額について、当事業年度に売却等の減算事由が生じたものを減算していますか。	□適	□否	□非該当
	14	貸借対照表の任意引当金、繰延税金資産(負債)等の金額は、別表五(一)の④欄の金額と一致していますか。	□適	□否	□非該当
	15	組織再編成がある場合、利益積立金額及び資本金等の額の調整を行っていますか。	□適	□否	□非該当
租税公課 別表五(二)	16	5、10、15及び24～29の⑤欄でプラス表示している金額を別表四の2欄、3欄及び5欄で加算していますか。	□適	□否	□非該当
	17	5欄、10欄及び15欄でマイナス表示している還付法人税等又は還付所得税等(いずれも還付加算金を除きます。)の額で、雑収入等に計上しているものを別表四の18欄又は19欄で減算していますか。	□適	□否	□非該当
	18	19の③欄及び④欄でプラス表示している事業税の額を別表四の13欄等で減算していますか。 また、19の③欄及び④欄でマイナス表示している還付事業税の額を別表四で加算していますか。	□適	□否	□非該当
	19	「その他」の③欄に表示している充当金の取崩し又は④欄に表示している仮払経理により納付した源泉所得税又は外国法人税等の額を別表四で減算していますか。	□適	□否	□非該当
	20	仮払経理により納付した税額の合計額及び41欄の金額は、それぞれ貸借対照表又は勘定科目内訳明細書の記載額	□適	□否	□非該当

項　目	No.	確　認　内　容	確認結果		
		と一致していますか。			
所得税額控除 別表六(一)	21	復興特別所得税額について所得税額控除制度の適用を受ける場合、所得税額とみなされる復興特別所得税額を所得税額に含めて記載していますか。	□適	□否	□非該当
	22	12欄及び19欄で所有期間によるあん分計算を要しないものについて、あん分計算を行っていませんか。 (例)公社債の利子、特定目的信託の社債的受益権の収益の分配、公社債投資信託の収益の分配、公社債等運用投資信託の収益の分配、資本剰余金の減少に伴う剰余金の配当、分割型分割による剰余金の配当、株式分配	□適	□否	□非該当
外国税額控除 別表六(二)等	23	国外事業所等を通じて事業を行っている場合、国外所得金額の計算において、国外事業所等帰属所得とその他の国外源泉所得とに区分して計算していますか。 また、国外事業所等帰属所得の計算に当たっては、別表六(二)付表一等を作成していますか。	□適	□否	□非該当
	24	別表六(二)の21欄及び別表六(二)付表一の5欄の金額は、税引後の金額としていますか。 また、これらの金額に係る計算の明細を記載した書類を添付していますか。	□適	□否	□非該当
	25	別表六(二)の12欄の金額は、国外事業所等帰属所得及びその他の国外源泉所得ごとに計算した非課税所得分の合計額(マイナスの場合は0)を記載していますか。	□適	□否	□非該当
	26	国外事業所等帰属所得及びその他の国外源泉所得ごとに、共通費用及び共通利子の配賦計算をしていますか。	□適	□否	□非該当
	27	国外所得金額の計算において、別表四の加減算額を調整していますか。 (例)別表八(二)の外国子会社から受ける剰余金の配当等の益金不算入額、別表十七(三)の特定外国子会社等又は別表十七(三の八)の特定外国関係会社若しくは対象外国関係会社に係る課税対象金額(本店所在地国、支店所在地国等において外国法人税を課されないものを除きます。)	□適	□否	□非該当
外国税額控除 別表六(三)	28	12～29の②欄及び⑤欄の金額は、最も古い事業年度のものから順に充当していますか。 また、同一事業年度のものについては、国税、道府県民税、市町村民税の順に充当していますか。	□適	□否	□非該当
外国税額控	29	外国法人税に該当しない税(中国の増値税等)を記載して	□適	□否	□非該当

項　目	No.	確　認　内　容	確認結果		
除 別表六(四)・六(四の二)・六(五)		いませんか。			
	30	益金不算入の対象となる外国子会社から受ける剰余金の配当等の額に係る外国源泉税等を、別表六(四)に記載していませんか。 また、法法第23条の2第2項第1号の規定の適用を受ける剰余金の配当等の額(同条第3項の規定の適用を受けるものを含みます。)に係る外国源泉税等について、別表六(四の二)を作成していますか。	□適	□否	□非該当
	31	別表六(四)の4欄、別表六(四の二)の5欄及び別表六(五)の3欄は、当事業年度中の日付となっていますか。	□適	□否	□非該当
	32	別表六(四)の8欄、別表六(四の二)の7欄及び別表六(五)の5欄は、租税条約(日台民間租税取決めを含む。)の限度税率を超えていませんか。	□適	□否	□非該当
	33	別表六(四)の12欄、別表六(四の二)の9欄及び別表六(五)の7欄に、租税条約及び相手国法令の根拠規定を記載していますか。	□適	□否	□非該当
試験研究を行った場合の法人税額の特別控除 別表六(六)～(十)	34	別表六(六)(中小企業者等の場合、別表六(七))の1欄及び別表六(八)の1欄の金額は、申告調整額を加減算した税務上の金額となっていますか。 また、試験研究費に充当する目的で他の者から支払を受けた金額がある場合、その金額を試験研究費の額から控除していますか。	□適	□否	□非該当
	35	次に掲げる場合、別表六(九)を作成していませんか。 ①　別表六(六)の当期税額基準額の計算において15欄の特例加算割合を適用している場合 ②　別表六(七)の当期税額基準額の計算において13欄又は14欄により計算された金額を適用している場合	□適	□否	□非該当
	36	別表六(十)の平均売上金額の計算に関する明細書における売上金額について、申告調整額を加減算した税務上の金額となっていますか。 また、当事業年度の改定売上金額が記載されていますか。	□適	□否	□非該当
法人税の額から控除される特別控除額 別表六(二	37	複数の法人税額の特別控除制度の適用を受ける場合、適用を受ける制度に係る別表に記載した当期税額控除可能額を転記していますか。	□適	□否	□非該当

項目	No.	確認内容	確認結果		
十八)					
特定税額控除規定の適用可否の判定 別表六(二十九)	38	中小企業者等以外の法人が、次に掲げる法人税額の特別控除制度の適用を受ける場合、3欄、7欄又は10欄のいずれかが「該当」となっていますか。 ① 試験研究を行った場合の法人税額の特別控除制度 ② 地域経済牽引事業の促進区域内において特定事業用機械等を取得した場合の法人税額の特別控除制度 ③ 革新的情報産業活用設備を取得した場合の法人税額の特別控除制度(平成30年6月6日以後に取得等をした場合に限ります。)	□適	□否	□非該当
繰越欠損金 別表七(一)・七(一)付表一	39	別表七(一)の2欄の金額は、欠損金控除前の所得金額の50/100相当額となっていますか。ただし、次に掲げる事業年度を除きます。 ① 当事業年度終了の時における資本金の額若しくは出資金の額が1億円以下で一又は完全支配関係のある複数の大法人(資本金の額又は出資金の額が5億円以上の法人等)に発行済株式等の全部を保有されていない場合の事業年度(法法第57条第11項第1号該当) ② 更生手続開始の決定の日からその更生計画認可の決定の日等以後7年を経過する日までの期間内の日の属する事業年度(株式が上場された等の事由が生じた日以後に終了する事業年度を除きます。)(同項第2号該当) ③ 設立の日から同日以後7年を経過する日までの期間内の日の属する事業年度(株式が上場された等の事由が生じた日以後に終了する事業年度を除きます。)(同項第3号該当)	□適	□否	□非該当
	40	別表七(一)付表一の「適格組織再編成等の別」欄を記載していますか。 また、「支配関係発生日」が「適格組織再編成等の日」の属する事業年度開始の日前5年以内で未処理欠損金額等の調整計算及び特定資産譲渡等損失相当額の計算が必要な場合、別表七(一)付表一の5欄～7欄及び9欄～12欄を記載していますか。	□適	□否	□非該当
受取配当等の益金不算入 別表八(一)	(受取配当等の額)				
	41	31欄、34欄、37欄及び43欄の金額に益金不算入の対象とならないものの額を含めていませんか。 (例)公社債の利子の額、MMF(追加型公社債投資信託)等の公社債投資信託の収益の分配の額、公社債投資信託以外			

項　目	No.	確　認　内　容	確認結果		
		の証券投資信託の収益の分配の額(外国株価指数連動型特定株式投資信託以外の特定株式投資信託(ETF)の収益の分配の額を除きます。)、不動産投資信託の収益の分配の額、オープン投資信託の特別分配金の額、外国法人・特定目的会社・投資法人から受ける配当等の額、匿名組合契約に基づいて受ける利益の分配の額	□適	□否	□非該当
	42	31欄の金額に、完全子法人株式等(その配当等の額の計算期間の初日から末日まで継続して他の内国法人との間に完全支配関係があった場合の当該他の内国法人の株式等)に係る配当等の額に該当しないものの額を含めていませんか。	□適	□否	□非該当
	43	32欄の金額に、関連法人株式等(その保有割合が３分の１超の他の内国法人の株式等を当該他の内国法人から受ける配当等の額の計算期間の初日から末日まで引き続き有している場合の当該株式等)に係る配当等の額に該当しないものの額を含めていませんか。	□適	□否	□非該当
	44	35欄の金額に、その他株式等(完全子法人株式等、関連法人株式等及び非支配目的株式等のいずれにも該当しない株式等)に係る配当等の額に該当しないものの額を含めていませんか。	□適	□否	□非該当
	45	41欄の金額に、非支配目的株式等(その保有割合が５％以下の他の内国法人の株式等を当該他の内国法人から受ける配当等の額の支払に係る基準日において有する場合の当該株式等)に係る配当等の額に該当しないものの額を含めていませんか。 なお、外国株価指数連動型特定株式投資信託以外の特定株式投資信託(ETF)の収益の分配の額は、非支配目的株式等として益金不算入の対象となります。	□適	□否	□非該当
	(負債利子等の額)				
	46	３欄又は16欄の金額は、損益計算書の支払利息(社債利息及び手形の割引料等を含みます。)の額の合計額(別表四において、支払利息等に係る申告調整を行っている場合、その調整後の金額)と一致していますか。	□適	□否	□非該当
	47	27欄及び29欄の金額は、貸借対照表の金額に法令第22条及び法基通３－２－５～３－２－７の調整をした後の金額となっていますか。	□適	□否	□非該当
	48	30欄の金額は、別表五(一)に記載された評価損益を調			

項目	No.	確認内容	確認結果		
		整した後の期末関連法人株式等(他の内国法人の発行済株式等の3分の1を超える数等を当期又は前期の期末日以前6月の期間を通じて有している場合における当該他の内国法人等の株式等をいいます。)の税務上の帳簿価額となっていますか。	□適	□否	□非該当
	49	基準年度実績により負債利子等の額を計算している場合、20欄及び21欄の金額に適格合併に係る被合併法人分も含めていますか(その場合、適格合併に係る全ての法人が平成27年4月1日に存在していますか。)。	□適	□否	□非該当
外国子会社から受ける配当等の益金不算入 別表八(二)	50	5欄は、25%(租税条約で別途定めのある場合はその割合)以上となっていますか。	□適	□否	□非該当
	51	7欄は、当事業年度中の日付となっていますか。	□適	□否	□非該当
	52	8欄は、6月以上の期間となっていますか。	□適	□否	□非該当
	53	27欄の金額を別表四で加算していますか。	□適	□否	□非該当
収用換地等の所得の特別控除及び圧縮記帳 別表十(五)・十三(四)	54	別表十(五)の3欄は、2欄に記載した日以後6月以内の日付となっていますか。	□適	□否	□非該当
	55	建物を取り壊して土地を譲渡している場合、別表十(五)の14欄又は別表十三(四)の12欄の金額にその建物の帳簿価額、取壊費用の額等を含めていますか。	□適	□否	□非該当
	56	同一事業年度内の同一の年に属する期間において、所得の特別控除と圧縮記帳(特別勘定を設けた場合を含みます。)を重複適用していませんか。	□適	□否	□非該当
	57	収用に係る所得の特別控除制度の適用を受ける場合、同一暦年での特別控除額の合計額が5,000万円を超えていませんか(別表十(五)の20欄~22欄)。	□適	□否	□非該当
特定資産の買換えの特例 別表十三(五)	58	適用を受けようとする譲渡資産及び買換資産は、措法第65条の7第1項各号の要件を満たしていますか。	□適	□否	□非該当
	59	建物を取り壊して土地を譲渡している場合、8欄の金額にその建物の帳簿価額、取壊費用の額等を含めていますか。	□適	□否	□非該当
	60	買換資産が措法第65条の7第1項第7号下欄の土地等である場合、その面積は300㎡以上となっていますか(特定施設の敷地又は駐車場の用に供されるもののみが対象となります。)。	□適	□否	□非該当
	61	買換資産が土地等の場合、19欄には18欄のうち4欄の			

項　目	No.	確　認　内　容	確認結果		
		5倍(平成29年4月1日前に行った譲渡に係る資産が旧措法第65条の7第1項第2号上欄に掲げる譲渡資産である場合は10倍)を超える部分の面積を記載していますか。 また、その明細を別紙に記載して添付していますか。	□適	□否	□非該当
	62	27欄の金額を算出する際に乗じた割合を0.8としていますか(平成27年8月10日以後に行った地域再生法第5条第4項第5号イに規定する「集中地域」以外の地域から「集中地域」等への買換えについては、買換資産が東京23区内にある場合の割合は0.7、それ以外の場合の割合は0.75となります。また、震災特例法第19条から第21条までの適用を受ける場合の割合は1.0となります。)。	□適	□否	□非該当
寄附金の損金算入額 別表十四(二)	63	10欄の金額は、別表五(一)の36④欄の金額(マイナスの場合は0)を記載していますか。	□適	□否	□非該当
交際費等の損金算入額 別表十五	64	交際費等の額に係る控除対象外消費税額等を支出交際費等の額に含めていますか。 また、接待飲食費の額に係る控除対象外消費税額等を9欄に含めていますか。	□適	□否	□非該当
	65	当事業年度終了の日における法人の資本金の額若しくは出資金の額が1億円超である、又は法人が一若しくは完全支配関係のある複数の大法人(資本金の額又は出資金の額が5億円以上の法人等)に発行済株式等の全部を保有されているにもかかわらず、3欄の計算をしていませんか。	□適	□否	□非該当
減価償却費 別表十六(一)・十六(二)・特別償却の付表	66	平成28年4月1日以後に取得した建物附属設備及び構築物並びに鉱業用減価償却資産のうち建物、建物附属設備及び構築物の償却方法について、定率法を適用していませんか。	□適	□否	□非該当
	67	中小企業者等又は特定中小企業者等に該当しない法人であるにもかかわらず、これらに該当しないと適用できない特別償却を適用していませんか。	□適	□否	□非該当
	68	特別償却の適用を受けた資産について、措法による圧縮記帳及び他の特別償却を重複適用していませんか。	□適	□否	□非該当
	69	特別償却の制度ごとに適用すべき基準取得価額割合及び償却率によって計算していますか。	□適	□否	□非該当
特定外国子	(外国関係会社の平成30年4月1日前に開始した事業年度)				

項　目	No.	確　認　内　容	確認結果		
会社等に係る課税対象金額等 別表十七(三)・十七(三の二)・十七(三の三)等	70	特定外国子会社等を有する場合、別表十七(三)等を添付し、会社単位の合算課税制度に係る適用除外規定の適用の有無について判定を行っていますか(適用除外となる場合であっても、特定外国子会社等の財務諸表、申告書等を添付する必要があります。)。	□適	□否	□非該当
	71	別表十七(三)等の各欄は、添付した特定外国子会社等の財務諸表、申告書等の記載内容と一致していますか(会社単位の合算課税制度に係る適用除外規定の適用を受ける場合であっても、適用対象金額があり、特定所得の金額があるときは、別表十七(三の二)を作成していますか。)。	□適	□否	□非該当
	72	別表十七(三)の31欄の金額は、6欄の事業年度中に確定した法人所得税の額を記載していますか(6欄の事業年度の所得に対する法人所得税の額を記載していませんか。)。	□適	□否	□非該当
	73	別表十七(三)の35欄の金額の換算レートは、特定外国子会社等の当事業年度終了の日の翌日から2月を経過する日における電信売買相場の仲値を適用していますか(自社の同日を含む事業年度終了の日における電信売買相場の仲値を適用している場合、継続適用していますか。)。	□適	□否	□非該当
	74	別表十七(三)付表一の25～27の計欄及び合計欄には、間接保有分も含めていますか。	□適	□否	□非該当
	75	別表十七(三の三)の6欄の金額は、4欄の事業年度の所得に対する外国法人税額ですか。 また、その外国法人税額に係る申告書等を添付していますか。	□適	□否	□非該当
	76	別表十七(三の三)の17欄及び18欄の金額の換算レートは、特定外国子会社等の当事業年度終了の日の翌日から2月を経過する日における電信売買相場の仲値を適用していますか(自社の同日を含む事業年度終了の日における電信売買相場の仲値を適用している場合、継続適用していますか。)。	□適	□否	□非該当
特定課税対象金額等がある場合の外国法人から受ける配当等の益金	77	別表十七(三の四)の5欄は、当事業年度中の日付となっていますか。	□適	□否	□非該当

項　目	No.	確　認　内　容	確認結果		
不算入 別表十七(三の四)					
特定外国関係会社、対象外国関係会社、部分対象外国関係会社(外国金融子会社等を含む。)に係る課税対象金額等 別表十七(三の七)・十七(三の八)・十七(三の十一)等		(外国関係会社の平成30年4月1日以後に開始する事業年度)			
	78	租税の負担割合が20/100未満である外国関係会社(特定外国関係会社を除きます。)又は租税の負担割合が30/100未満である特定外国関係会社を有する場合、別表十七(三の七)等を作成していますか(合算課税制度の適用を受けない場合であっても、これらの外国関係会社又は特定外国関係会社の財務諸表、申告書等を添付する必要があります。)。	□適	□否	□非該当
	79	別表十七(三の七)等の各欄は、添付した外国関係会社の財務諸表、申告書等の記載内容と一致していますか。	□適	□否	□非該当
	80	別表十七(三の八)の24欄の金額は、2欄の事業年度中に確定した法人所得税の額を記載していますか(2欄の事業年度の所得に対する法人所得税の額を記載していませんか。)。	□適	□否	□非該当
	81	別表十七(三の八)の28欄の金額の換算レートは、特定外国関係会社又は対象外国関係会社の当事業年度終了の日の翌日から2月を経過する日における電信売買相場の仲値を適用していますか(自社の同日を含む事業年度終了の日における電信売買相場の仲値を適用している場合、継続適用していますか。)。	□適	□否	□非該当
	82	別表十七(三の十一)の6欄の金額は、4欄の事業年度の所得に対する外国法人税額ですか。 また、その外国法人税額に係る申告書等を添付していますか。	□適	□否	□非該当
	83	別表十七(三の十一)の36欄及び37欄の金額の換算レートは、外国関係会社の当事業年度終了の日の翌日から2月を経過する日における電信売買相場の仲値を適用していますか(自社の同日を含む事業年度終了の日における電信売買相場の仲値を適用している場合、継続適用していますか。)。	□適	□否	□非該当
国外関連者に関する明細書	84	国外関連者との取引がある場合、取引がある全ての国外関連者の名称、当該国外関連者の直近事業年度の営業収益等及び国外関連者との取引状況等について記載していますか(取引には対価の授受がないものも含みます。)。	□適	□否	□非該当

項目		No.	確認内容	確認結果		
別表十七(四)						
P/L・B/S・勘定科目内訳明細書	評価損等	85	有価証券若しくはゴルフ会員権等の評価損又は減損損失の額のうち、税務上損金の額に算入されない金額を別表四で加算していますか。	□適	□否	□非該当
	役員報酬手当等及び人件費	86	申告書に添付した役員報酬手当等及び人件費の内訳書の「事前確定届出給与」欄に記載された金額は、事前確定届出給与に関する届出書に記載した金額と一致していますか。 また、確定した数の株式又は新株予約権を交付する旨の定めに基づいて支給する給与に係る費用の額として損金の額に算入する金額は、交付決議時価額と一致していますか。	□適	□否	□非該当
		87	利益連動給与の額を損金の額に算入している場合、非同族会社に該当していますか。 また、業績連動給与の額を損金の額に算入している場合、非同族会社又は非同族会社による完全支配関係がある同族会社に該当していますか。	□適	□否	□非該当
		88	役員に対する給与(使用人兼務役員に対する使用人職務分を除きます。)の額のうち、定期同額給与、事前確定届出給与及び利益連動給与又は業績連動給与のいずれにも該当しないものの額を別表四で加算していますか。	□適	□否	□非該当
		89	税務上使用人兼務役員になれない役員(専務取締役、常務取締役、監査役等)に対する給与の額を、「使用人職務分」欄に記載していませんか(その役員に対する給与の額が専務取締役等就任前の使用人職務分に対する給与の額である場合を除きます。)。	□適	□否	□非該当
		90	「使用人職務分」欄に金額の記載がある場合、使用人としての職制上の地位(部長、工場長等)を「役職名担当業務」欄に記載していますか。	□適	□否	□非該当
	特別損失雑損失等	91	損金の額に算入されない租税公課、罰科金等の額を別表四で加算していますか。	□適	□否	□非該当
	資産の譲渡等	92	申告書①欄の金額は、付表２①欄(又は付表２－⑵①D欄)の金額と一致していますか(申告書⑤欄に記載がある場合、返還等対価の額に相当する金額が加算されていますか。)。 なお、特定課税仕入れがある場合、申告書①欄の金額	□適	□否	□非該当

項　目		No.	確　認　内　容	確認結果		
消費税及び地方消費税の申告書（一般用）・添付書類			は、特定課税仕入れがある場合の課税標準額等の内訳書①欄の金額と一致していますか（申告書⑤欄に記載がある場合、返還等対価の額に相当する金額が加算されていますか。）。			
		93	付表２⑥欄（又は付表２－⑵⑥Ｄ欄）の金額には、有価証券の譲渡対価の５％に相当する金額、土地等の譲渡対価の金額及び受取利息の金額を含めていますか。	□適	□否	□非該当
	控除税額	94	課税売上高が５億円超又は課税売上割合が95％未満であるにもかかわらず、課税仕入れに係る消費税額を全額控除していませんか。	□適	□否	□非該当
		95	申告書⑥欄は、貸倒れに係る売掛金等（税込額）の6.3/108、4/105又は3/103相当額を記載していますか。 また、不課税又は非課税取引（貸付金等）に係る貸倒れについて控除の対象としていませんか。	□適	□否	□非該当
		96	付表２⑨欄は、⑧欄の金額に6.3/108を乗じた金額を記載していますか（又は、付表２－⑵⑨のＡ欄、Ｂ欄、Ｃ欄は、⑧のＡ欄、Ｂ欄、Ｃ欄の金額に3/103、4/105、6.3/108を乗じた金額を記載していますか。）。	□適	□否	□非該当
	特定課税仕入れ（リバースチャージ方式）	97	課税売上割合が95％未満であり、かつ、特定課税仕入れ（例えば、国外事業者が行うネット広告の配信等）がある場合、「特定課税仕入れがある場合の課税標準額等の内訳書」を添付し、当該内訳書の③欄に特定課税仕入れに係る支払対価の額を記載していますか。	□適	□否	□非該当
		98	上記の場合、付表２⑪欄は、⑩欄の金額に6.3/100を乗じた金額を記載していますか（又は、付表２－⑵⑪Ｃ欄は、⑩Ｃ欄の金額に6.3/100を乗じた金額を記載していますか。）。	□適	□否	□非該当
	税額の計算	99	申告書⑩欄及び㉑欄の金額について、それぞれの金額の配賦誤りや、中間申告11回目分の記載漏れはありませんか。	□適	□否	□非該当
		100	申告書⑰欄又は⑱欄の金額は、それぞれ⑧欄又は⑨欄の金額と一致していますか（付表１を添付する場合、申告書⑰欄又は⑱欄の金額は付表１⑬Ｄ欄の金額と、申告書⑲欄又は⑳欄の金額は付表１⑯Ｄ欄の金額と一致していますか。）。	□適	□否	□非該当
	法人税申	101	法人税申告書別表四の加減算項目中、消費税法上課税取			

項　目		No.	確認内容	確認結果		
	告書等との関係		引となるものについて、消費税及び地方消費税の申告書において調整を行っていますか。	□適	□否	□非該当
		102	申告書㉖欄の金額は、貸借対照表と法人税申告書別表五(一)の未払(未収)消費税額等の合計額と一致していますか(各月ごとに申告及び納付している法人の場合、その合計額に決算月の前月分の納付(還付)税額を調整した金額と一致していますか。)。	□適	□否	□非該当
		103	課税仕入れに係る消費税額が全額控除できず、資産に係る控除対象外消費税額等を損金の額に算入している場合、別表十六(十)を添付していますか。 また、課税売上割合が80%未満である場合、繰延消費税額等の損金算入限度額の計算をしていますか。	□適	□否	□非該当

1　表中の法令・通達は、以下の略語を用いています。

法法　……法人税法

法令　……法人税法施行令

法基通……法人税基本通達

措法　……租税特別措置法

震災特例法　……東日本大震災の被災者等に係る国税関係法律の臨時特例に関する法律

租特透明化法……租税特別措置の適用状況の透明化等に関する法律

2　平成30年6月29日現在の法令・通達によっています。

申告書確認表【留意事項】

この申告書確認表【留意事項】は、申告書確認表を御活用いただく際に留意すべき事項について取りまとめたものです。

項　目	No.	確　認　内　容	留　意　事　項
共通事項	1	当事業年度に適用される別表を使用していますか。	当事業年度に対応した別表を使用していない場合には、税制改正に伴う改正事項が反映されないなど、所得金額や税額の計算に誤りが生じることがあります。
	2	各別表に記載している前事業年度からの繰越額（期首現在利益積立金額、期首現在資本金等の額を含みます。）は、前事業年度の申告書の金額と一致していますか。	前事業年度からの繰越額が前事業年度の申告書の金額と一致していない場合には、その繰越額に基づいて算出した所得金額や税額の計算に誤りが生じることがあります。 なお、別表五(一)の期首現在利益積立金額や期首現在資本金等の額が前事業年度の申告書の金額と一致していない場合には、前事業年度に税務上加算した項目の減算漏れ、特定同族会社の課税留保金額、寄附金の損金不算入額等の計算に誤りが生じることがあります。
	3	法人税関係特別措置の適用を受ける場合、適用額明細書を添付していますか(租特透明化法第3条参照)。	法人税関係特別措置のうち税額又は所得の金額を減少させるもの等の適用を受けるためには、適用額明細書の添付又は提出が必要となります。
	4	組織再編成がある場合、組織再編成に係る契約書等の写し及び主要な事項に関する明細書を添付し、適格判定を行っていますか。	適格判定に誤りがあった場合には、移転資産等に係る多額の譲渡損益等の申告調整が必要となることがあります。
法人税額及び地方法人税額の計算 別表一(一)・一(一)次葉	5	別表一(一)の15欄及び43欄に、中間申告分の税額を正しく記載していますか。	左記の金額を正しく記載していない場合には、税額の計算に誤りが生じることがあります。
	6	地方法人税額の計算につき、別表一(一)次葉の58欄～61欄により計算していますか。 また、別表一(一)の40欄の金額は、別表六(二)の50欄の金額と一致していますか。	左記の金額が一致していない場合には、地方法人税額の計算に誤りが生じることがあります。
	7	当事業年度終了の時における資本金の	左記の法人であるにもかかわらず、軽

項目	No.	確認内容	留意事項
		額若しくは出資金の額が1億円超の法人又は一若しくは完全支配関係のある複数の大法人（資本金の額又は出資金の額が5億円以上の法人等）に発行済株式等の全部を保有されている法人であるにもかかわらず、軽減税率を適用していませんか。	減税率を適用している場合には、税額が過少となります。
同族会社等の判定 別表二	8	21欄又は22欄に記載すべきものを19欄又は20欄に記載していませんか。 また、同一の株主グループに含めて判定すべき法人株主を別の株主グループとしていませんか。	記載誤りの結果、同族会社等の判定に誤りがあった場合には、特定同族会社の課税留保金額が生じることがあります。
	9	17欄が50%超で、当事業年度終了の時における資本金の額若しくは出資金の額が1億円超の場合又は一若しくは完全支配関係のある複数の大法人（資本金の額又は出資金の額が5億円以上の法人等）に発行済株式等の全部を保有されている場合、別表三(一)を作成していますか。	別表二(一)を作成していない場合には、特定同族会社の課税留保金額の計算に誤りが生じることがあります。
	10	貸借対照表に自己株式を計上している場合、その自己株式数を1欄の内書に記載し、その記載した数を3欄及び12欄において分母から除いて割合を算出していますか。	自己株式数を分母から除いて割合を算出していない結果、同族会社等の判定に誤りがあった場合には、特定同族会社の課税留保金額が生じることがあります。
所得金額の計算 別表四・五(一)	11	別表四の1③欄の配当の額は、株主資本等変動計算書記載の剰余金の配当の額と一致していますか。	左記の金額が一致していない場合には、特定同族会社の課税留保金額の計算に誤りが生じることがあります。
	12	別表四と別表五(一)の検算額は、別表五(一)の31④欄の金額と一致していますか。 【検算式】 別表四の49②欄　+　別表五(一)の31①欄　-　別表五(一)の28～30の③欄の合計額　=　別表五(一)の31④欄	中間納付額の還付金がある場合、適格合併等により移転を受けた資産等がある場合、完全支配関係（連結完全支配関係を除きます。）がある法人の株式又は出資について寄附修正を行った場合等には、一致しないことがあります。
	13	前事業年度以前に所得金額に加算した有価証券若しくはゴルフ会員権等の評価損又は減損損失の額について、当事業年	左記の項目以外に、前事業年度以前に申告調整を行っている項目についても、その受入処理が正しく行われているか併

項　目	No.	確　認　内　容	留　意　事　項
		度に売却等の減算事由が生じたものを減算していますか。	せて確認する必要があります。
	14	貸借対照表の任意引当金、繰延税金資産（負債）等の金額は、別表五(一)の④欄の金額と一致していますか。	左記の金額が一致していない場合には、申告調整が正しく行われていない可能性があり、その結果、所得金額の計算に誤りが生じることがあります。
	15	組織再編成がある場合、利益積立金額及び資本金等の額の調整を行っていますか。	利益積立金額及び資本金等の額の調整を行っていない場合には、特定同族会社の課税留保金額、寄附金の損金不算入額等の計算に誤りが生じることがあります。
租税公課別表五(二)	16	5、10、15及び24～29の⑤欄でプラス表示している金額を別表四の2欄、3欄及び5欄で加算していますか。	№16～№20によっていない場合には、租税公課に係る申告調整が正しく行われていない可能性があり、その結果、所得金額の計算に誤りが生じることがあります。
	17	5欄、10欄及び15欄でマイナス表示している還付法人税等又は還付所得税等（いずれも還付加算金を除きます。）の額で、雑収入等に計上しているものを別表四の18欄又は19欄で減算していますか。	
	18	19の③欄及び④欄でプラス表示している事業税の額を別表四の13欄等で減算していますか。 また、19の③欄及び④欄でマイナス表示している還付事業税の額を別表四で加算していますか。	
	19	「その他」の③欄に表示している充当金の取崩し又は④欄に表示している仮払経理により納付した源泉所得税又は外国法人税等の額を別表四で減算していますか。	
	20	仮払経理により納付した税額の合計額及び41欄の金額は、それぞれ貸借対照表又は勘定科目内訳明細書の記載額と一致していますか。	
所得税額控除	21	復興特別所得税額について所得税額控除制度の適用を受ける場合、所得税額と	復興特別所得税額を所得税額に含めて記載していない場合には、所得税の控除

項目	No.	確認内容	留意事項
別表六(一)		みなされる復興特別所得税額を所得税額に含めて記載していますか。	税額が過少となることがあります。
	22	12欄及び19欄で所有期間によるあん分計算を要しないものについて、あん分計算を行っていませんか。 (例) 公社債の利子、特定目的信託の社債的受益権の収益の分配、公社債投資信託の収益の分配、公社債等運用投資信託の収益の分配、資本剰余金の減少に伴う剰余金の配当、分割型分割による剰余金の配当、株式分配	あん分計算を要しないものについて、あん分計算を行った場合には、所得税の控除税額が過少となることがあります。
外国税額控除 別表六(二)等	23	国外事業所等を通じて事業を行っている場合、国外所得金額の計算において、国外事業所等帰属所得とその他の国外源泉所得とに区分して計算していますか。 また、国外事業所等帰属所得の計算に当たっては、別表六(二)付表一等を作成していますか。	平成26年度税制改正により、帰属主義が導入されたことに伴い、国外所得金額の計算は、国外事業所等帰属所得とその他の国外源泉所得とに区分して計算することとされています。
	24	別表六(二)の21欄及び別表六(二)付表一の5欄の金額は、税引後の金額としていますか。 また、これらの金額に係る計算の明細を記載した書類を添付していますか。	税引後の金額としていない場合には、国外所得金額が過大となる可能性があり、その結果、外国税額の控除額が過大となることがあります。
	25	別表六(二)の12欄の金額は、国外事業所等帰属所得及びその他の国外源泉所得ごとに計算した非課税所得分の合計額(マイナスの場合は0)を記載していますか。	平成26年度税制改正により、帰属主義が導入されたことに伴い、国外所得金額の計算は、国外事業所等帰属所得とその他の国外源泉所得とに区分して計算することとされています。
	26	国外事業所等帰属所得及びその他の国外源泉所得ごとに、共通費用及び共通利子の配賦計算をしていますか。	
	27	国外所得金額の計算において、別表四の加減算額を調整していますか。 (例) 別表八(二)の外国子会社から受ける剰余金の配当等の益金不算入額、別表十七(三)の特定外国子会社等又は別表十七(三の八)の特定外国関係会社若しくは対象外国関係会社に係る課税対象金額	別表四の加減算額を調整していない場合には、国外所得金額の計算が正しく行われていない可能性があり、その結果、外国税額の控除額の計算に誤りが生じることがあります。

項　目	No.	確　認　内　容	留　意　事　項
		(本店所在地国、支店所在地国等において外国法人税を課されないものを除きます。)	
外国税額控除 別表六(三)	28	12～29の②欄及び⑤欄の金額は、最も古い事業年度のものから順に充当していますか。 また、同一事業年度のものについては、国税、道府県民税、市町村民税の順に充当していますか。	充当の順序に誤りがあった場合には、外国税額の控除額の計算に誤りが生じることがあります。
外国税額控除 別表六(四)・六(四の二)・六(五)	29	外国法人税に該当しない税（中国の増値税等）を記載していませんか。	法人の所得を課税標準として課される税ではない中国の増値税等は外国法人税に該当せず、外国税額控除の対象となりません。 また、法人の所得を課税標準として課される税であっても、税を納付する者がその納付後、任意にその金額の全部又は一部の還付を請求することができる税等、法令第141条第3項各号に掲げる税についても外国法人税に該当せず、外国税額控除の対象となりません。
	30	益金不算入の対象となる外国子会社から受ける剰余金の配当等の額に係る外国源泉税等を、別表六(四)に記載していませんか。 また、法法第23条の2第2項第1号の規定の適用を受ける剰余金の配当等の額（同条第3項の規定の適用を受けるものを含みます。）に係る外国源泉税等について、別表六(四の二)を作成していますか。	外国子会社から受ける剰余金の配当等の額に係る外国源泉税等は、当該配当等の額のうち法法第23条の2第2項の規定の適用を受ける部分の金額に係るものを除き、外国税額控除の対象となりません。
	31	別表六(四)の4欄、別表六(四の二)の5欄及び別表六(五)の3欄は、当事業年度中の日付となっていますか。	外国税額控除の適用時期については、原則として、外国法人税を納付することとなる日の属する事業年度において適用することとなりますが、継続適用を条件に、その納付することが確定した外国法人税額を費用として計上した日の属する事業年度において外国税額控除を適用することもできます。

項　目	No.	確　認　内　容	留　意　事　項
			なお、これは、適用年度を任意に選択できるというものではなく、その費用計上時期が税務上も認められる合理的な基準による必要があります。
	32	別表六(四)の8欄、別表六(四の二)の7欄及び別表六(五)の5欄は、租税条約（日台民間租税取決めを含む。）の限度税率を超えていませんか。	租税条約（日台民間租税取決めを含む。）の限度税率を超えている部分については、外国税額控除の対象にならず、損金の額に算入されることとなります。
	33	別表六(四)の12欄、別表六(四の二)の9欄及び別表六(五)の7欄に、租税条約及び相手国法令の根拠規定を記載していますか。	みなし外国税額控除は、租税条約において、外国法人税を納付したとみなされる旨を取り決めた国及び税目に限って適用されることから、当事業年度における適用関係を租税条約により確認する必要があります。
試験研究を行った場合の法人税額の特別控除別表六(六)～(十)	34	別表六(六)（中小企業者等の場合、別表六(七)）の1欄及び別表六(八)の1欄の金額は、申告調整額を加減算した税務上の金額となっていますか。 また、試験研究費に充当する目的で他の者から支払を受けた金額がある場合、その金額を試験研究費の額から控除していますか。	試験研究費に充当する目的で他の者から支払を受けた金額がある場合において、その支払を受けた金額がその試験研究費の額を上回っていたときは、その上回った金額は、他の試験研究費の額から控除することとなります。
	35	次に掲げる場合、別表六(九)を作成していませんか。 ①　別表六(六)の当期税額基準額の計算において15欄の特例加算割合を適用している場合 ②　別表六(七)の当期税額基準額の計算において13欄又は14欄により計算された金額を適用している場合	特例加算割合等の適用を受ける場合には、平均売上金額の100分の10に相当する金額を超える試験研究費の額に係る法人税額の特別控除制度の適用を受けることはできません。
	36	別表六(十)の平均売上金額の計算に関する明細書における売上金額について、申告調整額を加減算した税務上の金額となっていますか。 また、当事業年度の改定売上金額が記載されていますか。	売上金額について申告調整を行っていない場合には、税額の控除額の計算に誤りが生じることがあります。
法人税の額	37	複数の法人税額の特別控除制度の適用を受ける場合、適用を受ける制度に係る	適用を受ける制度の税額控除可能額の合計額が、調整前法人税額の90%相当

項　　目	No.	確　　認　　内　　容	留　　意　　事　　項
から控除される特別控除額 別表六（二十八）		別表に記載した当期税額控除可能額を転記していますか。	額を超える場合には、その超える部分の金額は、調整前法人税額から控除せずに、各制度の繰越税額控除限度超過額として翌事業年度以後に繰越控除することとなります。
特定税額控除規定の適用可否の判定 別表六（二十九）	38	中小企業者等以外の法人が、次に掲げる法人税額の特別控除制度の適用を受ける場合、3欄、7欄又は10欄のいずれかが「該当」となっていますか。 ①　試験研究を行った場合の法人税額の特別控除制度 ②　地域経済牽引事業の促進区域内において特定事業用機械等を取得した場合の法人税額の特別控除制度 ③　革新的情報産業活用設備を取得した場合の法人税額の特別控除制度（平成30年6月6日以後に取得等をした場合に限ります。）	平成30年度税制改正により、次の要件のいずれにも該当しない場合には、左記の①から③までの制度の適用を受けることができないこととされています。 イ　継続雇用者給与等支給額が継続雇用者比較給与等支給額を超えること（又はこれらの支給額が0であること。）。 ロ　国内設備投資額が当期償却費総額の10%相当額を超えること。 ハ　特定対象年度の基準所得等金額がその前事業年度等の基準所得等金額の合計額以下であること。
繰越欠損金 別表七(一)・七(一)付表一	39	別表七(一)の2欄の金額は、欠損金控除前の所得金額の50/100相当額となっていますか。ただし、次に掲げる事業年度を除きます。 ①　当事業年度終了の時における資本金の額若しくは出資金の額が1億円以下で一又は完全支配関係のある複数の大法人（資本金の額又は出資金の額が5億円以上の法人等）に発行済株式等の全部を保有されていない場合の事業年度（法法第57条第11項第1号該当） ②　更生手続開始の決定の日からその更生計画認可の決定の日等以後7年を経過する日までの期間内の日の属する事業年度（株式が上場された等の事由が生じた日以後に終了する事業年度を除きます。）（同項第2号該当） ③　設立の日から同日以後7年を経過する日までの期間内の日の属する事業年度（株式が上場された等の事由が生じた日以後に終了する事業年度を除きま	平成28年度税制改正により、控除限度割合が50/100とされています。

項目	No.	確認内容	留意事項
		す。）（同項第３号該当）	
	40	別表七(一)付表一の「適格組織再編成等の別」欄を記載していますか。 また、「支配関係発生日」が「適格組織再編成等の日」の属する事業年度開始の日前５年以内で未処理欠損金額等の調整計算及び特定資産譲渡等損失相当額の計算が必要な場合、別表七(一)付表一の５欄～7欄及び９欄～12欄を記載していますか。	適格合併等があった場合に、被合併法人等の繰越欠損金を引き継ぐためには、一定の要件（いわゆる「みなし共同事業要件」又は５年継続支配関係の要件）を満たしていなければならないことから、別表七(一)付表一を記載する場合には、改めてその要件について確認する必要があります。
受取配当等の益金不算入 **別表八(一)**		（受取配当等の額）	
	41	31欄、34欄、37欄及び43欄の金額に益金不算入の対象とならないものの額を含めていませんか。 （例）公社債の利子の額、MMF（追加型公社債投資信託）等の公社債投資信託の収益の分配の額、公社債投資信託以外の証券投資信託の収益の分配の額（外国株価指数連動型特定株式投資信託以外の特定株式投資信託（ETF）の収益の分配の額を除きます。）、不動産投資信託の収益の分配の額、オープン投資信託の特別分配金の額、外国法人・特定目的会社・投資法人から受ける配当等の額、匿名組合契約に基づいて受ける利益の分配の額	左記の（例）以外に、生命保険の契約者配当金、協同組合等の事業分量配当金等についても益金不算入の対象となりません。
	42	31欄の金額に、完全子法人株式等（その配当等の額の計算期間の初日から末日まで継続して他の内国法人との間に完全支配関係があった場合の当該他の内国法人の株式等）に係る配当等の額に該当しないものの額を含めていませんか。	完全子法人株式等に係る配当等の額の計算期間が最長で１年であるのに対し、関連法人株式等に係る配当等の額の計算期間は最長で６月となります。
	43	32欄の金額に、関連法人株式等（その保有割合が３分の１超の他の内国法人の株式等を当該他の内国法人から受ける配当等の額の計算期間の初日から末日まで引き続き有している場合の当該株式等）に係る配当等の額に該当しないもの	

項　　目	No.	確　認　内　容	留　意　事　項
		の額を含めていませんか。	
	44	35欄の金額に、その他株式等（完全子法人株式等、関連法人株式等及び非支配目的株式等のいずれにも該当しない株式等）に係る配当等の額に該当しないものの額を含めていませんか。	平成27年度税制改正により、株式等の区分及び益金不算入割合が次のとおりとされています。 ① 完全子法人株式等（株式等保有割合100%）…益金不算入割合100/100 ② 関連法人株式等（株式等保有割合1/3超）…益金不算入割合100/100 ③ その他株式等（株式等保有割合5%超1/3以下）…益金不算入割合50/100 ④ 非支配目的株式等（株式等保有割合5%以下）…益金不算入割合20/100 （保険業を行う法人（青色申告書を提出するものに限ります。）については、④の益金不算入割合が40/100となります。） なお、②の関連法人株式等については、その配当等の額から当該株式等に係る負債利子等の額を控除した金額が益金不算入となります。
	45	41欄の金額に、非支配目的株式等（その保有割合が5%以下の他の内国法人の株式等を当該他の内国法人から受ける配当等の額の支払に係る基準日において有する場合の当該株式等）に係る配当等の額に該当しないものの額を含めていませんか。 なお、外国株価指数連動型特定株式投資信託以外の特定株式投資信託（ETF）の収益の分配の額は、非支配目的株式等として益金不算入の対象となります。	
	（負債利子等の額）		
	46	3欄又は16欄の金額は、損益計算書の支払利息（社債利息及び手形の割引料等を含みます。）の額の合計額（別表四において、支払利息等に係る申告調整を行っている場合、その調整後の金額）と一致していますか。	社債利息及び手形の割引料以外に、従業員預り金、営業保証金、敷金その他これらに準ずる預り金の利子等についても支払利息に含まれます。
	47	27欄及び29欄の金額は、貸借対照表の金額に法令第22条及び法基通3－2－5～3－2－7の調整をした後の金額となっていますか。	貸借対照表の純資産の部の控除項目として表示されている自己株式については、総資産の帳簿価額に加算する必要はありません。
	48	30欄の金額は、別表五(一)に記載された評価損益を調整した後の期末関連法人株式等（他の内国法人の発行済株式等の3分の1を超える数等を当期又は前期の期末日以前6月の期間を通じて有している場合における当該他の内国法人等の	評価損益以外に、別表五(一)に記載された株式の取得価額に算入すべきデューデリジェンス費用等の金額についても調整を行う必要があります。

項　目	No.	確　認　内　容	留　意　事　項
		株式等をいいます。）の税務上の帳簿価額となっていますか。	
	49	基準年度実績により負債利子等の額を計算している場合、20欄及び21欄の金額に適格合併に係る被合併法人分も含めていますか（その場合、適格合併に係る全ての法人が平成27年4月1日に存在していますか。）。	平成27年度税制改正により、簡便法の基準年度が平成27年4月1日から平成29年3月31日までの間に開始した各事業年度とされています。
外国子会社から受ける配当等の益金不算入 **別表八(二)**	50	5欄は、25%（租税条約で別途定めのある場合はその割合）以上となっていますか。	保有割合の判定に当たっては、自己株式を除いて判定することとなります。
	51	7欄は、当事業年度中の日付となっていますか。	配当等について、継続してその支払を受けた日（その支払のために通常要する期間内の日に限ります。）の属する事業年度の収益としている場合には、前事業年度中の日付となることがあります。
	52	8欄は、6月以上の期間となっていますか。	配当等の額の支払義務が確定する日以前6月以上継続して株式等を保有しているものが、益金不算入の対象となります。
	53	27欄の金額を別表四で加算していますか。	損金不算入とされる外国源泉税等の額は、外国税額控除における国外所得金額の計算に含まれることとなります。
収用換地等の所得の特別控除及び圧縮記帳 **別表十(五)・十三(四)**	54	別表十(五)の3欄は、2欄に記載した日以後6月以内の日付となっていますか。	公共事業者から最初に買取り等の申出を受けた日から6月以内（土地収用法第46条の2第1項の規定等により補償金の支払請求をした場合等については、別途期間が設けられています。）に譲渡されなかった資産については、代替資産についての圧縮記帳の適用を受けることができますが、所得の特別控除の適用を受けることはできません。 また、次の資産についても、同様に代替資産についての圧縮記帳の適用を受けることができますが、所得の特別控除の適用を受けることはできません。 ① 一の収用換地等に係る事業につき、収用換地等による資産の譲渡が2年以

項　目	No.	確　認　内　容	留　意　事　項
			上にわたって分割して行われた場合における最初に譲渡があった年において譲渡された資産以外の資産 ②　最初に買取り等の申出を受けた者以外の法人（一定の場合を除きます。）から譲渡された資産
	55	建物を取り壊して土地を譲渡している場合、別表十(五)の14欄又は別表十三(四)の12欄の金額にその建物の帳簿価額、取壊費用の額等を含めていますか。	建物を取り壊して土地を譲渡している場合の建物の帳簿価額等は譲渡経費に該当することから、これらを含めていなかった場合には、所得の特別控除額や圧縮限度額の計算に誤りが生じることがあります（建物の廃材等の売却代金は、譲渡経費から控除することとなります。）。 なお、この場合の建物の帳簿価額は、会計上の帳簿価額ではなく、税務上の帳簿価額となります。
	56	同一事業年度内の同一の年に属する期間において、所得の特別控除と圧縮記帳(特別勘定を設けた場合を含みます。）を重複適用していませんか。	同一事業年度内の同一の暦年に属する期間に収用換地等があった場合において、所得の特別控除と圧縮記帳との重複適用を行うことはできませんが、同一事業年度内の異なる暦年において収用換地等があった場合には、それぞれの暦年ごとに所得の特別控除と圧縮記帳との選択適用ができます。
	57	収用に係る所得の特別控除制度の適用を受ける場合、同一暦年での特別控除額の合計額が5,000万円を超えていませんか（別表十(五)の20欄〜22欄)。	同一暦年での所得の特別控除額の限度額は5,000万円となりますが、同一事業年度内の異なる暦年において収用換地等があった場合には、それぞれの暦年ごとに5,000万円を限度とすることができるため、その事業年度における所得の特別控除額が5,000万円を超えることもあります。
特定資産の買換えの特例 別表十三(五)	58	適用を受けようとする譲渡資産及び買換資産は、措法第65条の7第1項各号の要件を満たしていますか。	税制改正により、対象となる譲渡資産等の見直しが行われることが多いため、適用を受けようとする譲渡資産等が法令に適合しているか確認する必要があります。
	59	建物を取り壊して土地を譲渡している	建物を取り壊して土地を譲渡している

項目	No.	確認内容	留意事項
		場合、8欄の金額にその建物の帳簿価額、取壊費用の額等を含めていますか。	場合の建物の帳簿価額等は譲渡経費に該当することから、これらを含めていなかった場合には、圧縮限度額の計算に誤りが生じることがあります（建物の廃材等の売却代金は、譲渡経費から控除することとなります。）。 なお、この場合の建物の帳簿価額は、会計上の帳簿価額ではなく、税務上の帳簿価額となります。
	60	買換資産が措法第65条の7第1項第7号下欄の土地等である場合、その面積は300㎡以上となっていますか（特定施設の敷地又は駐車場の用に供されるもののみが対象となります。）。	面積要件を満たさない場合には、特定資産の買換えの特例の適用を受けることはできません。 なお、特定施設の敷地又は駐車場の用に供されるものであるかの判定は、買換資産である土地等を取得した時において、現に特定施設の敷地等の用に供されているか、又は供されることが確実であると認められるかによって行うこととなります。
	61	買換資産が土地等の場合、19欄には18欄のうち4欄の5倍（平成29年4月1日前に行った譲渡に係る資産が旧措法第65条の7第1項第2号上欄に掲げる譲渡資産である場合は10倍）を超える部分の面積を記載していますか。 また、その明細を別紙に記載して添付していますか。	取得した土地等のうち、譲渡資産である土地等の面積の5倍（平成29年4月1日前に行った譲渡に係る資産が特定の農地である場合は10倍）を超える部分については、買換資産とすることはできません。
	62	27欄の金額を算出する際に乗じた割合を0.8としていますか（平成27年8月10日以後に行った地域再生法第5条第4項第5号イに規定する「集中地域」以外の地域から「集中地域」等への買換えについては、買換資産が東京23区内にある場合の割合は0.7、それ以外の場合の割合は0.75となります。また、震災特例法第19条から第21条までの適用を受ける場合の割合は1.0となります。）。	圧縮限度額の計算は、圧縮基礎取得価額に差益割合及び一定の縮減率を乗じて計算することとされ、圧縮基礎取得価額は、買換資産の取得価額と譲渡に係る対価のうち買換資産の取得に充てられた額とのいずれか少ない金額とされています。 また、同一事業年度において、買換資産が2以上ある場合の譲渡対価の額は、これらの資産のうち一の買換資産の取得価額に達するまでその取得に充てられたものとし、次に、その残額について、他

項　目	No.	確　認　内　容	留　意　事　項
			の買換資産の取得価額に達するまで順次充てられたものとして計算することとなります。
寄附金の損金算入額 別表十四(二)	63	10欄の金額は、別表五(一)の36④欄の金額（マイナスの場合は0）を記載していますか。	寄附金の損金算入限度額の計算の基礎とされる期末の資本金等の額は、税務上の金額によることとなります。
交際費等の損金算入額 別表十五	64	交際費等の額に係る控除対象外消費税額等を支出交際費等の額に含めていますか。 また、接待飲食費の額に係る控除対象外消費税額等を9欄に含めていますか。	接待飲食費の額に係る控除対象外消費税額等については、接待飲食費の額に含まれることとなるため、その金額の50%相当額が損金の額に算入されません。
	65	当事業年度終了の日における法人の資本金の額若しくは出資金の額が1億円超である、又は法人が一若しくは完全支配関係のある複数の大法人（資本金の額又は出資金の額が5億円以上の法人等）に発行済株式等の全部を保有されているにもかかわらず、3欄の計算をしていませんか。	左記に該当するにもかかわらず、中小法人等に係る定額控除制度を適用している場合には、交際費等の損金算入限度額が過大となることがあります。
減価償却費 別表十六(一)・十六(二)・特別償却の付表	66	平成28年4月1日以後に取得した建物附属設備及び構築物並びに鉱業用減価償却資産のうち建物、建物附属設備及び構築物の償却方法について、定率法を適用していませんか。	税制改正により、償却方法及び償却率の見直しが行われることがあるため、償却方法等が法令に適合しているか確認する必要があります。 なお、平成28年度税制改正により、平成28年4月1日以後に取得した建物附属設備等については、定率法を適用できないこととされています。
	67	中小企業者等又は特定中小企業者等に該当しない法人であるにもかかわらず、これらに該当しないと適用できない特別償却を適用していませんか。	資本金の額又は出資金の額が1億円以下であっても、大規模法人（資本金の額又は出資金の額が1億円を超える法人等）の子会社である等一定の要件に該当する場合には、中小企業者等又は特定中小企業者等に該当しないことがあります。
	68	特別償却の適用を受けた資産について、措法による圧縮記帳及び他の特別償	特別償却の適用に当たって、法法による圧縮記帳との重複適用をすることはで

項　目	No.	確　認　内　容	留　意　事　項
		却を重複適用していませんか。	きますが、措法による圧縮記帳及び他の特別償却との重複適用をすることはできません。 なお、法法による圧縮記帳との重複適用をした場合には、圧縮記帳をした後の金額をその取得価額として特別償却を行うこととなります。
	69	特別償却の制度ごとに適用すべき基準取得価額割合及び償却率によって計算していますか。	税制改正により、特別償却の基準取得価額割合及び償却率の見直しが行われることが多いため、適用を受けようとする基準取得価額割合等が法令に適合しているか確認する必要があります。
特定外国子会社等に係る課税対象金額等 別表十七(三)・十七(三の二)・十七(三の三)等	(外国関係会社の平成30年4月1日前に開始した事業年度)		
	70	特定外国子会社等を有する場合、別表十七(三)等を添付し、会社単位の合算課税制度に係る適用除外規定の適用の有無について判定を行っていますか（適用除外となる場合であっても、特定外国子会社等の財務諸表、申告書等を添付する必要があります。）。	別表十七(三)を添付していない場合には、会社単位の合算課税制度に係る適用除外規定の適用を受けることはできません。 また、別表十七(三の二)を添付していない場合には、特定所得の合算課税制度に係る適用除外規定の適用を受けることはできません。
	71	別表十七(三)等の各欄は、添付した特定外国子会社等の財務諸表、申告書等の記載内容と一致していますか（会社単位の合算課税制度に係る適用除外規定の適用を受ける場合であっても、適用対象金額があり、特定所得の金額があるときは、別表十七(三の二)を作成していますか。）。	
	72	別表十七(三)の31欄の金額は、6欄の事業年度中に確定した法人所得税の額を記載していますか（6欄の事業年度の所得に対する法人所得税の額を記載していませんか。）。	6欄の事業年度の所得に対する法人所得税の額を記載した場合には、課税対象金額の計算に誤りが生じることがあります。
	73	別表十七(三)の35欄の金額の換算レートは、特定外国子会社等の当事業年度終了の日の翌日から2月を経過する日における電信売買相場の仲値を適用していますか（自社の同日を含む事業年度終	自社の同日を含む事業年度終了の日における電信売買相場の仲値を継続適用している場合で、2以上の特定外国子会社等を有するときは、その全ての特定外国子会社等につき、当該電信売買相場の仲

項　目	No.	確　認　内　容	留　意　事　項
		了の日における電信売買相場の仲値を適用している場合、継続適用していますか。）。	値を適用する必要があります。
	74	別表十七(三)付表一の25～27の計欄及び合計欄には、間接保有分も含めていますか。	間接保有分とは、外国法人を通じて間接的に保有するものをいい、内国法人を通じて間接的に保有するものは含まれません。
	75	別表十七(三の三)の6欄の金額は、4欄の事業年度の所得に対する外国法人税額ですか。 また、その外国法人税額に係る申告書等を添付していますか。	対象事業年度以外の外国法人税額を記載した場合には、控除対象外国法人税額の計算に誤りが生じることがあります。
	76	別表十七(三の三)の17欄及び18欄の金額の換算レートは、特定外国子会社等の当事業年度終了の日の翌日から2月を経過する日における電信売買相場の仲値を適用していますか（自社の同日を含む事業年度終了の日における電信売買相場の仲値を適用している場合、継続適用していますか。）。	自社の同日を含む事業年度終了の日における電信売買相場の仲値を継続適用している場合で、2以上の特定外国子会社等を有するときは、その全ての特定外国子会社等につき、当該電信売買相場の仲値を適用する必要があります。
特定課税対象金額等がある場合の外国法人から受ける配当等の益金不算入 別表十七(三の四)	77	別表十七(三の四)の5欄は、当事業年度中の日付となっていますか。	配当等について、継続してその支払を受けた日（その支払のために通常要する期間内の日に限ります。）の属する事業年度の収益としている場合には、前事業年度中の日付となることがあります。
特定外国関係会社、対象外国関係会社、部分対象外国関係会社（外国金融子会社等を含		（外国関係会社の平成30年4月1日以後に開始する事業年度）	
	78	租税の負担割合が20/100未満である外国関係会社(特定外国関係会社を除きます。)又は租税の負担割合が30/100未満である特定外国関係会社を有する場合、別表十七(三の七)等を作成していますか（合算課税制度の適用を受けない場合であっても、これらの外国関係会社又	平成29年度税制改正により、合算課税制度の合算対象とされる外国関係会社は、次のとおりとされています。 ① 特定外国関係会社（いわゆる「実体基準」及び「管理支配基準」のいずれにも該当しない外国関係会社、総資産額に対する一定の受動的所得の割合が

項目	No.	確認内容	留意事項
む。)に係る課税対象金額等 別表十七(三の七)・十七(三の八)・十七(三の十一)等		は特定外国関係会社の財務諸表、申告書等を添付する必要があります。)。	30/100を超える外国関係会社で総資産額に対する一定の資産の割合が50/100を超えるもの、財務大臣が指定する情報交換に関する国際的な取組への協力が著しく不十分な国・地域に本店等を有する外国関係会社) ② 対象外国関係会社（いわゆる「事業基準」、「実体基準」、「管理支配基準」又は「非関連者基準」若しくは「所在地国基準」の要件のいずれかを満たさない外国関係会社で①以外のもの） ③ 部分対象外国関係会社（②の要件の全てを満たす外国関係会社で①以外のもの） ※ 部分対象外国関係会社のうち、銀行業、金融商品取引業又は保険業を行う一定のもの及び外国金融持株会社等を外国金融子会社等といいます。
	79	別表十七(三の七)等の各欄は、添付した外国関係会社の財務諸表、申告書等の記載内容と一致していますか。	
	80	別表十七(三の八)の24欄の金額は、2欄の事業年度中に確定した法人所得税の額を記載していますか（2欄の事業年度の所得に対する法人所得税の額を記載していませんか。)。	2欄の事業年度の所得に対する法人所得税の額を記載した場合には、課税対象金額の計算に誤りが生じることがあります。
	81	別表十七(三の八)の28欄の金額の換算レートは、特定外国関係会社又は対象外国関係会社の当事業年度終了の日の翌日から2月を経過する日における電信売買相場の仲値を適用していますか（自社の同日を含む事業年度終了の日における電信売買相場の仲値を適用している場合、継続適用していますか。)。	自社の同日を含む事業年度終了の日における電信売買相場の仲値を継続適用している場合で、2以上の外国関係会社（特定外国関係会社又は対象外国関係会社）を有するときは、その全ての外国関係会社につき、当該電信売買相場の仲値を適用する必要があります。
	82	別表十七(三の十一)の6欄の金額は、4欄の事業年度の所得に対する外国法人税額ですか。 また、その外国法人税額に係る申告書等を添付していますか。	対象事業年度以外の外国法人税額を記載した場合には、控除対象外国法人税額の計算に誤りが生じることがあります。
	83	別表十七(三の十一)の36欄及び37欄	自社の同日を含む事業年度終了の日に

項目	No.	確認内容	留意事項
		の金額の換算レートは、外国関係会社の当事業年度終了の日の翌日から２月を経過する日における電信売買相場の仲値を適用していますか（自社の同日を含む事業年度終了の日における電信売買相場の仲値を適用している場合、継続適用していますか。）。	おける電信売買相場の仲値を継続適用している場合で、２以上の外国関係会社を有するときは、その全ての外国関係会社につき、当該電信売買相場の仲値を適用する必要があります。
国外関連者に関する明細書 別表十七(四)	84	国外関連者との取引がある場合、取引がある全ての国外関連者の名称、当該国外関連者の直近事業年度の営業収益等及び国外関連者との取引状況等について記載していますか（取引には対価の授受がないものも含みます。）。	左記の記載がない場合には、移転価格上の問題の有無を正しく判定できず、その結果、所得金額の計算に誤りが生じることがあります。
P／L・B／S・勘定科目内 評価損等	85	有価証券若しくはゴルフ会員権等の評価損又は減損損失の額のうち、税務上損金の額に算入されない金額を別表四で加算していますか。	資産の評価損を計上するに当たっては、物損等の事実や法的整理の事実が生じているかを確認する必要があります。
役員報酬手当等及び人件費	86	申告書に添付した役員報酬手当等及び人件費の内訳書の「事前確定届出給与」欄に記載された金額は、事前確定届出給与に関する届出書に記載した金額と一致していますか。 また、確定した数の株式又は新株予約権を交付する旨の定めに基づいて支給する給与に係る費用の額として損金の額に算入する金額は、交付決議時価額と一致していますか。	所轄税務署へ届け出た支給額と実際の支給額が異なる場合には、実際の支給額の全額が損金の額に算入されません。
	87	利益連動給与の額を損金の額に算入している場合、非同族会社に該当していますか。 また、業績連動給与の額を損金の額に算入している場合、非同族会社又は非同族会社による完全支配関係がある同族会社に該当していますか。	平成29年度税制改正により、同族会社であっても、非同族会社による完全支配関係がある同族会社が支給する一定の業績連動給与の額は、損金の額に算入されることとされています。
	88	役員に対する給与（使用人兼務役員に対する使用人職務分を除きます。）の額のうち、定期同額給与、事前確定届出給与及び利益連動給与又は業績連動給与の	他社から出向者を受け入れ、当該出向者が自社で役員となっている場合で一定のときには、自社が他社（出向元法人）へ支出する当該役員に係る給与負担金の

項目		No.	確認内容	留意事項
訳明細書			いずれにも該当しないものの額を別表四で加算していますか。	支出を自社における当該役員に対する給与の支給として、左記の内容を確認する必要があります。
		89	税務上使用人兼務役員になれない役員(専務取締役、常務取締役、監査役等)に対する給与の額を、「使用人職務分」欄に記載していませんか(その役員に対する給与の額が専務取締役等就任前の使用人職務分に対する給与の額である場合を除きます。)。	左記の役員以外にも、非常勤役員は常時使用人としての職務に従事していないことから、使用人兼務役員になることはできません。
		90	「使用人職務分」欄に金額の記載がある場合、使用人としての職制上の地位(部長、工場長等)を「役職名担当業務」欄に記載していますか。	総務担当取締役、経理担当取締役等のように、特定の部門の職務を統括しているだけでは使用人兼務役員になることはできません。
	特別損失雑損失等	91	損金の額に算入されない租税公課、罰科金等の額を別表四で加算していますか。	租税公課及び罰科金以外に、裁判手続のうち刑事訴訟手続を経て外国又は外国の地方公共団体により課される罰金又は科料に相当するものについても、別表四で加算する必要があります。
消費税及び地方消費税の申告書(一般用)・添付書類	資産の譲渡等	92	申告書①欄の金額は、付表2①欄(又は付表2－(2)①D欄)の金額と一致していますか(申告書⑤欄に記載がある場合、返還等対価の額に相当する金額が加算されていますか。)。 なお、特定課税仕入れがある場合、申告書①欄の金額は、特定課税仕入れがある場合の課税標準額等の内訳書①欄の金額と一致していますか(申告書⑤欄に記載がある場合、返還等対価の額に相当する金額が加算されていますか。)。	法人税の申告に当たって、課税売上げに係る申告調整がある場合には、調整した後の金額を記載する必要があります。
		93	付表2⑥欄(又は付表2－(2)⑥D欄)の金額には、有価証券の譲渡対価の5%に相当する金額、土地等の譲渡対価の金額及び受取利息の金額を含めていますか。	非課税売上額に誤りがある場合には、課税売上割合が変動し、控除対象仕入税額の計算に誤りが生じることがあります。
	控除税額	94	課税売上高が5億円超又は課税売上割合が95%未満であるにもかかわらず、課税仕入れに係る消費税額を全額控除し	個別対応方式を選択した場合には、課税仕入れに係る消費税額を、課税売上げにのみ要するもの、非課税売上げにのみ

項目		No.	確認内容	留意事項
消費税及び地方消費税の申告書（一般用）・添付書類			ていませんか。	要するもの並びに課税売上げ及び非課税売上げに共通して要するものに区分する必要があります。
		95	申告書⑥欄は、貸倒れに係る売掛金等（税込額）の6.3/108、4/105又は3/103相当額を記載していますか。 また、不課税又は非課税取引（貸付金等）に係る貸倒れについて控除の対象としていませんか。	貸倒れに係る売掛金等（税込額）の8/108又は5/105相当額を記載した場合（地方消費税額を含めた場合）には、貸倒れに係る税額が過大となり、控除税額の計算に誤りが生じることがあります。
		96	付表2⑨欄は、⑧欄の金額に6.3/108を乗じた金額を記載していますか（又は、付表2－⑵⑨のA欄、B欄、C欄は、⑧のA欄、B欄、C欄の金額に3/103、4/105、6.3/108を乗じた金額を記載していますか。）。	課税仕入れに係る支払対価の額（税込額）の8/108又は5/105相当額を記載した場合（地方消費税額を含めた場合）には、課税仕入れに係る消費税額が過大となり、控除税額の計算に誤りが生じることがあります。
	特定課税仕入れ（リバースチャージ方式）	97	課税売上割合が95％未満であり、かつ、特定課税仕入れ（例えば、国外事業者が行うネット広告の配信等）がある場合、「特定課税仕入れがある場合の課税標準額等の内訳書」を添付し、当該内訳書の③欄に特定課税仕入れに係る支払対価の額を記載していますか。	承認を受けた課税売上割合に準ずる割合が95％以上であっても、課税売上割合が95％未満であり、かつ、特定課税仕入れがある場合には、リバースチャージ方式による申告を行う必要があります。
		98	上記の場合、付表2⑪欄は、⑩欄の金額に6.3/100を乗じた金額を記載していますか（又は、付表2－⑵⑪C欄は、⑩C欄の金額に6.3/100を乗じた金額を記載していますか。）。	特定課税仕入れに係る支払対価の額には消費税額等に相当する金額は含まれていませんので、6.3/100を乗じることとなります。
	税額の計算	99	申告書⑩欄及び㉑欄の金額について、それぞれの金額の配賦誤りや、中間申告11回目分の記載漏れはありませんか。	配賦誤り等があった場合には、消費税（又は地方消費税）に係る修正申告と地方消費税（又は消費税）に係る更正の請求が必要となることがあります。 また、課税期間の末日において納期限が到来していない中間申告11回目分について、記載漏れがないかを確認する必要があります。
		100	申告書⑰欄又は⑱欄の金額は、それぞれ⑧欄又は⑨欄の金額と一致していますか（付表1を添付する場合、申告書⑰欄	申告書⑧欄、⑰欄及び⑲欄については、100円未満を切り捨てる必要はありません。

項　目		No.	確　認　内　容	留　意　事　項
			又は⑱欄の金額は付表１⑬Ｄ欄の金額と、申告書⑲欄又は⑳欄の金額は付表１⑯Ｄ欄の金額と一致していますか。)。	
	法人税申告書等との関係	101	法人税申告書別表四の加減算項目中、消費税法上課税取引となるものについて、消費税及び地方消費税の申告書において調整を行っていますか。	課税売上割合の計算上、免税取引及び非課税取引についても調整を行う必要があります。
		102	申告書㉖欄の金額は、貸借対照表と法人税申告書別表五(一)の未払（未収）消費税額等の合計額と一致していますか(各月ごとに申告及び納付している法人の場合、その合計額に決算月の前月分の納付（還付）税額を調整した金額と一致していますか。)。	法人税申告書別表四の加減算項目中、消費税法上課税取引となるものについて、消費税及び地方消費税の申告書において調整を行った場合には、申告書㉖欄は、その調整額を考慮した金額（貸借対照表と法人税申告書別表五(一)の未払（未収）消費税額等の合計額）と一致することとなります。
		103	課税仕入れに係る消費税額が全額控除できず、資産に係る控除対象外消費税額等を損金の額に算入している場合、別表十六(十)を添付していますか。 また、課税売上割合が80％未満である場合、繰延消費税額等の損金算入限度額の計算をしていますか。	法人税申告書別表十六(十)の各欄の消費税額等は、消費税額と地方消費税額との合計額を記載する必要があります。

(以上、参考資料は国税庁資料による)

【著者紹介】

野田 扇三郎（のだ せんざぶろう）

1989年～1996年　東京国税局調査部（主査・国際専門官・調査総括課課長補佐）
2002年　税務大学校研究部教授
2004年　東京国税局調査第一部・特別国税調査官
2005年　東京国税局調査第二部・統括国税調査官
2006年　東京国税局調査第二部調査総括課長
2007年　葛飾税務署長
2009年7月退職　同年8月税理士登録
2016年4月～　聖学院大学・大学院 特任教授

山内 利文（やまうち としふみ）

1989年～2005年　東京国税局調査部（主査・総括主査）芝・麹町税務署
2006年～2009年　芝・船橋・足立特別国税調査官（法人調査担当）
2009年7月退職　同年8月税理士登録

安藤 孝夫（あんどう たかお）

1993年～2005年　東京国税局調査部（主査・総括主査）
2006年～2011年　西新井・芝・豊島特別国税調査官（法人調査担当）
2012年7月退職　同年8月税理士登録

税理士から顧問先へ伝えたい　税務自主監査の着眼点

2020年2月5日　発行

著　者　野田 扇三郎／山内 利文／安藤 孝夫 ©

発行者　小泉 定裕

発行所　株式会社 清文社
東京都千代田区内神田1－6－6（MIFビル）
〒101-0047　電話03(6273)7946　FAX03(3518)0299
大阪市北区天神橋2丁目北2－6（大和南森町ビル）
〒530-0041　電話06(6135)4050　FAX06(6135)4059
URL http://www.skattsei.co.jp/

印刷：亜細亜印刷(株)

ISBN978-4-433-63589-3